# 解剖時間

# The CLOCK MIRAGE

JOSEPH MAZUR 約瑟夫・馬祖爾——著　張宛雯——譯

**從科學、哲學、歷史到個人經驗，**
**我們如何看待、研究與感受時間，思考時間的真實與虛幻？**

科普漫遊 FQ1071

# 解剖時間：

## 從科學、哲學、歷史到個人經驗，我們如何看待、研究與感受時間，思考時間的真實與虛幻？

The Clock Mirage: Our Myth of Measured Time

作　　者　約瑟夫·馬祖爾（Joseph Mazur））
譯　　者　張宛雯
副總編輯　謝至平
責任編輯　鄭家暐
行銷企畫　陳彩玉、楊凱雯

編輯總監　劉麗真
總 經 理　陳逸瑛
發 行 人　凃玉雲
出　　版　臉譜出版
城邦文化事業股份有限公司
臺北市中山區民生東路二段141號5樓
電話：886-2-25007696 傳真：886-2-25001952

發　　行　英屬蓋曼群島商家庭傳媒股份有限公司城邦分公司
臺北市中山區民生東路二段141號11樓
客服專線：02-25007718；25007719
24小時傳真專線：02-25001990；25001991
服務時間：週一至週五上午09:30-12:00；下午13:30-17:00
劃撥帳號：19863813 戶名：書虫股份有限公司
讀者服務信箱：service@readingclub.com.tw
城邦網址：http://www.cite.com.tw
香港發行所　城邦（香港）出版集團有限公司
香港灣仔駱克道193號東超商業中心1樓
電話：852-2508623 傳真：852-25789337
電子信箱：hkcite@biznetvigator.com
新馬發行所　城邦（馬新）出版集團
Cite（M）Sdn. Bhd.（458372U）
41, Jalan Radin Anum, Bandar Baru Sri Petaling,
57000 Kuala Lumpur, Malaysia.
電話：603-90578822 傳真：603-90576622
讀者服務信箱：services@cite.my

一版一刷 2021年12月

城邦讀書花園
www.cite.com.tw

ISBN 978-626-315-041-6
ISBN 978-626-315-044-7（epub）

定價：450元
定價：315元 (epub)



國家圖書館出版品預行編目資料

解剖時間：從科學、哲學、歷史到個人經驗，我們如何看待、研究與感受時間，思考時間的真實與虛幻?／約瑟夫．馬祖爾(Joseph Mazur)著；張宛雯譯. 一版. 臺北市：臉譜，城邦文化出版；家庭傳媒城邦分公司發行, 2021.12
面； 公分. --（科普漫遊；FQ1071）
譯自：The clock mirage : our myth of measured time.
ISBN 978-626-315-041-6（平裝）

1.時間 2.哲學

168.2 110017995

目　次

## 第三部　物理學

獻給

我五位特別的孫兒孫女：

Sophie、Yelena、Lena、Ned和 Athena。

每天，他們都教我時間是什麼

從前從前，在時間之前，在空間之外的地方，從未發生過任何事。
你可能認為，是因為時間不存在，才沒有任何事發生，
畢竟事件發生需要時間，而你可能是對的。
但也或許，是因為什麼都沒改變，
所以沒辦法將任何時刻標記為之前或之後（正如同時間
在做的事一樣），才沒有時間。
因此，可能因為沒有時間存在的必要，所以才沒有時間。
每個人都喜歡被需要。

——塔斯寧・柴拉・胡笙（Tasneem Zehra Husain）

# 前言

今日，在這個時間變得愈來愈珍貴的年代，我想知道為什麼我生命中的分針看起來走得如此之快，快到我能感覺得到意識中被偷走的片段被空隙所取代。於是我寫了這本關於時間的書，本書著眼於時間的許多面向，包括時間的歷史、時間對個人的影響、時間被感知的方式、時間與記憶和命運的聯繫、時間的緩慢以及速度。一本關於時間究竟是什麼的窺探。

你大概會預期，一本關於時間的書，應該會是物理學家、哲學家、年代學家或鐘表製造者所撰寫的。我既不是年代學家，也不是鐘表匠，更不是哲學家，也不是實驗心理學家，但我是一名數學家兼科學記者，身邊環繞著一群真正的科學家和學者，他們在實驗室裡研究探索知識的深度，且極有成效，並以此作為一生的職志。尤其是在時間這個問題上，其根源部分是數學性的，部分是概念性的，而且非常地虛幻。

**時間**是英語中最常用的詞彙，但它幾乎逃過所有試圖賦予它一個適切意義的嘗試，使它們徒勞無功。如果時間是一個東西，它必定是一個頑固的東西。字典從來沒有辦法精準地定義它，字典們努力讓它變得清晰且具普適性，所能找到的最佳描述是將**時間**定義為「某事件發生的一個點或一個間隔」，或者是「以秒、分、小時、天、年等度量的東西」，又或者是「時鐘量測的東西」。我的兩千六百六十二頁《韋氏字典》（*Merriam-Webster*）嘗試用一千七百五十六個字的條目來定義時間。嘗試！

時間似乎是個人類的發明，用來測量我們的存在之線。我們出生時幾乎沒有時間的概念。我們有時鐘、有祈禱的召喚（calls to prayer）*、有要赴的約、要去的地方、要趕的期限、期待會發生的事、吃飯的時間、睡覺的時間。但是，正如康德（Immanuel Kant）和其他許多哲學家曾經指出的，由於時間既不是個事件，也不是個可感知的實體，所以時間這概念，本身就溜出了所有想框架住它的嘗試。

哲學家和自然科學家已經花了兩千多年想將時間理論化，心理學家花了一百多年做時間感的實驗。但實際上，對時間如何運作有適切的概念，真正運用時間並瞭解時間的人，是普羅大眾。時間通常是很個人的，與工作、假期、勝利或失敗、孤獨或友誼、自我反省、生病或健康、期待或拖延息息相關。對農民來說，時間是播種和收穫之間的漫長距離；對賽車選手來說，時間是比賽結束前的須臾片刻。於是我從許多最了解時間的人身上，蒐集了普羅大眾對時間的明智想法，這些人包括了鐘表匠、長途卡車司機、住在國際太空站上的太空人、以不到百分之一秒的差距贏得金牌的奧林匹克選手、經常跨越多個時區航行的機師、曾被單獨監禁了幾個月的受刑人、職業賽馬騎師、中國工廠裡生產線上為iPhone安裝小螺絲釘的工人，以及幾秒內就能賺進幾皮箱鈔票的對沖基金交易人。我的訪談集中在感知時間流逝的經驗上，而不觸及任何會跟無聊沾上邊的問題。訪談結果在許多方面都令人驚訝且多樣，普羅大眾對時間的看法與物理學家和哲學家截然不同。物理學家和哲學家理所當然會受到數學的支配所影響，他們與大眾的看法如此南轅北轍，就好像兩個平行的同音同形異義詞一樣**，巧合地有著相同的拼法，一個代表大眾的觀念，另一個代表科學的概念。兩者在根源處相連，有共同的線，皆繫於一個清晰且合一的概念，這概念以一粗略的想法為中心，認為時間就只是一個被發明出來的組織工具，目的為使人類文明能夠有序地運作，同時也讓科學研究在探索宇宙時能具備一致性。

大眾對時間的印象是，它在生命的背景中一直地走著，是獨立於一個人的出生、滴滴答答走的一種時鐘，它是一個假想的時鐘，永遠在走著，在宇宙的記憶中為特別的日子做上記號。有些人覺得，那些無所不在的智慧型手機上的數位輸出人造時鐘告訴我們的是絕對的時間。

* 譯註：某些宗教會在規定的祈禱時間向信徒發出訊號，信徒可依此進行禱告或其他宗教儀式，例如基督宗教的教堂鐘聲、穆斯林以呼號方式的宣禮召喚。

** 譯註：英文中，兩個意思完全不同的字，卻有著完全相同的拼法，例如fine有「很好」的意思，也有「罰款」的意思。

iPhone的前身是二十世紀大量生產的電池表，在那之前則有機械表。有了相對便宜和容易取得的手表，時間變成了常見的社會管理工具，人們不是在肚子餓的時候吃飯，而是在時鐘召喚我們進餐的時間吃飯；不是在累的時候睡覺，而是在時鐘允許的時間睡覺。[1]抽象的時間變成了新的存在媒介，有機功能受到了抽象時間的控制，使得我們在歡喜滿盈時感到時光飛逝，在百無聊賴時感到度日如年。當某段時間內發生很多事情時，記憶中的那段時間給人一種延伸疊縮的印象。相反地，想想我們在醫師的候診間裡，手邊沒有什麼值得一讀的東西時，有多麼無聊乏味。自一九八九年以來，美國有超過兩千名無端入獄的受刑人獲得除罪釋放，與當中的任何一人談談被監禁的記憶，談談他們對時間消逝的錯覺。監獄中的獄警和典獄長可以在一日的工作結束之後返家，與他們談談時間感，他們同樣也在這些監獄裡度過時光，但是與囚犯們相比，兩組人對時間的概念卻有天壤之別。

普羅大眾對時間有如此多樣的印象，使得時間這個詞難以捉摸。時間是世界文學中最普遍的話題，它有無止境的意涵，在某個特殊意義上，我們都在撰寫時間，浩瀚書海都寫不完這個主題，再多都不膩。自亞里斯多德的著作《物理學》（*Physics*）一書以降，已有超過二十萬篇文章和書籍表達了關於時間的意義這個問題的看法，本書緊隨其後，但絕不會是最後一本。

《解剖時間》這本書並不是在專門探討時間旅行、宇宙的年齡、平行宇宙、第四維度、物理學中某個特定的時間議題或如何修理時鐘。更確切的說，這是一本試圖從最廣泛的意義上回答時間是什麼的書。但是時間是一個難以捉摸的概念，是由文化、教育、環境經驗以及與生俱來的時間流逝感這些具體事例的集合所建構而成的。我們有可能在沒有時鐘的協助下，找到時間流逝的細微證明嗎？難怪這個概念如此難以理解，沒有什麼東西像時間一樣，超脫於腦海中某種時鐘虛無縹緲的象徵性圖像，獨樹一格。或許當《愛麗絲夢遊仙境》中的瘋帽匠（Mad Hatter）將時間擬人化時，他是對的，他認為時間是「他」而不是「它」。「如果你跟我一樣了解時間，」瘋帽匠說，「你不會說浪費『它』，因為那其實是『他』。」為什麼是「他」？在希斯亞德（Hesiod）的《神譜》（*Theogony*）中，古希臘神話宇宙學解釋了世界的創造，時間被神話為時間之神柯羅諾斯（Chronos，或 Cronus）。況且，我們不也都聽說過時光老人（Father Time），那位帶著大鐮刀和沙漏的大鬍子長者嗎？

這些章節將透過一個人的視角帶領你開啟一段奇特的時間之旅，這個人覺得世界是簡單的，但同時也知道世界其實更為複雜，不可能在短時間內理解。無論時間是「他」、「她」，還是「它」，此書涵蓋了時間的故事，為的是回答「時間是什麼？」這個問題。有沒有什麼祕密、理論或知識群，可以幫助我們對焦，更清楚地看到時間？或是至少可以達到某種清晰度，好讓我們能更敏銳地檢視時間呢？或許正如朱利安．巴恩斯（Julian Barnes）在其小說《回憶的餘燼》（*The Sense of an Ending*）中所說的，也許時間就是與記憶的關係：「我很清楚：既有客觀的時間，也有主觀的時間，後者就是那個戴在手腕內側、在你脈搏旁邊的那種時間。而主觀的個人時間（也就是真正的時間），是以你和記憶的關係來量測的。」真的只是記憶，沒有別的了嗎？抑或，時間是一個錯覺，是介於過去、現在、未來的無形路標，連結著記憶與期待，好讓心有期待、有希望、有野心，抑或是，有對命運的信仰？多年前，我向英國數學家兼科學史家傑拉德·詹姆斯·惠特羅（Gerald James Whitrow）詢問了這些問題，他寫了幾本有關時間的書，包括《什麼是時間？》（*What Is Time?*）和《時間的本質》（*The Nature of Time*）。他用一種傳達至理名言似的口吻告訴我：「如果一個人想知道什麼是時間，必須先知道什麼是時鐘。」當下他看我不太明白，於是強調：「我指的是，時鐘**究竟**是什麼？」在他的建議下，我盡可能對時鐘有更多的研習與了解。很快地，我意識到時間與我們的脈搏有關，是的。但是時間與我們的細胞和腦袋更有關係，因為細胞與腦負責記憶的更新，他們告訴我們的身體，我們正活在生命的韻律與節拍之中。

歡迎來到《解剖時間》。

Part 1

# 測量

# 第1章

# 水滴、移影（報時）

請求眾神毀了那
第一個發現如何切割小時的人！
也滅了那
在這裡裝日晷的人
如此可惡地切碎砍斷我的日子
變成無數零碎的片段

——普勞特斯（Plautus），《墮落兩次的女子》（*The Woman Twice Debauch'd*）

無論現代是怎麼測量時間的，從前，時間的測量必定曾是依著凡人的一生約略調校的，嬰兒成長，學會走路，變成小孩，學會生存，變得強壯，變成大人，變老最終死去。其他所有的週期循環，像是月亮、太陽和地球的轉動，都僅只是平行於人類存在之輪的度量。一年，也就是季節遞嬗的一個完整週期，是人類走在其自身存在的旅途上最簡單的畫記。一年中的一天儘管容易量測，因為就只是從一次日出到下一次日出之間的時間，但就像小孩在一天當中的成長，其變化卻不容易察覺。不過，小孩首次了解時間是什麼，是因為知道重複的一天天就是時間。我們的一天是一個方便好用的意外。這得歸功於四十六億年前，有一團分子塵埃形成了一個引力雲，之後因為吸積（accretion）而坍塌，變成了一顆行星，該行星以自己的極軸自轉，並在軌道上圍繞著太陽公轉，這顆行星給了我們一天的小時數和一年的天數，可惜的是自轉和公轉協調得並不完美，使得一年的天數無法是一個簡單的整數，結果就是，想劃分一天並不像看起來那麼簡單。

將一天劃分為二十四小時的想法，以及使用**小時**（hour）這個字作為天的一種時間區段的想法，第一次是出現在尼布甲尼撒二世（Nebuchadnezzar II，約西元前六〇五至五六二年）統治時期，他是新巴比倫帝國的迦勒底（Chalde an）國王，也是摧毀耶路撒冷聖殿（Jerusalem Temple）的始作俑者。[1]希臘歷史學家希羅多德（Herodotus）在其《歷史》（*Histories*）一書中使用了「ορα」（小時）一詞，該書寫於西元前四四〇年。我們從《歷史》該書中得知，希臘人從巴比倫人那兒習得了日晷，以及將一天劃分為十二份的方法。[2]

我們所使用的二十一世紀時鐘，不只告訴我們現在幾點，還用振動提醒我們生活日常中的各項約定：**吃藥的時間到了；起身活動的時間到了；動身前往下午一點會議的時間到了，特別因為會議在城市的另一頭，而且地鐵A線有延誤……**。但似乎即便是在使用日晷的古羅馬，當時的時間雖然沒有細分到分分秒秒，人們的日子卻早已受時間儀支配控制。本章開頭的引言來自於十四世紀的一本書，名為《普勞特斯的喜劇》（*Comedies of Plautus*），作者接著寫道：

——我小的時候
肚皮是我的日晷：一個更確定
更真實，更精確，最好的日晷
這個日晷告訴我，什麼時候
宜用晚膳，什麼時候該吃飯——
可是，現在，為什麼，即使餓了
還是不能吃，除非日頭允許
鎮上到處都是這些該死的日晷
大部分居民
挨餓瘦弱，步履蹣跚走在街上[3]

普勞特斯是西元前二世紀的喜劇劇作家，是他那個時代的莫里哀（Molière）。*《普勞特斯的喜劇》英文譯本中的一個註腳告訴我們，普勞特斯生活於第二次布匿戰爭（Second Punic

War，西元前二一八至二〇一年）期間，這是由漢尼拔（Hannibal）所領導的迦太基（Carthage）與羅馬共和國（Roman Republic）之間的戰爭，而羅馬的第一個日晷則是在戰爭開始前幾十年，於西元前二五四年裝設。根據一些古老的資料，那時羅馬城內只裝了一個日晷，是從西西里島帶到羅馬的，但是普勞特斯當時不太高興，於是誇大了日晷的數量。[4]但我們確實知道，上個世紀在羅馬共出土了十三個古代日晷。[5]中世紀時，從英格蘭到希臘，肯定有成千上萬座日晷，因為日晷是所有報時方法當中，最簡單又具備當時所需之準確度的方法之一。日晷無處不在——公共建築、庭院和廣場上到處都有。[6]我們只找到其中少數幾個，因為大型的日晷通常是石灰岩做的，會隨時間風化消失。

許多世紀以來，日晷和水鐘（一種計時裝置，內有一裝滿水的容器，水以幾乎穩定的速度從容器中洩出，另有一指示裝置，由浮動的浮子機械式地控制，浮子連接到一橫桿指示出時間）支配著日子的消逝，從黎明到黃昏，時間模模糊糊地通過，對精密度並不甚關心。使用太陽將時間切分成為較精細的時間區段（例如小時）有其技術上的困難，因為這跟複雜的季節變化有關。

自人類存在開始，樹木和岩石的日影必定逗弄著人類的好奇心，尤其是日影會隨白晝走向

＊譯注：莫里哀為十七世紀著名的法國劇作家、演員、詩人，被認為是西洋文學史上最偉大的作家之一。

夜晚而持續地移動。人類受好奇心驅使，可能會生出一個想法，開始觀察插在地上一根木棍的影子。幾顆地上的小鵝卵石就可以拿來標出木棍日影的位置。如此值得注意的驚人發現，一定是早在西元前兩千年，就已經出現在人類的時間軸上。但如果像這樣的事情真的發生了，在當時，大概也只是個短暫的好奇，計時並沒有成為一般大眾的生活日常。

人類即興而起的聰明巧思將地上棍子日影的長度與位置作約略的數學計算，再稍加調校後，就能安上數字，用來標記白晝消逝的各個時刻。第一步首先找到日正當中的正午之時，接著，想辦法取得一根更可靠的棍子，或許是方尖碑，或許是金字塔，原始的日晷只需要這些材料。因此，不令人意外地，日晷在中世紀時已是常見的計時工具，而其使用至少可以追溯到四千年前的巴比倫尼亞（Babylonia）、古印度、古中國和古埃及。日晷的功用可見於〈以賽亞書〉（Isaiah）經文中第三十八章第八節的一個預言*：「看哪，我將使亞哈斯（Ahaz）的日晷，已隨著太陽向下走的日影，往回退十度。」既然提到了亞哈斯，以賽亞肯定指的是亞哈斯擔任猶大王（西元前七三二至七一六年）的統治時期前後。所以顯然從巴比倫尼亞到希臘，幾個世紀以來，日晷應是廣為當時的大眾所知悉的。

早在西元前二一五〇年，埃及人已將黑夜切分為數個部分，但我們卻找不到當時埃及人劃分白晝的證據，要等到大約七百年後，證據才終於出現。[7]有一份西元前十二世紀的埃及紙莎草文獻，名為開羅曆書（Cairo Calendar），當中羅列了一年之中吉利和不吉利的日子（例如

「這一天出生的人會死於鱷魚魔掌」等），還列出了一年中每日白晝和黑夜個別的小時數，每天的總小時數固定是二十四。[8]這個二十四的每日總小時數似乎是個很值得注意的巧合，因為地球赤道的圓周非常接近兩萬四千英里，實際上，據美國太空總署NASA的測量，地球圓周估計值為兩萬四千八百七十三點六英里。而這完全是個意外，說它是巧合，是因為一英里剛好非常接近地球赤道周長的兩萬四千分之一，雖然古埃及人確實把白晝和黑夜的時間分成二十四份，但他們其實並不知道地球赤道周長，這只是數字上的巧合。古羅馬以軍隊行進千步的距離來記錄他們的行軍旅程，這時才出現了長度單位近似於現代意義的英里，在那之前並無任何類似的度量單位。這感覺就好像宇宙給了我們一個方便好用的禮物一樣。

在古羅馬時代，英里叫做mille passus，意思是「一千步」，或者更標準一點的說，是羅馬士兵行軍時左腳走一千步的總距離，其平均為五千英尺（英尺的英文為foot，即「腳」的意思，是羅馬士兵的腳的平均長度），晚近再經校準，一英里標準化為英制的四千八百六十英尺。長度單位通常最早是源自於人體部位的尺寸或人移動的距離，例如古埃及的長度單位djeser（意為「彎曲的手臂」）的定義就是四個手掌或十六個手指的長度。[9]經過一段時間以後，英里（英尺亦同）的長度在不同的國家、不同的市城鎮之間開始出現出入。現代意義的英

* 譯注：〈以賽亞書〉存於《希伯來聖經》與《舊約聖經》中，傳為先知以賽亞所著。

里是在羅馬帝國淪陷後，經由英文中的浪（furlong），才開始被人們所使用。「浪」在英文中的意思其實就是一頭牛在不休息的狀況下可以犁完的田地長度，該長度當時已標準化為六百六十英尺。一五九三年，即伊麗莎白一世在位的第三十五年，國會頒布以下法令：「一英里應有八浪，每浪有四十桿（pole），每桿有十六英尺半。」[10]因此，根據該法規，英制的「法定英里」公告為八浪，也就是五千兩百八十英尺。如果當時已知地球的周長，我們也可以一開始就公告一英里等於赤道地球圓周的兩萬四千分之一，一英里還是一樣會相當接近於五千兩百八十英尺。

若將地球圓周以每一千英里來切分，剛好可以在地球一天自轉一圈的同時，有二十四個標記時間的劃分點。*當然這並不真的是巧合，如果地球周長以英里計並不是兩萬四千的話，我們也可以把周長除以某數來得到二十四個時間的劃分點。二十四這個數字很好用，因為它可以被許多整數整除。最初把一天分割成二十四個小時，得歸功於巴比倫人和埃及人，當時的時鐘若不是日晷，就是裝滿水、以穩定速度洩水的水鐘。世界上大部分地區都將時間切成二十四份來計時，而北美、澳大利亞和英國則切成十二份，一天重複兩次。古埃及人將時間分割成十個部分，其中兩個部分長度較短，為黎明和黃昏。移動的方尖碑陰影將白晝劃分成兩部分，以正午為分隔點（這個分隔點就是英文的 a.m.〔上午〕和 p.m.〔下午〕的前身，兩者分別指前子午線〔ante meridiem〕和後子午線〔post meridiem〕），正午也是一個在時間的標定上具備一定精確度的時刻。同樣地，夜晚天空中肉眼可見的星星也可以用來標定和均勻劃分黑夜的時間。當初之所以把白天和黑夜各分成十二份，可能是由於月亮有十二個週期，也可能是因為巴比倫人把夜晚的天空劃分成十二個部分。巴比倫人肯定是知道十二有很多整數因數，因此非常方便好用。**

西元前三二三年，即亞歷山大大帝去世之時，所有地中海地區的天文學界都是遵循巴比倫和埃及的數學傳統，將小時作六十進位的劃分（即分割成六十份），這樣的切分方式是對應於一小群共三十六個的星座，這些星座各別會以等長的時間間隔出現在地平線上。跟六十這個數字一樣，三十六也有相對多的因數，而十二正好是其中的一個。

早期的埃及擁有日晷和水鐘可以用來標定與測量一天時間的切分。當時儘管沒有「五分鐘」這樣的概念，但肯定從太陽循著地平線的一頭移動到另一頭的過程中，知道時間也隨之流逝。那時沒有所謂下午或早上這類白晝的劃分，只要有光線持續通過，就是白晝，但是當人類文明變得愈來愈複雜，分割一天的方式也隨之複雜化。

有關埃及日晷的紀錄，最早是出現在西元前十五世紀，法老圖特摩斯三世（Thutmose

* 譯注：剛好對應到地球的二十四個時區。

** 譯注：「因數」是指能將某數整除的數字，例如十二的整數因數有一、二、三、四、六、十二。十二有數量非常多的因數，三十六和六十也同樣有為數眾多的因數。

III）的戰爭故事當中，圖特摩斯三世由於他的軍事天賦以及發動了數場擴張主義的戰爭而被現代歷史學家稱為埃及的拿破崙。埃及學專家蘇珊・貝可（Susan Bickel）和艾琳娜・寶琳葛羅特（Elina Paulin-Grothe）偕同他們在巴塞爾大學的研究團隊於二〇一三年在埃及進行了一項考古學調查，地點在國王谷，也就是圖特摩斯安葬之地，在那兒發現了一塊碎裂的石灰岩石盤，該石盤目前被認為是現存的同類型日晷當中最古老的一個。[11]

接續著日晷出現的是水鐘（water clock），亦稱漏壺（clepsydra）。其中一件特別珍奇的水鐘可以追溯到大約西元前一四五年埃及的亞歷山大港（Alexandria）。[12]我們可以把這件器物約略視為一座混合型的機械鐘，因為它有齒輪和配重調節裝置。調節裝置以簡陋的方式，與一個現代稱為擒縱裝置（escapement）的機械零件一同運作，擒縱裝置是一個能夠根據標定的流量，交替地接收與釋放運動的裝置。現代的擒縱系統也是一種非常嚴謹的度量工具，用接收與釋放的次數來計算流量，但也同時在每次接收時，送出脈衝給系統提供驅動力。

在古羅馬，時鐘是叫做horologium，這是一個複合詞，由hora（小時）和lego（指出）組成，當時是用來指所有能夠量測時間的時計。在那個時代的羅馬，每當提到horologium或複數形式的horologia時，指的可能是日晷、漏壺或機械鐘三者當中的任一個。維特魯威（Vitruvius）生活於西元前一世紀，在他的著作《建築十書》（*Ten Books on Architecture*）當中，以文字描繪了一個漏壺的機械構造與原理，該漏壺可能是西元前三世紀由亞歷山大港的克特西比烏斯

（Ctesibius）所發明的。[13] 一八一九年，英國機械工程師小約翰・法瑞（John Farey Jr.）依照維特魯威的描述繪製出該漏壺，如圖所示。當水進入中央管C時，會使浮子D往上抬升，浮子D連接著一個人偶，人偶再透過箭尺指出小時。這座鐘的重要性在於，雖然在第一個千禧年以前很長的時間，人們就已經開始使用齒輪做成的傳動系統，但維特魯威所描述的時鐘竟然能靠著水的外溢，驅動一連串的齒輪，使得漏壺可以按季節遞嬗自動校正，真是個設計巧妙的計時裝置。[14] 對我而言，我很難相信如此精巧複雜的時鐘在西元前便已出現，但是維特魯威斯說是如此。

在中國，則有蘇頌的水鐘「水運儀象臺」。蘇頌是一位科學與技術奇才，他在一〇八八年建造了一座幾層樓高的哥德堡機器（Rube Goldberg machine）*，水運儀象臺使用了一個旋轉水車，上頭連接著

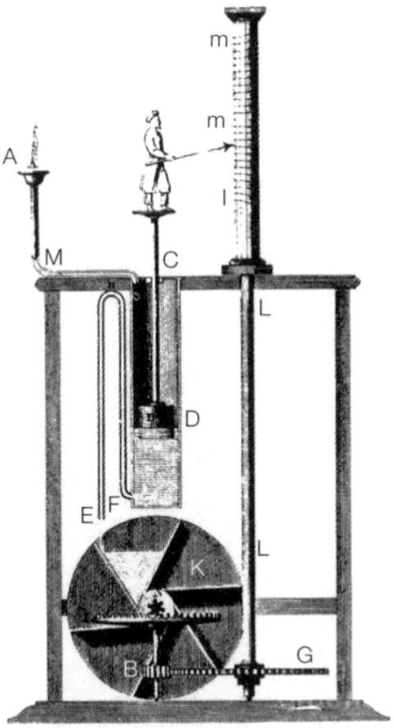

【圖1】亞伯拉罕・里斯（Abraham Rees）《百科全書》（*Cyclopædia*）pl. 3「漏壺」，另可見於《藝術、科學與文學通用詞典》（*a Universal Dictionary of Arts, Sciences, and Liter-ature*）vol. 2 (1819): 359

*譯注：哥德堡機器指的是一個設計複雜的機械組合，以迂迴繁複的方式，處理簡單的工作。

許多水壺，水壺可以受水與洩水，進而驅動橫桿傾斜，因此能收緊與放鬆水車樞輪上的齒輪。蘇頌的受水－傾斜裝置是以水壺作為計量時間的單位，計得之水壺數會傳遞到儀象臺的齒輪系統，帶動天體儀旋轉以及驅動自動木偶鎚擊鐘鈴以鳴鐘報時。[15] 水運儀象臺已不復存在，但在一本一〇九二年出版的書《新儀象法要》當中還是能找到該水鐘的敘述，書名的字面意思為「渾儀與渾象之機械化運轉的新方法概要」。* 整座水運儀象臺有可能是一座精巧的天文鐘，由受水和注水的水壺系統所控制，該水壺系統的作用如同機械式的擒縱裝置，儀象臺中有許多轉輪與凸耳相互連接，使得凸耳可以鳴鐘或打鼓。儀象臺內所有的部位都由木桿相連接，這些木桿可以驅動色彩鮮豔的木人偶穿入穿出木門，同時驅動連接著木手臂的槌子升降，以撞擊銅鑼。[16]

當時的中國，一天的時間是分成一百份，蘇頌的水運儀象臺藉著齒輪系統與木桿的緊密配合，組成一個精巧繁複的裝置，可以在每一等分（即每一刻）與每四等分（即一小時）的時候，分別讓舉著報時木牌的木偶跑出門外，在一天當中用鳴鐘或打鼓的方式宣告時辰。水運儀象臺有一個可轉動天球的垂直軸，該垂直軸與一水平軸以齒輪嚙合，水平軸再連接到一水車，水車每次以約百分之一天的增量轉動。[17] 若要說蘇頌的水鐘真的運用了現代意義的擒縱裝置原理，可能有點勉強，但它確實使用了來回受水和傾斜的裝置來調校時間。

到了西元七世紀，中國已出現多座報時的水鐘，能經由各式各樣的方式表示時間，例如舉牌、搖鈴、敲鐘、打鼓，或是讓人偶出現、消失，並以不同的衣著再次出現。這些鬼斧神工的機械工程奇蹟，沿著絲路傳到了波斯，再從波斯傳到了中世紀的歐洲。在當時的歐洲，時鐘的外表和裝飾精美與否，遠比準確度來得重要。

在整個歷史中，人類為了能夠大略地報時，嘗試過很多方法。恆星時（Sidereal time，源自拉丁文sidereus，意指恆星）是根據地球相對於一顆恆星的固定位置來測量的。太陽時間（solar time）則是以太陽相對於地球的視在位置（apparent position）而測得。找出太陽從一次正午到下次正午所需的時間，並將該時間差除以二十四，即可計算出平均太陽時間（mean solar time）。標準時間（Standard time）則是一個商定的時間，即將地球劃分為二十四個時區，各個時區主要是南北走向。

恆星時可以直接量測。從地球上看天空，太陽相對於背景的恆星擺陣會出現在特定的位置上，緩慢而不均勻地往東移動，一年後才會回到同一個相對應於恆星擺陣的位置上。*這個太陽的視在軌跡（apparent path）是一個想像的大圓，稱為**黃道**（ecliptic），其英文與「蝕」

* 譯注：水運儀象臺有三層，上層是渾儀，為天文節氣測量之用，類似今日之天文臺；中層為渾象，即天體模型，標有日月星辰，作天體運行的演示；下層是報時用的晝夜機輪。

【圖2】子午面圖

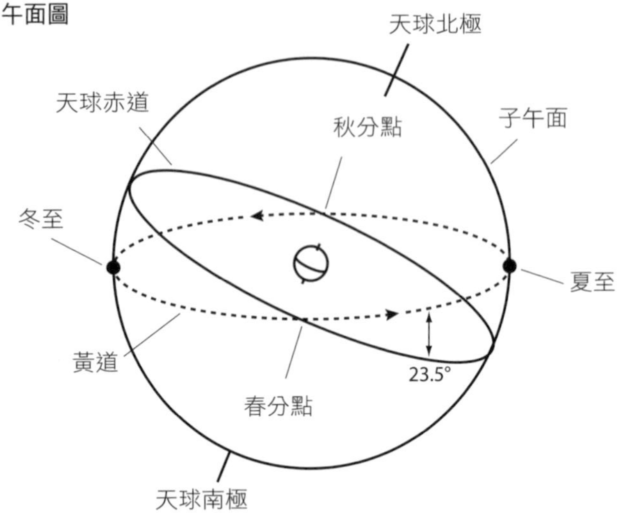


（eclipses）相似，因為只有當月亮通過黃道帶時，月蝕才會發生。現在我們來想像一個平面，切穿地球赤道，並延伸到穿過整個太陽系，此即**天球赤道**（celestial equator）。黃道與天球赤道會有兩個交叉點，其中一個發生在三月二十日前後，是**春分點**（vernal equinox，源自春天的拉丁文vernalis），另一個發生在九月二十二日前後，是秋分點（autumnal equinox）。從地球上看，天空中的這兩個點可以在背景的恆星擺陣中精確地定出來。

我們現在可以更精確地談談一天從哪個時間點起算。你現在正在地球上某個位置閱讀這本書，請站起來，轉向面對北方，伸開雙臂指向東方和西方，然後想像有一個平面穿過你的身體和地球的中心，這就是**子午面**（meridian plane）。從地球上觀察，因為整個恆星擺陣看起來都在移動，於是春分點看起來會移動橫越過整個天空。春分點每天都會穿過子午面一次，每次穿越，就是新的恆星天的開始。確實，我們看到的是太陽隨著一天時間的經過而昇起和落下，但我們知道，太陽的昇落其實是相對而生的印象，真正的原因其實是地球自轉，而我們從地球上觀察天空，便得到太陽昇落的印象。我們可以非常精確地測定這個春分點和子午面的交叉，現在既然知道一天的開始，也知道子午面，因而也知道一天的結束，就可以將這個一天的時間區段平均除以二十四，便得到了小時；將小時除以六十，便得到分；將分除以六十，便得到秒。抑或，也可以用任何你想要的方式分割一天，以得到更精細的時間。

西元一世紀時，一小時的長度在羅馬是由季節決定的，白晝分成四段，分別是早晨、午後、晚一點的下午、傍晚。[18]冬季白天日照的時間比九小時要少一點（依我們現在對**小時**的定義），白晝劃分為十二個四十五分鐘的區段（依我們現在對**分鐘**的定義）。夏天時，這個時間

---

＊譯注：恆星其實是固定不動的，但因地球會自轉，因此從地球看星空，恆星會隨著時間的經過而移動橫跨過天際，但每個恆星與其他恆星保持固定的位置和距離，也就是擺陣是固定的，整個擺陣在夜晚，從一側地平線到另一側地平線，均速地移動。而由於地球繞太陽公轉，使得太陽成為恆星當中唯一的例外，太陽看起來便不與其他恆星保持固定的位置和距離。因此從地球上看，太陽相對應於恆星固定的擺陣，每天的位置會有細微的變化。這個現象可以在太陽出現在地平線上時，天色還稍暗的時分觀察記錄到。若我們把太陽相對應於恆星擺陣的圖畫出來（此即太陽的視在軌跡），會發現每天太陽相對應於恆星擺陣，是緩慢地在向東移動，且在一年後繞完一圈，重回到原來相對應於恆星擺陣的位置。

結構會反過來*，這麼做滿聰明的，會給人一種印象，覺得冬天的白晝雖然較短，但跟夏天的小時數相同。聰明，但並不太有效。當時的羅馬人使用的是水鐘，每天都要由一位官方計時員重置和校準，要花一個月才能把羅馬城內的眾多水鐘全數調校完成。即便在今日，在現代的紐約市，官方鐘表師馬文·史德（Marvin Schneider）仍為街道上所有看得到的、市政府所擁有的鐘塔式時鐘作設定和校正。

離赤道有段距離的國家會需要考慮季節遞嬗所造成的白晝小時數的變化。例如著名的布拉格鐘（如第二章所示），最初是設計為一天的白晝有八個小時，這是那個時代的遺產，當時鎮上的鐘主要指示以下三件事：起床的時間、結束一天工作的時間、去教堂作禮拜的時間。隨著人類文明發展，市場經濟和旅行開始有了組織協調的必要，時間因此必須超越本地的村落時鐘，開始與其他地區同步。在機器時代出現之前，人類的生活雖然艱辛但簡單，大部分人住在農村，過務農的生活，勞動力主要用在從事農業與手工藝，使用的工具多是手動工具，或是一些只需藉人類可取得的動物便能驅動的簡單機具。

接著，工業革命的到來，徹底改變了時間被測量、理解、感知的方式。蒸汽機具有大規模生產的能力，於是促成了工廠的誕生，工廠是一種新的商品生產與銷售模式，在當時被稱做「現代世界的產物，也共同創造了現代世界」。[19]「工廠」（factory）一詞本身源自拉丁文的facere（意指「製作」），指的是任何裡頭裝有機械設備以生產生活用品的建築物。工廠的想法起源於十八世紀初英國的德比郡（Derbyshire），並在隨後的幾十年中慢慢傳至其他地區，同時小型引擎愈做愈大，成為龐然的大型機械，以串聯的方式運作，紡織品的生產速度由原本的每小時幾碼**，躍升成每小時幾英里。[20]由於工廠可以保證受雇者取得穩定且尚佳的工資，年輕人於是受到日漸增多的紡織工廠吸引，轉赴工廠工作，原本自給自足的農村因此逐漸失去年輕強壯的勞動力。到了下一個世紀，英格蘭北部已有冒著煙霧、吐著煤灰的工廠，成千上萬的工人每週工作六天，從黎明工作到黃昏，就為了那跟不上通貨膨脹速度的工資。工程技術的進步和消費者購買力的提升催生了更快的機器和更長的工作時間，進而加快了生產速度。由於工作辛苦且大多嚴肅而無聊，工人們在接近週日或少見的假期時，會有鬆一口氣的感覺。在歐洲蓬勃發展的工業地區，勤勞且長時間工作的工人們多半都是農務勞動者的後代，或者本身即是農夫，他們以前只知道農場的工作是不曾中斷的：擠奶、餵食、處理乾草，沒有所謂的假日。但對於工廠工人來說，他們的字典裡開始出現了像是**週末**這樣的詞彙。而隨著機械時代的發展，交通基礎設施也日新月異，出現了像是運河、公路、鐵路等基礎設施，人們同時也比以往更需要知道明確的時間，只有時針的時鐘已經不夠用了，即便是每四分之一小時會敲一次的村裡的鐘也不再夠用。

* 譯注：變成夜晚有十二個四十五分鐘的區段。
** 譯注：一碼將近一公尺。

時鐘的英文clock源自於德語的glocke，意思是鐘或鈴（bell）。六世紀時，歐洲的修道院已經裝設了由砝碼帶動的機械計時裝置，可以喚醒鳴鐘人，鳴鐘人接著敲響大型的塔鐘，宣告教會的禮儀時辰，民眾依鐘聲進行禱告與禮拜。禮儀時辰包括晨禱、九時公禱（日出後第九個小時，即中午）、晚禱、夜禱。對一個單純的文明社會來說，只需要注意一天當中幾個例行的休息時間便綽綽有餘，鐘盤上的數字其實無多大意義。將一天的時間細分到分和秒是晚近才出現的現象，這是由於商業會面、貨物運輸和旅行等活動需要組織、協調與安排，守時因此變得甚為重要。要做到分秒如此細膩的分割，需要一個比日晷或水鐘更能提供高精準度的機械裝置，這個裝置要能夠計量等長的時間段，且不需要依靠時有時無的日光或是連續流動的物質，例如水、沙或燃油。最古老的時鐘需要恆常永久的人為維護，才能保持其連續運轉和準確度。想設計出一個連續且規律運轉的裝置並不容易。據說伽利略用人的脈搏作為測量規律性的度規，但脈搏其實常有變化。乍看之下，要讓齒輪保持穩定、連續的運轉似乎很容易，但再多思考一下，就會知道這可能是世界上最困難的題目之一。想要測量時間，必須先要有一些可以數算的東西。

將一天分割為二十四份、十二份或八份大概是萬事之中最為細緻的劃分了，一分鐘、甚至是一刻（四分之一小時）的分割當然更是如此。即便是在伽利略的年代，守時也不是一件很重要的事情。晚宴的邀約通常很模糊，例如會說「日落時來我家吃晚餐吧」。政府會議若有遠道的政要參與，會議就會在政要到達之時開始，而時鐘則是靠著滴水、燒油、倒沙或日光在運作的，時間的度量跟準確度這個詞沾不上邊。不過時間的測定，依靠的一直是計量某物的量。不論我們把時鐘調校到多精細，時鐘所測量的始終是個離散不連續的東西，可能是一個個的時間段、某個會重複出現的訊號、兩事件之間的時間間隔、水或沙子積聚在容器中的重量或體積或是木棍的日影。而這就是問題的癥結：我們測量時間時用的是離散的數字，但卻視運動或變化為連續的。過去九百年來，幾乎所有我們所知的機械鐘，都是使用某種機械原理來計算離散不連續的運動，有些使用能計算旋轉圈數的齒輪。不過想想，要讓齒輪計算轉動的圈數，是多麼的困難；再想想，讓箭頭轉到標記的數字進而指示出時間，是多麼聰明的想法。今日帶有指針指出數字的鐘面仍然存在，不過數位顯示的時鐘最近開始與之競爭。早期有鐘面的時鐘只有一個指針，指出小時，分針則是在十七世紀末才出現，不久之後就出現了第三個指針，當時稱為第二個分針（the second minute hand），所指出的，就是從那以後被稱之為**秒**（second）的東西[21]，秒針最初裝設時其實是多餘的，如今亦然，但那時卻成為十八世紀壁爐鐘（mantelpiece clock）的基本配備，因為……嗯，既然這個新功能挺容易安裝上去，只需要多安上兩三個齒輪便成，那為何不要呢？指針式的鐘面相較於數位顯示最大的優勢是在於，鐘面可以讓你感受到

準到無比精準的能力。我們現在可以在任何時間、任何地點，從手機上讀取相當精確的數位顯示時間，甚至有能力判定一九八七年在羅馬舉行的四百公尺田徑錦標賽的冠軍，當時有個時鐘其精準度足以測定贏家是艾德溫．摩西（Edwin Moses），他以僅僅百分之二秒的差距贏得比賽。不僅如此，別忘了一九九八年在日本長野舉行的冬季奧運，當時美國滑雪選手皮卡波．史特里（Picabo Street）在女子超大迴轉滑雪比賽中奪得金牌，她只比奧地利選手米迦勒．多芙麥斯特（Michaela Dorfmeister）快了百分之一秒！

## 楔子：以百分之一秒的差距贏得金牌的奧運選手

與美國高山滑雪選手史特里談談，她在一九九八年冬季奧運超大迴轉滑雪項目中，以百分之一秒的差距，擊敗奧地利選手多芙麥斯特。金牌與銀牌的距離只有百分之一秒，這樣的情況甚為罕見，而銀牌的爭奪戰也幾乎同樣驚險：奧地利的亞莉珊卓．麥斯尼澤（Alexandra Meissnitzer）以僅僅百分之七秒的差距輸掉了銀牌。試著想像一下百分之一秒的差距，那比蜂鳥的翅膀拍動一次的時間還短。那麼百分之七秒呢？比人類眨一次眼所花的時間還要短得多。

高山迴轉滑雪比賽跟賽馬不同，賽馬的環境條件極接近平整，且騎師們是同時在場上比賽，會受其他選手的影響而調整自己的速度。而迴轉賽中，每個滑雪選手是在不同的條件下單獨滑完一圈，一點點逆風就可能令時間慢了百分之七秒以上。以百分之一秒的差距宣告誰是贏家，其實忽略了隨機的運氣造成了無功卻行賞的問題。說句公道話，這三位一九九八年的奧運超大迴轉選手，其實應該共享金牌的，在過去兩個世紀以來的賽馬競賽中，出現過很多同時抵達終點的例子，當兩位或多位競爭者成績太過接近，以至於無法區別時，就會平分獎項。

二〇一二年倫敦夏季奧運鐵人三項競賽中，瑞士運動員妮可拉．史皮里格（Nicola Spirig）擊敗瑞典運動員莉莎．諾頓（Lisa Nordén）贏得了金牌。她們兩位的時間完全相同，皆為一小時五十九分四十八秒。但有張照片顯示史皮里格的一根頭髮超前了諾頓，這根頭髮於是決定了誰是金牌得主。史皮里格和諾頓比賽時所經歷的環境條件完全相同，只能說她們的腳是踏在不同的土地上，又是運氣的那一腳。

二〇一八年二月十七日在戴通納國際賽車場（Daytona International Speedway）上，泰勒．雷迪克（Tyler Reddick）以〇．〇〇〇四秒的差距擊敗了艾利略．薩德勒（Elliott Sadler），贏得了三五七點五英里納斯卡賽車比賽（NASCAR）的冠軍，這次的差距是四萬分之一秒！[1]之所以如此地接近，部分原因在於參賽者是一同比賽，會受其他對手影響而調整速度。一九九八年冬季奧運的超大迴轉滑雪比賽則是一次一位選手，一名選手滑完後下一位才開始，每位都努力以個人最佳狀態參賽，並沒有因其他選手並肩滑雪而調整自己的步伐，但只差一瞬間便影響結果的情形還是發生了。所以，時間的意義到底是什麼呢？

第2章

# 搖鈴、擊鼓（時間的使用）

我想造一口鐘，這座鐘一年只走一度，鐘的世紀指針則一百年走一格，還有一隻咕咕叫的布穀鳥，一千年會出現一次。我希望在未來的一萬年裡，布穀鳥會在每個千禧年都出現。

——丹尼爾・希利斯（Danny Hillis），萬年鐘的發明者

到了二十世紀末，時鐘已變得無所不在。如果你走在城市裡熙來攘往的街道上，在不遠處你就一定找得到時鐘的身影。紐約市地鐵的鐘都是中央校準與對時的，巴黎和倫敦許多街道上的鐘亦如此。當時有些街道的人行道外緣會裝設大鐘，而且不管你在都市的哪個角落，附近總有店家牆上會掛著時鐘，你可以從商店的玻璃窗外輕易地看到時間。如今，公共時鐘已很少見，但手機和電腦的時鐘接收著網路供應的時間，我們比過去任何時刻都更加密切地連結著世上最精確的時間，我們比以往更依賴時鐘工作、玩樂，目光從未遠離時間顯示裝置。時鐘已成為時間的老大哥，我們再也沒有藉口不知道現在幾點了。

但中世紀歐洲人對於時間的印象，就非常不同了。十四世紀，當王國與公國之間發生諸多戰爭之時，最優異的鐘會被竊，送到別的城鎮去。有座鐘以其複雜精細的機械結構聞名，被稱做「藝術奇蹟」、「整個歐洲都找不到能與之匹配的東西……一座可以展示日月星辰的運行，以及潮汐升落的鐘」。[1]英格蘭沃靈福德（Wallingford）聖奧爾本斯修道院（Saint Albans）的院長理查（Richard），大概是在一三二六年為克特雷特市（Kortrijk）的佛萊明城（Flemish city）建造了這座鐘。一三八二年，當法國軍隊進入克特雷特時，勃根地公爵菲利普二世下令將這座精美的鐘拆下，帶回他的首都第戎（Dijon），這座鐘目前還掛在第戎聖母大教堂的鐘樓上，並加裝了鐘面和鐘盤裝置。[2]

第戎的藝術奇蹟之鐘有可能是第一個由砝碼帶動的機械鐘，另一個可能也是第一的，是一座真正的機械鐘，由鐘表師父亨利．德維克（Henri de Vick）於一三六〇年為法國查理五世（Charles V）建造。這座鐘有點類似亞歷山大的漏壺，它肯定是最簡易的機械鐘之一，只有一根時針，在一天二十四小時內走兩圈，一圈十二格，除了指出小時以外，沒有別的功能[3]，沒有鐘聲，沒有人偶從閣樓中跑出來做些繁複的動作。德維克花了八年的時間才完成這座簡易的機械鐘，他很可能也自己親手鍛造了當中所有的零件。這座鐘經過多次的翻新和維修，現在座落於巴黎司法宮（Palais de Justice），它是由砝碼帶動擒縱裝置運作，是第一款小時數之間被分隔為五個等分（可能是指出分鐘）的鐘，就像現代的鐘表一樣。

這些早期的混合式時鐘只能約略告訴我們小時，這時的鐘主要的目的並不是要精確報時。如果我們忽略那個時代生活的辛苦之處（戰爭、飢荒、疾病、相對較短的壽命等），從許多方面來看，當時的文明對時間的態度是放鬆許多的，赴約時，只需在不甚精確的一小時誤差之內到達，便綽綽有餘。第戎的鐘原本沒有鐘盤（dial，源自拉丁文的 dies，意思是天〔day〕），但有錘子，由自動人偶敲擊，說英語的人稱這些自動人偶為「jacks」，源自於法語的 jacquemart。*雅克・馬爾（Jacques Marck）是里爾鎮（Lille）的鐘鎖師傅，他恰好是那位製作第戎之鐘的鐘表師傅的孫子。但可能還有其他原因使我們稱這些敲鐘人偶為「雅克馬爾」，這個字可能來自於拉丁文的 jaccomarchiardus**，字面上的意思就是戰爭服裝，像是鎖子甲（coat of mail）之類的作戰用護甲。中世紀有一個慣例，塔樓上駐紮的哨兵會穿著戰服雅克（jacques），目的是警告接近的敵人。[4]無論雅克馬爾的起源到底是哪一個，這兩座最古老的混合式機械鐘都有自動人偶，會每個小時敲鐘，如果一三六〇年後的頭幾年你正在第戎，你就會在每個整點聽到鐘聲。

布拉格天文鐘（Prague Orloj）可能是現存最老且還在運轉的時鐘，這座宏偉的傑作曾經停止運轉好些年，鐘的機械結構本身當然已歷經多次翻修，如今的結構已是現代的形式。這座鐘

* 譯注：發音為「雅克馬爾」。

** 譯注：發音同樣類似於「雅克馬爾」。

在工程與科學上的傑出表現令人嘆為觀止，尤其想到它第一次建造完成並使用已是六百年前。

布拉格鐘有兩個鐘盤，一個是萬年曆鐘盤，另一個則會演示太陽和月亮的運行。每次整點擊鐘之前，有兩扇窗戶會打開，露出十二個使徒在窗內行進。旁邊還有一個骷髏人偶，據傳是死神，他站在較大的鐘盤右側，會敲響鐘聲，並將沙漏倒過來，站在死神身旁的人則會點點頭。鐘盤左側則有兩個人偶，一個拿著錢包，另一個拿著鏡子（可能是虛榮）。在每個整點，大鐘盤上方都會跑出一隻公雞，啼叫三聲。

這座鐘有數個與之相關的神奇傳說，其中至少有一個傳說完全不是真的，不過歷史書籍卻常常提到。其中一個傳說是和製鐘大師楊・儒澤（Jan Růže）有關，他被布拉格的鎮議員聘請，負責修理布拉格鐘，並請他將這座時鐘變成公共廣場上一個華麗且獨特的藝術裝置。楊・儒澤是在布拉格鐘首次安裝以後約九十年著手修理這座鐘，他也加增了鐘的日曆鐘盤，為了安上會動的雅克馬爾，他還做了些華麗的裝飾。據說楊・儒澤把這座鐘復原改良到變成了一部鬼斧神工的完美機器，其完美的程度使議員們擔心他會變得太出名，以至於其他城鎮會前來要求楊・儒澤為他們建造類似的鐘。議員們因為擔憂如此一來這樣的鐘便不再是布拉格所獨有，於是用鐵管弄瞎了楊・儒澤的雙眼，瞎了眼的楊・儒澤請他的一位學生協助他摧毀破壞這座鐘的運作，布拉格鐘於是停止運轉了一整個世紀，就是為了報復議員們的惡行。[5]

另一個傳說則和死神有關，也就是那個骷髏人偶。如果布拉格天文鐘停止運轉很長一段時間（無論那代表什麼意思），捷克國族將會遭逢一段艱困的時期，骷髏人像會點頭以暗示厄運將臨。這時捷克（以及這座鐘）的生存希望將寄託在元旦之夜出生的一名男孩身上，當這座鐘又重新開始運轉的時候，原來的那個男孩現在已長大為成人，他一定要在這座鐘響起第一個鐘聲之時，從那附近的教堂跑出去，穿越過鎮上的廣場，然後趕在最後一聲的鐘聲響起之前，進入市政廳。如果他辦到了，就會終結骷髏的力量，一切便恢復正常。[6]

當時是一個充斥著通俗黑暗神話的時代，就像今日社會充斥著陰謀論一樣，布拉格鐘真正的歷史很難解開，因為相關記載晦澀模糊，許多紀錄重疊卻相互矛盾。大多數歷史學家認為，布拉格鐘至少有一部分是在一四一〇年溫策斯勞斯四世（Emperor Wenceslaus IV）的統治期間建造的，其他部分則在隨後的幾年裡組裝完成，而完整的整座鐘開始運轉，是到一四九〇年，那時楊．儒澤將它改造成了令人驚豔的天文鐘。布拉格鐘現在仍然在運轉，以十五世紀的製鐘技術來說，它真的是座工程奇蹟。這座鐘的其中一部分也可能是由卡丹（Kadaň）*的皇家製鐘師傅米庫拉什（Mikuláš）設計並建造的，不過正如一些歷史書籍和文章所說，我們確定米庫拉什並沒有完成整座鐘，因為他在一四一九年業已辭世。

一三八九年，菲利普．德．梅濟埃（Philippe de Mézières）所撰寫的《老朝聖者的夢想》

＊　譯注：現今位於捷克的另一座城市。

（*Le Songe du Vieil Pèlerin*）[7]是詳細記載中世紀鐘表學的最早期著作之一，該書作者是一位法國十字軍士兵兼政治家，內容大多是他在歐洲和近東所見聞的歷史記述，書中我們可以看到十四世紀中葉，帕多瓦（Padua）*的鐘表師傅麥斯特．尚．德．奧洛格（Maistre Jean des Orloges）的故事，他用黃銅和銅建造了一座儀器，以黃道十二宮作為背景，能夠模擬當時的天文觀所認為的行星圍繞地球運行的圓周運動，其中也包含太陽圍繞地球運行的軌道運動。

【圖3】布拉格天文鐘，攝於二〇一四年。攝影：卡羅．安．羅伯．強生（Carol Ann Lobo Johnson）

> 我們可以隨意選定任何一個的夜晚，在天球上就能清楚地看到當晚夜空會出現的行星和恆星的宮位與角度，這個天球製作得如此精妙，儘管有許多輪盤，數量多到除非把整組儀器都折了才數得盡，但整座儀器卻是單單由一個平衡錘所支配控制。這顆

天球是如此的奧妙，吸引了遠方認真敬業的偉大天文學家懷著崇高的敬意前來拜訪上述的麥斯特．尚及他的巧手之作；天文學、哲學和醫學領域中的所有傑出人士都宣稱，翻遍各類書籍或資料，都找不到任何人能製作出如上述之鐘一般，如此精巧及重要的天體演示儀。[8]

麥斯特．尚的這座鐘可能不是第一座由機械帶動的天文鐘。但丁《神曲》的《天堂篇》（*Paradiso*）第二十四章完成於一三二〇年，在那當中出現了跟鐘有關的字句，且據其描述，那必定是座齒輪帶動的時鐘。

> 好似計時器內轉動的齒輪
> 第一個看起來動也不動
> 最後一個卻快速地轉著，像飛一般[9]

但丁的時代似乎已有齒輪帶動的時鐘，但也可能部分是漏壺，不是純機械式的。時鐘這個

＊譯注：義大利北部的一個城市。

詞在那個年代並不區分到底是日晷、漏壺還是機械鐘，希臘和羅馬時期的漏壺可能是機械式的，說不定真的是。

因此，我們很難得知第一個真正的純機械鐘是什麼時候發明的。這裡所提到的機械鐘，指的是不靠水流驅動的鐘，而是靠垂吊砝碼、彈簧的延展或鐘擺的擺動所驅動的鐘，有些以水帶動的鐘確實具有機械式的構造，例如一個輪盤，以繩索纏繞，繩索另一頭再接砝碼，將砝碼置於水盆中的浮舟上，當水面下降時，砝碼便會跟著往下降，因而帶動輪盤緩慢地轉動。但這類時鐘並不像真正的機械鐘那樣可以數算事件的次數，它並不是在累加數字，而是在標記半連續的運動。有些學者認為第一個發明機械鐘的人是中國的數學家一行禪師，他確實在西元七一五年發明了一個有著粗略擒縱裝置的時鐘，該時鐘不只指出一日的時辰，也有一個會轉動的天球，能演示日月星辰的位置，不過一行禪師的時鐘很顯然是一個漏壺，該漏壺帶有機械構造，能連結到天球而使之轉動，但鐘本身的計時原理並不是機械式的。八世紀的中國北部（今日之上海以西）有著各式各樣用水驅動的機械玩具，許多都類似今日孩子們在海灘或浴缸中玩的玩具，但當中並沒有任何的已知裝置是靠擒縱器控制且可以調校一日時間的計時工具。[10]十三世紀的歐洲出現了需要更可靠且更精細地劃分一天時間的需求，當時的歐洲工匠接受了這項挑戰，設計出構造精細巧妙的機械鐘，特別是發展出了完美的擒縱裝置，該裝置的設計目的是為了能將連續的運動打斷，成為一段段、短且等長的區段，從而計算區段出現的次數，以此方式測量與計算時間。擒縱裝置其實就是機械鐘，機械鐘的其餘所有部位其實都只是聽從擒縱裝置的指引、指出時間的時辰報告器。

想像有個輪盤固定在輪軸上，再想像有條繩索纏繞在輪軸上，繩索的另一端接著砝碼。如果我們讓輪盤自由旋轉，繩索就會捲開，讓砝碼受重力作用而往下掉，同時也受輪軸的摩擦阻力所牽制。理想狀況下，我們會希望有一個有六十齒的齒輪，以每分鐘一齒的速率轉動，轉完一圈正好花上一個小時。這其實不難做到，因為小一點的齒輪可以跟較大的齒輪嚙合，就能藉著調整兩齒輪直徑的比例來調整齒輪的轉速。事實上，真正決定該六十齒的齒輪是否能夠以設定的速度穩定地從一齒移動到下一齒的，是擒縱裝置的速度。其實是因為擒縱裝置能被控制與調整，而當擒縱裝置能正確且規律地運作時，齒輪就能以正確的速度轉動。我們或許可以使用一個煞車裝置將砝碼下墜的加速度降到零，也就是使砝碼下墜的速度維持等速，如此一來輪盤就能以均等的速度連續鬆開，但是這麼做就沒有區段能讓我們數算了。但如果我們可以想辦法中斷輪盤的旋轉，而使輪盤以相等的間隔停止轉動，這個裝置就可以數算停住的次數，而這就是打造第一個純機械鐘必備的巧妙機關。

薩克羅伯斯科（Sacrobosco）的《天球》（*Sphere*）一書撰寫於一二七一年，這本書在十三至十七世紀是頗受歡迎的天文學和宇宙結構學（cosmography）教科書，當中我們看到如下描述：

製作這種時鐘的方法為：先製作一個圓形輪盤，並盡可能讓輪盤每一部位的重量都平均分配，再將一鉛砝碼垂掛於該圓輪的軸心上，砝碼的重量要剛好能使圓輪在一次日出到下一次日出之間正好轉完一圈、再減掉太陽上升大約一度的時間（根據約略的正確估算）。因為從一次日出到下一次日出之間，春（秋）分點移動了整整一圈外加多轉了大約一度，這一度就是一天之內太陽相對應於蒼穹移動的角度。[11]

根據二十世紀的英國漢學家李約瑟（Joseph Needham）的說法，這段文字其實顯示出，可能早在十三世紀末，就已出現了利用砝碼和擒縱裝置製作機械鐘的想法。但李約瑟認為十三世紀的科技工藝尚未發展到能真正製作出這種擒縱裝置，因為他接著說道：「擒縱裝置的發明似乎是發生在十四世紀初，儘管當時的工藝技術還很粗糙，可是在那之前並沒有看到像擒縱裝置這樣的高階設計。」[12]

幾乎所有早期機械鐘的起源都晦澀不明。漏壺的發明時間有明確的共識，但機械鐘的起源則莫衷一是，有些歷史學家認為機械鐘最早是在九世紀就已出現，另一些歷史學家則認為是十四世紀，不過無論是哪一個時間點，證據都很匱乏，紀錄都很稀缺。如果你想找出第一個擺鐘是哪一座，就會先掉入一個陷阱：到底怎樣才真正算是擺鐘。甚至鐘擺的發明本身也是有爭議的，畢竟那可以是任何一個有懸吊著的擺錘、會來回擺動的東西。但是會擺動的懸錘也可以是別種形式、能夠極為精確地測量秒數的計時器，例如節拍器便是一例，不見得必然是時鐘。人們在最早期的機械鐘出現之前，就已經知道擺錘並且開始使用了，中國古代的天文學家在觀察和研究日蝕與月蝕之時，就曾使用鐘擺作為類似計時的測量工具。利用鐘擺的擺動次數來計量時間，這樣的計時方式遠比日晷上晷針的影子或脈搏跳動的次數更加精準，且更遠勝於水鐘。鐘擺的擺動次數是否有依太陽的東升西落而調校並不重要，因為鐘擺的基本特性是：擺幅小時，頻率會很穩定；小擺幅每擺動一次所花的時間，跟擺幅稍微大一點點或是稍微小一點點，所花時間是極為接近的。早在伽利略再次發現鐘擺的這個基本特性之前，該特性早已廣為人知。

在十七世紀之前，幾乎所有時鐘都是又大又昂貴，且通常是由市政府出資建造，建鐘的目的是確保民眾所需之商品和服務能運轉順暢。那時的時鐘通常放在城鎮廣場的中央，每個鐘頭和每刻都會鳴鐘，遠至數英里外的範圍都能聽得到。時鐘的進步與改良（諸如使用螺形彈簧，而非以垂吊的砝碼作為驅動之動力等）使得鐘表師傅能將他們的作品變小，但是基本原則還是不變：能量從一動力源（例如垂吊的砝碼、將彈簧繞緊後鬆開等）傳遞到某振盪運動，再以該振盪運動記錄時間的流動。

時鐘需要動力來源，要有個東西能使其一直走而不停歇，像是受擒縱器微微地驅動的懸吊砝碼或擺盪的擺錘。十八世紀後期已發展出小巧、簡單且易於掌控的螺旋彈簧和微型擒縱器，於此便出現設計出更小型時鐘的可能性。除了水鐘、沙鐘和油鐘以外，原則上所有的鐘都具有基本的振盪產生器，最佳的例子是靠著彈簧和砝碼運轉的時鐘。將彈簧立起，上端固定住，下端接一砝碼，再將砝碼下拉（因而使彈簧伸長）然後鬆開，彈簧就會上下擺動，透過分子力的延展與收縮，能量會散逸於空氣阻力與熱當中。根據虎克定律（Hooke's law），當彈簧被拉伸或壓縮時，會產生回復力，與伸展或壓縮的長度成正比。再者，事實上石英鐘和原子鐘原則上也是靠著震盪在運作的。石英鐘是晶體的分子與機械振動，被電場扭曲後以每秒三萬兩千七百六十八次振蕩的頻率振動。至於原子鐘則是銫－133（cesium，化學符號為$^{133}Cs$）原子的自然振動，每秒振動九十一億九千兩百六十三萬一千七百七十次。

所有的新發明似乎都是從大型產品開始，之後尺寸才慢慢縮小。我太太的第一支手機是摩托羅拉DynaTAC，重量將近一公斤，大小跟她冬天穿的靴子差不多。十七世紀的時鐘也約莫如此，在那個強盜盛行而且天氣變化常常導致交通運輸嚴重延誤的時代，為了安排與協調公共馬車抵達、離開和轉乘的時間，搭車旅行時會特別注意時間的準確性，富裕的士紳們在旅行時通常會攜帶笨重的法式馬車鐘（French carriage clock），這種鐘會放在特製的小皮袋裡，即便在晚上，黑暗的車廂內無法用肉眼查看時間，也可以按一下皮袋上的一個按鈕，該按鈕連接到時鐘上的另一個按鈕，十五分鐘之內，時鐘就會發出叮噹聲報時。白天時可以掀開皮袋，看到比較準確的時間。懷表以及如項鍊般戴在胸前的鍊表甚至早在十六世紀時就可以買得到，但是那時的懷表不甚準確，因而實用性不高，體積頗大，主要為新穎流行的玩物。改良後的可攜式懷表要再等一世紀以後才會出現，那時有西裝背心表，不過也仍尚未量產。

到了十八世紀中葉，鐘表匠已經能夠將鐘表的機械結構縮到很小，因而除了能製作出相當精確的壁爐鐘，也能製作出還算精確的懷表。那時的懷表價格不菲，僅為少數負擔得起的富人所獨有，懷表於是成為西方的階級象徵。由於人們生活及商業上的需要，對準確度的要求隨文明的進展而愈來愈高，當世界從全球大探險和大航海時代，前進到工業革命、計算機時代，時鐘也隨之有了長足的進步。計時工具在設計上一直在慢慢地改良演變，改良的腳步緊跟著時代進步的需求。

十九世紀末，經濟發達的西方國家幾乎家家戶戶都至少有一口鐘。時間開始控制了人們的所有行為，精準的時間變得愈來愈唾手可得，並開始決定功利主義的常規和習慣，進而重建了群體行為的新秩序。時間不再是輕鬆隨性的，而這一切都是時鐘太準的錯。

一直到十九世紀中葉，各城市的時鐘都還是以當地的正午作為校正的標準。如果你在一八八四年以前，乘坐紐黑文－米德頓－波士頓線鐵路（New Haven, Middletown, and Boston Railroad）從紐約搭到波士頓，那麼在抵達波士頓之前，你應該會重設你的懷表十二次。到了一八八〇年代，火車班表已是一團亂，雜亂無章的火車班次在縱橫交錯的軌道上進進出出，共享鐵路時間，火車除了運送貨物，還要在為數有限的客運月臺上讓乘客上下車。在十九世紀中葉之前，時間已有同步對時與協調的需求，但準確與否還不是一個大問題，當時除了工業城市裡的工廠工人必須準時上班以外，生活步調還很慢。農場工作者需要擠牛奶、餵豬，麵包師傅需要比公雞起得更早，小孩需要上學，教區居民需要在教堂鐘聲響起後，在還算準時的時間之內趕到教堂禮拜，但這些活動前後若約誤差一刻鐘，就算很準時了。那時的城鎮只需要一個中央時鐘，該時鐘或許每天會多個幾秒或少個幾秒，但只要全城都按照該時鐘指示的時間進行當日的活動，每天的運轉就會像時鐘指針一樣順暢，時間的精準度仍然不是太重要的事。

一八二〇年代是鐵路進入歐洲的濫觴。在接下來的幾十年，只有鄰近的城鎮之間有短程城際火車行駛。但到了該世紀中葉，火車變得愈來愈快，一條路線開始會跟其他線路相連接。一八六〇年，歐洲各國開始覺得可以與鄰國互通鐵路線。美國的情況就複雜得多了，美國的中午是定義為首都華盛頓特區的正午十二點，但在同一時刻，紐約當地的時鐘卻顯示此時為十二點十二分，位於美國西岸的沙加緬度，中午的鐘聲會在當地上午九點零二分響起，但此刻波士頓的當地時間卻是十二點二十四分。橫跨全美，各地的正午十二點是依照太陽在天空中的位置作為校準的標準，因此紐約州首府阿伯尼（Albany）的十二點比紐約市的十二點晚了兩分鐘。當時沒有今日以經度線劃分的縱向時區系統，於是整個北美大陸的各個都市與城鎮都有自己的十二點。

一八八三年十一月十八日，《紐約時報》發表了一篇名為〈時間的倒退飛行〉（Time's Backward Flight）的專欄文章，該文是這麼開始的：「如果昨天我們在北美大陸上，從最東邊的緬因州到最西邊的太平洋海岸排了一整列的時鐘，每個時鐘都在正午十二點響起鈴聲。從東岸到西岸，你會在各地聽到鈴聲響個不停，持續不斷三又四分之一小時。毫無疑問，今天中午整個北美大陸都會相當錯亂。」[13]

在那的一天之前是個星期六，當天全國民眾擠爆了珠寶店，試圖了解該怎麼處理隔天就要生效、非本地校準的全新時間。還有很多人被陰謀論預言所騙，那時許多謠言預測將會發生某種大災難，有可能是商業災害或是更全面的末日降臨。在那個時代，高塔上會有報時球於日正當中之時降下來，當地的時鐘皆依報時球下降作為校正時間的標準。

當時貨運列車與客運列車共用同一條軌道，且在政府的干預與影響之下，火車路線日益交錯，並迅速擴及至多個地區。與此同時，競逐與擴張的帝國持續爭奪世界貿易的份額，因而也使得繪製一份含括各地時間的全球時間地圖變得非常重要。一八八四年在美國華盛頓特區舉行的國際子午線會議上，二十六個國家競相爭取作為平均太陽時間（中午十二點零分零秒）的永久基準點。[14]他們將決定「哪一條子午線會作為全世界經度和時間標準的通用零點」。[15]格林威治子午線（Greenwich meridian）被選為本初子午線（Prime Meridian）的所在地，今日也被作為是所有人類太空旅行的基準時間。

即便在新的時間系統穩定下來，且人們習慣了之後，仍有一些人覺得不太對勁。他們有時可能覺得時間被偷了，或者是覺得時間變多了。新系統打亂了從前太陽時間給人的安心感，以前人們熟知太陽的穩定規律，時間等於是在人們的掌握之中。但現在的時間不只會跳來跳去，甚至走個一英里路說不定就不見了。美國印第安納州奧伯（Ober）的居民可能過一條馬路，就突然失去了一個小時，時間跑哪裡去了？

在一次從舊金山飛往日本的星期五航班上，我也有同樣的感覺。當我在薩摩亞*時，那時

【圖4】一八八一年，公平人壽保險大樓（The Equitable Life Assurance Society）上的波士頓報時球（Boston Time Ball）。

我失去了整個星期五，當然我知道其實是我預先在時間銀行裡存了二十四小時的額度，我的壽命並不會因此而縮短一天。反之，當我思考著回程時我可以兌現那預存的二十四小時，我同時也在想著，如果我繞著地球一直向西飛，我的時間存款會繼續增加嗎？如果飛兩圈，就會給我兩天的時間存款嗎？當然不會！向西飛行是地球自轉的反方向，所以每次通過二十三個時區當中的一個時區，就會被兌現一小時的額度，直到抵達第二十四個時區，屆時所有預存的二十四小時額度都會全部被用光。真可惜。

因跨越國際換日線而失去一天是個小問題，挺容易解決，

【圖5】雕刻師山繆·艾弗瑞（Samuel P. Avery）的作品「通用鐘盤或萬國時間」（Universal Dial Plate or Times of All Nations），收錄於雜誌《Gleason's Pictorial Drawing-Room Companion (Boston)》，一八五三年六月二十五日，第416頁。

* 譯注：緊鄰國際換日線的太平洋島國，標準時間上午十點二十七分越過國際換日線（International Date Line），這是一條相當武斷且虛構的彎曲的線，從北極一路延伸到南極。

不過也很容易讓人搞混。當各國政府同意將時間武斷地分割為時區之時，給人感覺他們好像在擅自武斷地竄改時間。如果有人對時鐘上的時間是如何運作的不甚了解，就會容易感到混淆。到了一六一〇年，西歐許多國家已採行了格里曆（Gregorian calendar）*，但英國用的還是儒略曆（Julian calendar），要等到一七五〇年通過了新的曆法法案（Calendar Act），英國（包括當時的殖民地美國）的日期才和西歐其他國家一致。一七五二年九月二日，英國政府宣布將不會有一七五二年九月三日，緊接著九月二日的下一日將會是九月十四日，也就是說，中間有十一天不見了。九月十四日這個日期本身並沒有太大爭議，但有些人好像因為不見的十一天而覺得他們的人生變短了。威廉・賀加斯（William Hogarth）的一幅諷刺畫作《選舉娛樂》（*Election Entertainment*）當中就出現了一張海報，上頭寫著「還我十一天」。一些歷史書籍當中記載了部分民眾認為自己失去了十一天的生命和酬勞，因而引發些許動亂。羅伯特・普爾（Robert Poole）的《時間的改動》（*Time's Alteration*）一書中，有部分內文似乎支持這一想法確實存在於當時的英國：「無知的群眾真的以為議院奪走了他們十一天的生命，賀加斯先生的畫作很細膩地揭露了這個荒謬的想法，在畫中，群眾扔著帽子，高聲呼喊著『還我十一天』。」[16]

這個亂象其實比較像是個訛傳，而非完全是事實，因為賀加斯是一位諷刺畫家，不是歷史學者。此外，一七五〇年的新曆法法案已謹慎地考慮到新曆法實行上可能會引發的誤會，因而已預作準備。該法案提及：「本法中涵蓋之任何內容，均不得延伸或擴大解釋，致使任何租金或應付款項，因任何協議之憑據（例如慣例、用法、租賃、契據、書面、字據、票據、合約等）而要求加快其付款期限或要求付款。」[17]

像這樣的修改時間，無論看起來多麼有道理，都會衝擊我們對時間的敏感度，因為直覺上時間就好像河流的流水般，雖不穩定但卻一直連續地流動著，不曾突然中斷。這個敏感度與我們生活與工作的方式密切相關，那是一種「時間是絕對的」的感覺，無論你身處地球上哪個角落，時間都一樣，甚至在月球上時間也一樣。「一天有二十四小時」具有其神聖的地位，不容篡改，我們自小便知這個事實，也依之生活了許久，任何的變動調整都會混淆我們的生活日常。我們內心深處其實知道這只是約定俗成的習慣，我們有天、小時、分、秒。我們依狀況或心情決定在哪個時間睡覺，在其他時間起床、工作、吃飯、玩樂，我們的時間既是隨意武斷的，也是約定俗成的。但是當我們習慣了以後，就變成生活的根本，很大程度成為了整個體系的一部分，時間可以勾起我們的直覺反應，使我們身體節奏的時間感僵化。

那些隨意武斷、約定俗成的時間並不具普世意義，卻給了我們時間感。時間可能是一種像重力、熱量或氣壓一般，看不到、摸不著，好像有什麼東西存在的幻相，但時間卻讓我們的生命一直往前走，使我們有種時間確實存在的絕對感。倘若我們是在月球上，在那兒測量月球緩

＊譯注：又稱為「公曆」，為現今國際間通用的曆法。

慢地從白天轉為黑夜的變化，我們可能會發展出一套與一天二十四小時截然不同的時間系統。月球在其軸上自轉一圈大約要六百四十八小時，從地球上看來，月球好像完全都沒有在自轉，那是因為月球的自轉和地球幾乎同步，換句話說，月球繞地球公轉一次約二十七．三二二天，而月球自轉一圈所需的天數幾乎和這數字差不多，所以我們看月亮會覺得好像都沒在轉。如果我們按照慣例，把月亮的一天劃分為二十四個月亮小時，那麼一個月亮小時就會等於二十七個地球小時，非常不一樣的時間記分板，因此也是非常不一樣的時間感。不過雖然時間的長度不同，即一個地球小時等於二十七分之一個月亮小時，但即便我們身在月球上，對時間的感覺並不會有太大的不同，因為我們仍然是地球的物種，仍然降服於地球晝夜節律根深柢固的頑強控制之下。

尤金．塞南（Eugene Cernan）和哈里遜．史密特（Harrison Schmitt）是阿波羅十七號的太空人，同時也是本書出版之前最後造訪月球的人，他們在那次的登月任務中，花了二十二個小時又四分鐘在月球上駕駛與操作月球車（lunar rover）。對他們來說那是真真切切的二十二小時又四分鐘，但是若是依月亮時間來算，只有大約五分之四個月球小時。他們的生理與心理感知到的並不是月球時間，而且儘管他們身處在月球上，但所有的活動與作息都是按照格林威治標準時間安排的。時間感的先決條件是要有持續時間（duration），一種時間流逝、一段時間已經經過了的感覺，如果只是某一個時間戳記，與其他時間戳記毫無關聯，是構不成時間感的。兩位太空人都忙於操作月球車和採集月球上的樣本，他們當時一定都能清楚地意識到時間的流逝，因為那就是開始於啟動慢速的月球車，結束於重回登月降落點的那一段持續時間，那是他們所感受到的時間感，所以無論他們第一隻腳踩在月球塵埃上或是進入月球車時是幾點，對他們而言都只是一個時間戳記，最終會跟乘月球車返抵、登月任務結束之時的時間戳記相減，這就是持續時間。無論你是怎麼測量時間的，持續時間就是持續時間。這種持續時間的感覺，一方面是一種人類感官的知覺，與經驗與生理節奏息息相關；另一方面則是數字化的測量，可以按比例縮小和放大，以符合人類的感知。

不過，縮放以後事情就變得比較複雜了，怎麼縮放也跟一個人在那段時間的專注程度有關，我們可以想像塞南和史密特當時必定是全神貫注於他們的工作，找尋任何他們以前可能從未見過的東西，不管是用月亮時間還是地球時間度量，他們的那段時間必定如箭一般迅速飛逝。

談到這裡有個問題：我們到目前為止只談了時鐘，而非時間本身。我們為某個稱做時間的東西單純地挑選了一個會週期變化的事件和一個計數系統，一副好像時間只是單純依附在地球自轉週期上一般。二十四小時的時鐘無論多麼約定俗成，其實每個小時都在變慢，因為會被月亮和潮汐拖慢。不過可喜的是，我們現在能夠回答有關地球自轉是否恆定的古老問題了。

多年來我們已經知道，潮汐產生的摩擦力是地球自轉的阻力，但到底使自轉速率改變了多少，我們並不清楚。問題的答案得歸功於理查．史蒂芬森（Richard Stephenson）和萊斯利．莫里森（Leslie Morrison）及他們在英國杜倫大學（Durham University）的同事於一九八〇年代所做的研究，現在我們可以相當精確地測定一天的長度在一世紀之間增加了多少。史蒂芬森和莫里森分析了日蝕與月蝕的歷史紀錄，這些紀錄最早可追溯至公元前七二〇年，當中包括巴比倫的楔形文字泥板、亞歷山大港天文學家托勒密（Ptolemy）的《天文學大成》（*Almagest*）一書以及中國、歐洲和阿拉伯天文學家們的數據報告。他們將這些數據與電腦模型相比，電腦模型可標出**假使**地球從那時到今天是以恆定的速度自轉的話，日蝕與月蝕應該會在哪些時間與地點出現。該團隊的研究發現，每經過一個世紀，一天的長度都會增加一．八毫秒，也就是說，每天地球自轉都比前一天慢一點點，所以每天的時間都變長了幾近六億分之一秒。[18]我們可以把這個現象怪罪在被自轉的地球拖著走的月亮和潮汐頭上。[19]於是乎，今天是你生命中最長的一天，而明天又會更長。

## 楔子：一位鐘表家對時間的看法

約莫在七十年前，雷伊．貝茲（Ray Bates）師事著名的蘇格蘭愛丁堡製表師 R．L．克里斯蒂（R. L. Christie），習得鐘表工藝。雷伊後來搬到了波士頓，不久後又搬到美國佛蒙特州的紐凡（Newfane），從此在國際上便被稱為「英國製鐘師」（The British Clockmaker），他是十七、十八和十九世紀精美時鐘的修復員與保護者，致力於保存鐘表原始的完整性。他告訴我們：「你跟三百年前製作這口鐘的人便有了連結，因為你正觸摸著他當時親手施作的同一片金屬。」我猜，對雷伊來說，這就是他從事修復工作獲得的最大犒賞。

雷伊現在已經退休了，他的最後一個學徒是兒子理查（Richard E. Bates）。理查已當了二十年的古董鐘表家，目前正掌管家族事業，我問理查是否曾經有哪座時鐘讓他感到非常興奮且深受啟發，或許是某座鐘因為其內部的運作機制極為精采絕倫而令他印象深刻。他告訴我他剛修復完一座配有自動人偶的荷蘭音樂鐘，他說：「那是個世上罕有的絕妙之作，是一個有著鍍金邊框的圖片時鐘，圖片裡是田園風光，草地上有乳牛，漁夫在河邊揮動著釣竿，農夫們在小山坡上舞動著

【圖6】十八世紀的荷蘭鐘，具自動人偶。照片提供：理查・貝茲

大鐮刀，背景中有風車，還有月亮，其實那個月亮是座時鐘，而且整個結構都是自動的。」他給我看了一個類似的鐘，這座鐘是他目前正在修復的，然後向我解釋了那座荷蘭鐘的自動機制。「乳牛在吃草的時候會搖著頭，漁夫的繩每六十秒會從河裡拉出一條魚，風車的葉片在轉動著，馬兒搖著頭。那口鐘極為巧妙地混用了滑輪和繩索，並且以間接的方式連接到時鐘的系統，這座鐘還會演奏六種曲調，全都是荷蘭調，同時月亮會顯示它的實際相位，鐘盤則顯示月份以及今天是星期幾，每個月都有一個雕工精美的農夫浮雕穿著當季的服裝出現。你可以看得出來為何我如此鍾情於荷蘭鐘。」除了時鐘本身，圖片中的那些動作並沒有任何實用目的，只是為了展現工藝技術的精巧。「我很享受拆解和修理那座時鐘，那個經驗令我非常興奮。」

我向他詢問他對時鐘的看法，以及他認為時間是什麼。他說：「對我而言，時間是非常具體的。當我修復一座時鐘的時候，我會先在打卡鐘的卡紙上打下開始的時間，所以對我而言時間是工作活動的測量。我修復的這些鐘都夠精確，可以讀秒，可以測量人類活動，應付人們生活所需。」他指了指在他工作室內的時鐘，告訴我它們每一個都可以精確地讀秒，接著，在片刻的沉思之後，他說：「真有趣，我做這一行已經超過二十年，但從未有意識地真正問自己這個問題。我在我商業信函的信頭職稱上列的是鐘表家（Horologist），這個詞可以寬鬆地解釋為『研究時間和製作時間儀的人』，我在做的是還原這些美麗的古董裝置，好讓它們能再次像其原創者所希望的那樣提供計時的功能，我們使這些手工作品復活再生，而且在某些時刻，我們跟當初施作過這些時鐘的製鐘師們合為一體。」

我並沒有料到會得到這樣的答案；更確切的說，這是一位鐘表家公開而自發的聲明，他在機械鐘身上花了如此多的時間，甚至到了他覺得與那些鐘的原創者合而為一，那是一種穿越時空的時刻。這些時鐘的原創者們應該也會有類似的答案，無論時間的抽象意義是什麼，並不重要，對製鐘師傅來說，真正重要的是時間的測量；是因為時間一直在往前走，而使得時鐘具有終極的意義。我們只需要知道一段活動的起點到終點。在時間是什麼的這個問題上，最深刻的洞見來自於知道時間正在流逝，知道已經過的時間，知道活動結束之前還剩下的時間。鐘表師明白，也明白所有試圖清楚描述時間深層概念的努力最終都會了於幻覺，掉入無法脫身的現象學泥淖之中。

第3章

# 一週的第八天（時間的循環）

在美國中部的明尼亞波利斯飛往加拿大卡加利的班機上，我聽到一個孩子問她的爸媽：「為什麼一週有七天？」父親回答說：「因為上帝工作了六天創造這個世界，祂在第七天休息。」正當我思考著這個答案其不甚完備之處時，那個聰明的小女孩繼續問著：「我知道，爸爸。可是為什麼是七天？上帝不能工作七天，然後在第八天休息嗎？為什麼祂挑六天完成工作？」這些疑問來自我正後方的座位，我很小心地克制自己盡量不介入他們的討論，但內心很掙扎，因為有股強烈的衝動想轉頭分享我的看法。她的問題是那種孩子們會思考的問題，大人的回答則帶著一種不容爭辯的態度，但也透露出了解其實不甚完全。小女孩可以接受聖經故事絕不會出錯，但是她抱著「七」這個數字的武斷性不放，她一直問：「為什麼不是六或是八？」空服員帶著飲料和零食來了，或許父親有其他女孩可以接受的答案能解釋給她聽，但目前暫時被中斷了。

其中一個較具說服力的答案（或至少是將父親的答案導向更具備科學基礎的方向），源自於巴比倫天文學家開始研究月的陰晴圓缺和四個月相的時代。我坐在機艙座位上思考著這個問題：難道有可能正是因為這四個月相，因而使得一週有七天嗎？或許也可能是源於十誡（Ten Commandments）的第四條：「當記念安息日，守為聖日。」*這四個月相分別是：（一）上弦月（waxing crescent，意為漸圓的弦月），從新月開始直到四分之一個月結束；（二）盈凸月（waxing gibbous，意為漸圓的凸月），始於四分之一個月的結尾到滿月那一晚；（三）虧凸月（waning gibbous，意為漸虧的凸月），從滿月開始到四分之三個月結束；（四）下弦月（waning crescent，意為漸虧的弦月），再帶回到新月。凸月（gibbous）的拉丁文是 *gibbus*，意為凸起，指的是月亮有光的部分大於半圓但小於全圓的時期。每一個月相持續約七點四天；這或許就是一週七天——這個神奇數字七的由來。從月的圓缺變化我們得知，如果想要有一個按月亮週期編排的曆法，即每二十九．五三天重複一次的月亮曆，那麼七就是二十九．五三除以四之後最接近的整數商。在幾個適合用來將數天組為方便好用週期的候選數字當中，七剛好是唯一的質數，質數不可分拆，在數學上具有永恆不變性。這個魔術數字七也是最常從其他文化混進我們文化的數字，第二名是八。巧合的是，地球碰巧進入了一個軌道，在這軌道上大約需要三百六十五個自轉，才剛好繞太陽一周，另一個巧合是月相的頻率。將三百六十五除以十二這

* 譯注：安息日（sabbath day）即為休息的第七日。

個美妙的數字（十二有四個除數），可以得到將近三十．四天，剛好很接近二十九．五三天，不過三十．四除以四會較接近八而不是七。試想一下，我們其實也可以一星期有八天！追根究柢，或許一切都歸因於機會的偶然，源於宇宙塵埃如何在四十五億年前形成我們這顆會旋轉的星球。可能是因為上帝的計畫，可能是因為偶然的意外，我們於是有了白晝、黑夜、季節，甚至還有萬務的時辰，《傳道書》（*Ecclesiastes*）是聖經中一部記載著過去、現在、未來的曆書，其第三章一至四節裡頭記錄著普天之下所有事物的歷史、宿命、預測與時辰。

> 凡事都有定期，天下萬務都有定時。生有時，死有時；栽種有時，拔出所栽種的也有時；殺戮有時，醫治有時；拆毀有時，建造有時；哭有時，笑有時；哀慟有時，跳舞有時。

《傳道書》所列的時辰清冊到這裡還沒結束，接續著列舉了多種的時辰，而休息的時辰肯定是天底下的萬務之一。現在暫且先讓我們忽略宇宙塵埃形成這顆星球，並將之放入其運行軌道的這件事。或許我們的曆法遵循一週七天的分割，原因在於《創世記》第二章第二節中所說的「到第七日，神造物的工已經完畢，就在第七日歇了他一切的工，安息了。」將年劃分為月，或將月劃分為週，是文明與生命道路上的里程碑。曆法其實是一個指出「你今天在這裡」

的時鐘，但這個鐘不僅只是像一般的鐘那樣二十四小時地循環。曆法假裝在循環，但其實比較像在三維空間中以螺旋的形式蜿蜒前行通往永恆。抑或，若非永恆，那麼就是直至人類的終結。曆法是一個記事員，給人類的生理、心智以及集體意識提供了一致的順序，人類因而能夠據此共同生活、共同老去，曆法的功用在於幫助我們將過去、現在、未來的時間框架想像為一個示意圖。曆書的出現比起普通時鐘要早個數千年，是其來有自的，我們很難不依靠天空中的標記來劃分一天的時間，但要計量與劃分天數卻很容易，只需要記下有幾個夜晚。你無須成為天文學家，只需要是一位敏銳的觀察者，就能夠製作曆書。如果時鐘是時間的示意圖，那麼曆書就是日子的示意圖，能將日子一天天地區別開來。

早期的埃及人對過去有種無序的時間感，因為他們的曆法是依照在位國王的統治而編排與制定的。古埃及文化對歷史並不很關心，可能是因為所有值得榮耀的事物在埃及人的生活當中都會反覆地出現，不過埃及人確實透過藝術的方式鮮明地表彰其璀璨的歷史。相反地，猶太人受巴比倫的影響比受埃及的影響深，而且跟巴比倫人一樣，猶太人的曆法是按照月亮的週期制定的。與埃及人相比，猶太人的時間觀念既立基於過去，亦立基於未來，過去與未來都是上帝旨意所造之世界的延伸。出埃及記講述了西元前一千多年，猶太人從埃及人的奴役中掙脫，進而贏得自由的故事，猶太人接著在迦南（Canaan）安頓了下來，這個地理位置夾在埃及與巴比倫尼亞兩大強權之間，既幸運，也不幸。西元前七二二年，亞述人入侵迦南並摧毀其首都，猶太人當中一部分逃亡，一部分被驅逐到亞述，另一部分在耶路撒冷安頓了下來。接著在西元前五八六年，巴比倫人摧毀了耶路撒冷聖殿，並將許多猶太人驅逐出猶地亞（Judea）。我講這個故事，是因為它點出了為何那個時代的猶太人對時間的想法與他們北方的鄰居們如此截然不同，他們把自身的不幸視為對上帝不忠誠的懲罰。由於他們過去遭遇了如此多的苦難，於是遙望未來，期待彌賽亞*的出現，拯救他們，擊敗殘酷的敵人，使猶太文明恢復昔日榮光。有了彌賽亞的概念，對未來就有了希望，所以對那個時期的猶太人而言（如今亦然），時間便有了兩個焦點：過去與未來。猶太人會在逾越節（Passover）**講述《出埃及記》（*Exodus*）的故事，過去因此活在今人心中。他們有許多節日講述猶太民族過去的故事，有些甚至是透過戲劇表演的方式重現過去的事件，普珥節（Purim）便是一例。時間對猶太人來說不是一支單向的箭，而是有種雙向的對稱感。過去重要，是為了要緬懷紀念，對猶太歷史具有顯著的意義；但未來也同等重要，因為如此才能避免重複過去的苦難。

廈門大學的阿爾貝托．卡斯泰利（Alberto Castelli）認為，中國歷代對文明的思考是奠基於現在。有些人可能以為，由於佛教傳入中國，來世和因果等觀念會給中國帶來一種時間觀，即認為時間一直線性地往前進，而非教導人們安住於當下。儘管佛教在西元前三世紀經由絲路從印度傳入中國***，但在當時的中國，未來的概念還不像在印度那般受到普遍的採納。現代漢語中並沒有過去式或未來式的動詞時態，漢語是一種高情境語言（high-context language），表示時態時依賴的是文境，而非動詞變化。在漢語中，如果想描述過去或未來，會加上一個外部介詞，或是透過前後文的脈絡來顯示所指涉的是過去或是未來。[1]舉例來說，如果要用中文說「I went to New York」（我去了紐約），就會再加上一個時間詞，例如「昨天」，所以句子就會變成「Yesterday I go to New York」（昨天我去紐約）。提及未來的時候也是一樣的，如果想說「I will go to New York」（我會去紐約），中文會是「Next year I go to New York」（明年我去紐約）。[2]

跟最早期的印度、波斯、巴比倫、希伯來、希臘文獻相比，中國古代文獻在一件事情上非常不同：中國文化中並沒有創世故事，沒有世界的創造是始於某一時間點這類的想法。曆書與年表是從皇族登基之日，或是朝代轉換之時開始起算，而非從某一固定日期起算。幾世紀以來，傳記都是以好似主角仍活著的口吻撰述，且與家譜緊密連結，家譜當中包括了在世的人和已逝者。[3]中國神話當中很強調人與人之間的緣分連結，甚至對未來也抱持如此的看法，華人相信有神話般的宿命。例如，有條看不見的紅色姻緣線，會將兩個注定相愛的人綁在一起。這個想法是源自於一個傳說，和掌管婚姻與愛情的天神「月老」有關，他的形象是一個月下的長者。華人小孩在出生後不久，月老就會在嬰兒的腳踝上綁上一條看不見的紅線，他會把紅線的

* 譯注：即救世主。

** 譯注：猶太人慶祝從埃及的奴役中解脫的節日。

*** 譯注：西元前三世紀之時中國與印度仍未接觸，目前研究普遍認為佛教傳入中國應為西元後。

另一頭綁在另一個異性嬰兒的腳踝上，這兩個嬰兒長大後將來有一天會相遇，結為連理，月老也會預先決定兩人相遇的時辰。

在我飛往卡加利的航班上，父親面對孩子的提問，給了一個相當安全的答案。正當我以宇宙運轉機制的角度思考我自己的答案時，那位父親回覆的是一個歷史悠久的神的答案。我懷疑對這位父親而言，牛頓和哥白尼或許能夠解釋宇宙的機制，但月亮和行星的運行始終還是聽命於上帝的指引，上帝超越了萬物，超越了宇宙。如同大衛王《詩篇》（*Psalm*）第十九篇的第一段讚美主的光榮，這麼說著：「諸天述說神的榮耀；穹蒼傳揚他的手段。」希伯來人跟埃及人或希臘人不同，希伯來人認為日月星辰都是上帝的傑作。[4]然而，一週有七天的曆法，其實在大衛王時代之前約一千年就已出現了，當時巴比倫人信奉馬爾杜克（Marduk）為他們的主神，祂是水神、作物之神和正義之神，也是當時的諸神之王。那時曆書的作用主要用於記載加冕典禮或宗教節日。正如英國數學家兼科學史家傑拉德．詹姆斯．惠特羅（Gerald James Whitrow）所說：「國王─祭司是天上看不見的天神的化身，而他所行之儀式是神的行為的再現，須精確地配合時辰，反映天上的活動。」[5]

在西元前四世紀至一世紀的古希臘文明時期，人們認為時間是循環的，斯多噶學派（Stoic）的宇宙學理論視世界為「過去曾存在」和「未來將重複」的多個世界的集合。每當太陽、月亮、行星連成一線時，總是有種神祕的色彩，甚至在巴比倫尼亞時期，出現這類現象的那一年，就會被稱為「大年」（Great Year），以凸顯其神聖的地位。這樣的想法很容易理解，有些人特別相信徵兆，太陽、月亮、行星連成一線的現象如此罕見，多麼的特別，想當然耳大年對他們而言預示著驚天大事即將來臨。試想：日月星辰就像是某種宇宙時鐘，要很花很長的時間，這個宇宙時鐘的指針才會重複一個循環，但這個現象確實久久會發生一次。倘若諸天重回祂們從前的方位，那麼所有倚賴諸天之事物，照道理說應該要因為與諸天的連結，而回復至以前的狀態。四世紀敘利亞西部埃米薩鎮（Emesa，現今之霍姆斯〔Homs〕）的一位主教對大年有如下的描述：

斯多噶學派聲稱，當行星以某固定的時間週期回復到跟宇宙形成之初一模一樣的相對位置上時，將有一場大火，毀滅所有存在的一切。接著宇宙會再一次回復到跟以前一樣，恆星將再次運行於相同的軌道，依著從前的週期旋轉，沒有任何改變。蘇格拉底、柏拉圖以及每一個人都會重生，與同樣的朋友、同胞一同生活，他們將經歷相同的生命與活動，每個城市、鄉村、田野將復原，正如過往。[6]

＊　譯注：柏拉圖《對話錄》的其中一篇。

柏拉圖的《蒂邁歐篇》（*Timaeus*）*也清楚描述了大年，書中寫道：「不難看出，完美的時間數字使得完美年（大年）圓滿了，八個相對速度各異的繞轉*在同一時間完成運行，可由它們同等的旋轉運動測得。」[7]

英國探險家阿弗雷・羅素・華萊士（Alfred Russel Wallace）同時也是位演化生物學家，曾與達爾文（Charles Darwin）合作共同發表數篇論文。他寫道，由於（當時）證據顯示地球是太陽系中唯一宜居的行星，而且也可能是全宇宙中唯一能夠調整其環境，而得以支持生命發展的地方，這說明了宇宙「在每個細節上都經過了精確的調整，從而使有機生命能依序演化，最終完美於人類的誕生。」[8]從這段文字當中，我們並不完全確定華萊士是否暗示宇宙是因為某種神的旨意而得以被創造，終極目的是為了造出「完美於人類」的生命體。但馬克吐溫認為華萊士確實有這樣的想法，他給華萊士寫了封語帶嘲諷的信反駁該論點，信中提到：

> 人類存在於此地已有三萬兩千年，在那之前花了一億年才把世界準備好，就證明了世界真的是為人類創造的。我猜是吧，我不知道。假設艾菲爾鐵塔代表世界的年齡，那麼人存在的時間就相當於鐵塔尖頂上圓球的漆皮，所有人都會意識到蓋這座塔的目的是為了那個漆皮。我想人們會這麼認為吧，我不知道。[9]

如果地球的自轉和公轉是神的靈感，那大概沒有比這更完美的靈感了。我覺得能夠生在這個一週有七天的星球是一件很幸運的事，我們有辦法忍受一週有八天嗎？我不知道。

＊譯注：此八個繞轉為太陽、月亮，與當時已知的行星——水星、金星、火星、木星、土星以及蒼穹的繁星。

Part 2

# 理論家、思想家與觀點

如果世上最偉大的哲學家在研究時間的本質時，都會覺得左支右絀，如果他們之中有些人完全無法理解時間究竟是什麼，甚至連古羅馬醫學家兼哲學家蓋倫（Galenus）都說時間是神聖無法理解之物。那麼，對於那些從不曾思考事物本質的人，會有任何指望嗎？

——邁蒙尼德（Maimonides）《疑惑者的指南》（*The Guide for the Perplexed*）

第4章

# 芝諾的箭袋（時間之流）

幾乎每個孩子都是天生的哲學家，孩子們會問的問題，是職業哲學家們窮盡一生思考的題目。夏日午後的紐約布朗克斯，我如果不是在玩棒球、手球或紙牌遊戲，就是和我的一群小小朋友們在某人家的前廊上爭辯討論著各種問題，像是**如果米奇・曼托**（Mickey Mantle）**沒出生，洋基隊會變成什麼樣子？**或是**最大的數字是多少？**又或是**世界上最小的東西是什麼？**我們雖然沒有討論時間，卻時常在前廊討論最小的東西。我們會輪流把物質拆成原子，再把原子拆成電子，然後一定有人會不耐煩地說，「對啦，對啦，是電子，然後再拿電子來拆，你難道不知道一定會有比它還小的東西嗎？我的意思是，它一定是某個東西做的呀！」對十歲的孩子來說，很難想像有什麼東西不能被分割成更小的東西。全世界的孩子都會思考這樣的問題，而那是大人的哲學，討論那些往往已有理所當然答案的問題。我們當然沒有討論空間的量子理論，該理論中普朗克長度（Planck length）被認為是宇宙中具意義的最短長度（小於 $5.3 \times 10^{-35}$ 英尺），若想測量比這長度更小的物理尺寸，都會遇到完全的不確定性和非量子有效性的問題。

時間幾乎一直都是哲學的中心課題，同為中心課題的還有時間是否獨立存在於我們對時間的思考之外，以及除了現在這一刻，時間是否存在。現在是那一到來便逝去的瞬間，那言語無法表達、在理論上將過去和未來分開的那精準的一點，但這個點只存在於心智之中，於是唯一真正能思考這一點的實際方法，便是放鬆那一點的精準度，也就是想像一個時間段，用概念騙自己，虛構出一個稍長一點的時刻。[1]

前蘇格拉底時期，伊里亞（Elea）的哲學家巴門尼德（Parmenides）在公元前五世紀初對時間提出了質疑，與他同樣來自伊里亞的學生芝諾（Zeno）認為時間是由一連串微小的瞬間組成的，於是推理出一個看似荒謬的結論：運動是不可能的。舉例來說，他的飛矢不動悖論（flying arrow paradox）提到，因為箭不可能在任一不可分割的瞬間移動，因此歸結出任一物體要在一段時間之內移動，其實是不可能的；雖然邏輯法則在當時還未建立起來，但這推論似乎在邏輯上還站得住腳。一支離弓射出的箭在任一選定的瞬間必定是在其飛行軌跡的某位置上，當箭位於該位置與該時間上時，它必定是靜止的，換句話說，無論你什麼時候看到這支箭，在那瞬間它都是靜止的。既然如此，那麼這支箭是怎麼從甲處飛到乙處的呢？既然箭似乎從未移動過，那麼應該也永遠到不了標的。對呀，箭應該根本離不了弓！芝諾的想法是，當我們將時間凍結在任一瞬間，看這支箭時，就像給它照一張相，一張飛矢靜止不動的照片。但我們知道，那張照片（如果這裡的照片指的是現代用語中的**攝影**）並不是在無限小的瞬間拍攝的，而是**沿著**一段有開始與結尾，但小到無法察覺的時間段拍攝的。況且如果我們把這張照片放大到微觀尺度，影像其實是模糊的。但是芝諾並不這麼想，他會堅持認為飛矢在特定時間一定是在特定位置上，因此又導向了時間和運動的悖論。這個飛矢悖論以及芝諾的其他悖論引出了一個基本的問題，即時間和空間到底是連續的，還是像一串珠子一樣，是離散單位的集合。

芝諾的論據要我們暫停正在飛的箭、暫停時間，好讓我們一方面不破壞它的飛行軌跡，同時又能檢視這隻靜止的箭。這在數學上很容易做到，數學家可以暫時停住時間，抽象地想像這支箭，並且相信這支凍結的箭確實跟射出的箭是同一支。數學家的做法好似在心中想像一個飛矢不動的影像，就像螢幕暫停那樣，不過這麼做也就只是用一個飛矢不動的心理圖像取代了數學的抽象概念。這並不是那支真正的、正在飛行軌跡上平穩前進到達目標的箭。

我們知道箭從空中飛過，可以看到它在飛，但要解釋我們為什麼或是怎麼知道，卻不太容易。在數學和物理學上，時間是一個變量，只要宣告該變量為某數，時間就可被固定，數學公式可以算出在任一時間點t，飛矢的位置在哪裡，所以如果我們使t等於某確切的時間點，就能知道飛矢在該時間點的確切位置。但是這麼做也意味著：運動、空間和時間的數學模型是心智建構出來的東西，其建構的目的是為了方便簡化我們的計算——同時，我們也有一個更遠大的目的，即希望數學模型能夠代表真實世界的結構。這樣的模型應該假定我們除了知道t是一個數字以外，也知道t真正的涵義是什麼，或者至少知道t與我們所認知的時間之間有什麼樣的關係。

幾乎所有我們對芝諾的了解都是根據臆測，因為依據的大多是他死後約莫一千年才記錄下的零碎片段與歷史資料，我們知道他寫了一本哲學巨作，曾被柏拉圖學院（Plato's Academy）*選為教科書，但是此書甚至連一丁點的斷簡殘篇都未能保存下來。五世紀的哲學家兼數學家普羅克洛（Proclus）是我們研究早期希臘幾何歷史的主要資訊來源，他說芝諾寫了一本涵蓋了四十個悖論的書，但在出版前已被盜去，其中公認的四個悖論是透過亞里斯多德才被後人所知。自柏拉圖至伯特蘭．羅素（Bertrand Russell）**，在許多著名學者撰寫的重要作品中都能看見芝諾的身影，這些學者都曾在橫跨歷史的曠世巨作當中思索著芝諾的悖論。

我們找不到芝諾本人的作品，難免令人懷疑是否真有其人，還是只是柏拉圖《巴門尼德》當中的一號人物。儘管他的作品不見了，但現存的大量資料足以闡述他深刻的哲學思想，無論他存在與否，我們都能從這些資料中蒐集到足夠的訊息，得以爬梳出一個關於芝諾的連貫故事。柏拉圖和戴歐吉尼斯．黎歐修斯（Diogenes Laertius）提供了拼湊芝諾人生的數片拼圖，亞里斯多德和普羅克洛則提供了他的哲學精髓[2]，剩下的空白就由我們的猜想來填補吧。

芝諾箭袋中的每個悖論都展現了連續性純粹是意識的虛幻印象，是心智的杜撰將原本的幻相昇華成了實相。讓我們回想一下傳說中飛毛腿阿基里斯（Achilles）和慢速龜的比賽：在阿基

* 譯注：柏拉圖所創之學校。
** 譯注：二十世紀英國博學家，諾貝爾文學獎得主。

里斯讓烏龜先起跑之前，他早該知道每個瞬間他都只是趕上了烏龜曾走過的地方，因此阿基里斯注定要輸掉比賽。如果我們認為賽跑就只是無數個追上的時刻，將這個錯覺信以為真，阿基里斯當然就會輸掉比賽。

雖然數學家會用代數或無窮級數等適用於運動現象的數學邏輯模型來解釋芝諾悖論，但他們其實搞錯了芝諾的重點——在時間的幻相和連續流動的宇宙之間，無可避免地存在著一個和諧感，我們必須給這和諧感一個現象學的解釋。沒錯，數學家們可以準確地告訴我們飛矢的位置，告訴我們阿基里斯何時會超越烏龜，或者告訴我們何時可以走到房間的另一頭。*但是數學家非得先扭曲我們的空間知覺以符合我們對時間連續性的固執直覺，才能告訴我們為什麼。我們可以根據實數**數字線的連續性質，用代數計算算出阿基里斯會超越烏龜。縱然如此，我們仍無法對真實物質的任何現象特性做精細的模擬，真實物質由原子組成，而原子中的激發態電子只能以離散跳躍的方式變換軌道，其能量變化的方式是透過不連續的量子包。

芝諾促使我們思考：他的箭是以離散跳躍的方式在移動；阿基里斯只是一直在追趕上烏龜曾走過的地方；我們橫越房間的方式是一次移動欲走距離之一半的無限循環。我們花了好長一段時間才終於意識到，處理運動悖論的另一個方法，是思考時間測量的悖論，因而促使我們開始思考數字的結構框架。

「世界上最有智慧的東西是什麼？」畢達哥拉斯（Pythagoras）刻意誇張地問道。他心中預期的答案是「數字」。[3] 這古老的至理名言已歷經數千年的反覆傳誦，我們知道他是對的。或許事事並非皆如此，但幾乎所有的東西都跟數字有關，在這個數位時代，我們發現甚至連智慧型手機裡的照片也全是由數字構成的。那麼晴空萬里的藍天呢？也是數字構成的。

藍天可以被視為藍色的色度，是光的波長落在四百五十至四百九十五奈米範圍內的色度漸變（gradation），該數值會依天空方位角的角度而做函數變化*。一奈米是十億分之一公尺（0.000000001公尺），人眼並無法區別四百五十一奈米波長的藍色跟四百五十奈米波長的藍色有什麼不一樣。藍天是由各種波長的藍組合而成的。我們之所以可以找到「下一個」藍色，是因為波長一直都是離散的整數，但是我們其實辨別不出來這一個藍色和下一個藍色有何不同。雖然人眼無法察覺，但是用儀器測量其波長，就能將每個藍色區分開來。這說明了，儘管方位角是連續的，沒有所謂的「下一個」，但是顏色只按離散的波長不連續地變化，於是能有「下一個」藍色。這就使數學的連續性和現實世界的連續性之間的差異出現了混亂。追根究柢，我

* 譯注：芝諾的另一個悖論。
** 譯注：即包含有理數如3、$\frac{1}{2}$與無理數如$\sqrt{2}$的所有數字。

們都可以歸因為最小的元素、間隙、瞬時的數學模型與真實世界中原子與次原子粒子的激態行為之間的差異。時鐘能以極為驚人的精準度測量時間；但是由於時間本身的微妙特性使然，時間還是能神不知鬼不覺地躲過時鐘的掌握，即使是世界上最精準的時鐘也無法完全掌握住時間。一秒目前是公訂為銫－133原子的九十一億九千兩百六十三萬一千七百七十個輻射週期。在銫－133原子中，電子從一個能階跳到較高能階時，會穩定且精確地以九十一億九千兩百六十三萬一千七百七十赫茲的頻率輻射出光子。現代的原子鐘藉由計算銫－133原子輻射的光子數測量時間，測得之數值具有極為驚人的準確度。原子鐘若運轉兩千萬年，可能只有不到一秒的誤差。然而，即便是如此精密的原子鐘，還是永遠無法相當準確地掌握時間，因為原子鐘是靠著數過一連串的正整數來量測時間的，原子鐘一個數字接著下一個數字接續數著。與此同時，時間已快速滑過一大片模糊的實數，這些實數在數列中都不存在「下一個」數字。

一九五六年以前，秒曾出現過，但很短命。當時秒的定義方式倚賴的是地球自轉或繞太陽的公轉再加以切分。而因為月球的引力會拖慢地球自轉，這樣倚賴星體運行的定義方式會使得秒的長度並不恆定。當美國海軍和英國國家物理實驗室（British National Physics Laboratory）的天文學家們開始研究銫－133金屬化學元素的振盪頻率時，他們發現該頻率遠比地球繞太陽公轉的頻率更穩定。我們通常認為速率和時鐘有關，因為時鐘能測量變化，但其實並不一定要用時鐘來測量。我們可以說一部火車正以每小時一百英里的速率移動，但假設是以人類心臟跳動一次作為基準線，我們就可以將火車的速率以我們為準，於是火車的速率應約為四百五十次人類心跳。這個公式裡用的是心跳，而不是兩個不同單位的比例。時間並不在公式當中，不過我們也不要被騙了，時間還是有參與其中，我們只是用心臟取代了時鐘，單位雖然不同，但是心臟和時鐘還是以各自的速率在跳動著。

當時鐘滴滴答答地走過擒縱裝置一連串的擺盪，或甚至是一連串的銫－133原子能階振盪時，其實有相對大一部分的時間有被算入但沒被標出，這些時間被時鐘跳過了。這是真實的世界與非實際的概念世界兩者的交會，精確的標記和測量真實世界遠遠超出了我們的能力，真實世界是由非數學的真實點組成的。就如同「現在」，它也是一個浮動標的，在時間之流的數字列當中是多麼窄小，小到甚至連一支無限小的飛鏢都不可能射中它。「現在」相對而言移動地如此之快，每當你覺察到它時，它已逝於過去。

為了更清楚地解釋數學連續性和現實世界連續性之間的差異，我們必須追溯到公元前五世紀的原子論學者留基伯（Leucippus）和德謨克利特（Democritus）的時代，他們的自然哲學學派認為所有物質都是由*ἄτομον*＊組成的，即不可分割的小碎塊和小碎片。根據這個古老的理論，原子是各色各樣物質當中不可摧毀、不可分割的小碎塊，它們可以在虛空中以鍵結與碰撞

＊譯注：即atom，原子。*ἀ*意為不，*τομον*意為分割。

的方式相互結合，進而形成宏觀世界中更大一點的物質碎片。該理論會出現在形上學的思維當中是很自然的事情，畢竟當一個充滿好奇心的人開始思考事物是如何組成之時，無論該人對此事的了解有多深入，腦中都會快速浮現原子論的想法。我這群布朗克斯的朋友就很肯定自己發現了原子論的概念。

我們得先知道，截至目前為止我們對「無窮小」的性質有哪些了解，才有辦法想像時間的最微小元素是什麼。無窮小的故事要追溯到著名的德爾菲問題（Delphic problem），這是一個跟德爾菲神諭（Oracle of Delphi）有關的故事：當時阿波羅神（Apollo）令瘟疫降臨於狄洛斯島（Delos）上，眾人於是向神諭請示該如何解決這問題。神諭回答道：必須將阿波羅神的黑色大理石祭壇體積增加為原來的兩倍，同時需維持其每邊等長的正立方體形狀。這個預言很特別，其意涵令當時的人們百思不得其解。狄洛斯人為此刻了一座新祭壇，卻誤解了神諭的數學意涵，把所有四個邊長都增為兩倍，當新祭壇完成時，他們才驚訝地發現實心立方體的體積變成了原來的八倍。

柏拉圖也曾被請示過這個問題，他解釋說，神諭的建議其實是阿波羅神發出的警告：希臘人正在忽視幾何學的研究。在當時的希臘，立方體體積增倍牽涉到非常難解的幾何學，是一個相當深奧的比例問題。但阿波羅神可能還懷有更深層的動機，祂或許希望喚起「整個希臘國族放下戰爭與苦痛，與繆斯女神（Muses）*培養更深的關係，藉著研究討論數學，平息希臘國族過於強烈的情感。」[4]原始故事最初是經由公元前三世紀柏拉圖哲學家厄拉托西尼（Eratosthenes）的著作《柏拉圖主義者》（*The Platonist*）傳至古希臘哲學家斯麥那的塞翁（Theon of Smyrna），再自塞翁流傳至今。[5]古人試著解答但可惜徒勞無功，這個問題看似簡單：已知一立方體之邊長，建構第二立方體之邊長，使新立方體之體積為原立方體的兩倍。但我們若想真的證明成功解決了增倍問題，只能使用直尺和羅盤這兩樣工具，因為當時唯一可取得的邏輯工具是源自歐幾里得（Euclid）的第一原理。

在代數上，立方體體積增倍就等於是找出2的立方根。請注意，立方體體積變兩倍的意思，就是使原立方體的邊長變成$\sqrt[3]{2}$倍。然而在公元前四世紀，數字必須是有理數（rational），也就是要能寫成兩個整數之比。而由於2的立方根不是有理數，因此用來量立方體邊長的皮尺（畢竟會將一個邊視為一個單位進行測量）也就量不出對角線的長度。在公元前四世紀，人們便已清楚知道2的立方根並非有理數，而且由於當時並不認為無理數是數字，於是以為量尺上一定有空隙、一定是有數字不見了。對當時的人來說，這反過來又暗示著世界上有些東西是無法測量的，這個不確定性在那時一定是個相當令人震驚的啟示，對自然哲學界必定是相當大的打擊。實際上，神諭所關心的，就是這些間隙與不見的數字在數學上的了解。

* 譯注：主司文學、科學、藝術之神。

芝諾的飛矢到底是怎麼沿著軌跡到達下一個點的呢？畢竟飛矢移動所經過的空間中的點，是由實數的數字線所表述的，可是該線上的點根本不存在「下一個」。在實數（甚至是有理數）數線的幾何空間中，「下一點」的概念並沒有任何意義。舉例來說，以有理數$\frac{1}{2}$為例子，該數若以十進位制表示，則為0.5。那麼0.5的下一個有理數是多少？不可能是0.51、0.501或0.5001，也不可能是任何一個以$\frac{1}{2}$的十進位形式為開頭、後面接著一長串的0、最後再接一個1的數字，因為你只要在最後一個1之前塞進去一個0，就會比剛剛那個數字更接近0.5。如果飛矢的箭頭已經行進了其預期距離的$\frac{1}{2}$，那麼下一個點會是在哪兒呢？這就好像，飛矢是不連續地沿其軌跡飛行，過程中不斷跳進與跳出其自身的存在。

亞里斯多德在他的《物理學》一書中對芝諾的諸多理論推演提出了質疑。[6]關於數學連續性與現實世界連續性之間的連結，其中一個論點是來自於觀察：行進中的物體不可能跳著走，必定要從一個位置移動到下一個位置。亞里斯多德是一位理性主義者，不是原子論者。對他而言，空間可以具連續性，但並不代表我們就可以對物體在空間中的行進軌跡作無窮小的切分。這確實看起來很矛盾，如果空間是連續的，即不是由離散的單位組成的，那麼就是不存在我們可能認為是「下一個」位置的點，那物體是如何從一個位置移動到下一個位置的呢？根據亞里斯多德的說法：「時間並不是由原子般的『現在』微粒組成的，就好像其他所有的量值都不是由原子般的單位元素組成的。」[7]

這就意味著，運動必須藉由運動介質的推動才會發生。石雕家藉由鑿子切割石頭，陶藝家藉由手塑捏黏土，織布工推著緯紗，使緯紗快速地來回穿梭於經紗之間，同時與綜線軸的開合完美地同步。對亞里斯多德而言，推動者與其推動之物必須有直接的接觸。亞里斯多德不可能知道視網膜上有錐細胞和桿細胞*，但他關於直接接觸的論點確實符合自然界中聽覺和視覺的許多例子，聽覺的產生是由於空氣粒子碰撞耳膜，視覺是源於光波刺激視網膜上的錐細胞和桿細胞。亞里斯多德把恐懼、憤怒、愛等情緒的生起歸結於血流，他因而聲稱憤怒是由於人體血液的狂怒泡沫化，也可能肇因於心臟過熱。對亞里斯多德來說，心智存於心臟之中，眼睛是靈魂之窗，所有事物都可以解釋為某物在一段時間之內接觸並推動了另一物，就好像整個世界都是由齒輪和滑輪系統組成與運作的。如果不是因為一九五〇年代超人漫畫的影響，使我那布朗克斯前廊上的小小哲學家們發現了神奇的超能力，否則他們也會接受這樣的想法。

但是正如運動需要時間，時間也需要運動。時間似乎是運動的測量儀，且運動也似乎是時間的測量儀。名詞的 time（時間）和動詞的 to time（計時）是相關的。為了要有一個能稱之為

* 譯注：此兩者為感光細胞，可以接收光波轉換成神經信號，使我們看得見。

時間的東西，就一定要有一個能被計時的東西。亞里斯多德在《物理學》一書中寫道：「因此，正如同這個『現在』和那個『現在』，兩者如果沒有差別的話，時間就不存在了；可是一直以來，『現在』都是一樣的；同理，如果我們無法區別兩個『現在』的話，時間好像就不存在了。」因此，時間和運動是不可分的。亞里斯多德要我們試著想像沒有運動的時間，或是沒有時間的運動，根本辦不到。他說：「即使一片漆黑，身體也沒有任何感覺，但是我們的腦海中還是持續不斷有個什麼東西『在發生』，從這樣的經驗中，我們能體認到時間的流逝。」[8]

因此，如果時間是連續的，那麼空間也是連續的。不過時間被一個我們所知為「現在」的奇特事物給分割，且依同理推論，空間亦然。任何運動中的物體，其位置都是由它在空間中的「現在」位置所標記與劃分的，但這並不排除時間或空間有最小單位的可能性。跟我在布朗克斯的年輕朋友們一樣，亞里斯多德當然知道一個區段可以被無窮地切分，不過他所提出的無窮的概念使得我們能夠想像一種「超越」，也就是無窮具有無限延伸的潛能，即潛無窮（potential infinity），他讓我們知道，我們的心智可以隨心所欲地將一條線或一個區段持續無限地分割下去，即使亞里斯多德的分割是有理數的分割，但同樣是能作無限延伸的無窮分割。芝諾的論點是物體不可能在有限的時間內占據無限數量的位置，亞里斯多德利用無窮具無限延伸之潛能的概念，反駁了芝諾的二分法悖論，認為芝諾的想法是錯誤的。芝諾的悖論認為移動中的物體永遠不可能到達終點，因為無論物體有多靠近終點，都必須首先到達該段旅程的中途點，接著是剩餘路徑的中途點，然後又是下一個中途點，依此類推無限延伸下去。由於這個序列是無窮的，物體於是永遠無法到達任何給定距離的終點，也就是說實際上移動中的物體在到達終點之前必須要先「算」過無數個數字。

上述的邏輯推演其實有一個漏洞，這個漏洞使得在有限時間內還是有可能完成無窮次任務。德國數學家大衛・希爾伯特（David Hilbert）著名的無限旅館悖論就是一個標準的例子：數學奇幻世界裡有家旅館，旅館擁有無限數量的客房，房間的編號分別為1、2、3……。這家旅館總是客滿，卻總是能騰出一間空房供一位客人使用。旅館經理會請住在第一間的房客移到第二間，請住在第二間的房客移到第三間……，如此接續下去，就能騰出第一間房，供新的房客使用了。就房客而言，若每位房客是在真實的空間和時間中換房，應該不可能在有限的時間內讓全部的房客都換完房間。但假若住第一間房的房客花$\frac{1}{2}$小時換房，住第二間房的房客花$\frac{1}{4}$小時換房，而住第n間房的房客花$\frac{1}{2n}$小時換房，那麼這個無限次數的換房就會在短短一小時之內完成！當然這前提是每位房客都會比前一位房客動作更快。

這麼看來，芝諾認定事物不可能在有限時間內占據無限數量的位置，或許他的假設是錯的。亞里斯多德指出，時間和空間都可以被無限制地分割，因此一個人可以在有限時間內通過無限數量的位置，這個想法應該是合理的。除了這點以外，芝諾的二分法悖論其實還有更多的問題：芝諾必須假設運動路徑被一分為二時，運動會中斷。被切分的二分點於是會被算兩次，第一次是第一段的結尾，第二次是下一段的開頭。

當我們斷定運動是連續的，那麼物體在運動時，就不會跳進與跳出其自身的存在。由此我們也能繼續推論，當某物在變化時，不可能一口氣從這裡變到那裡，也不可能一口氣從這個變成那個，否則就會出現某瞬間整個東西都不在這裡或那裡，或是既不是這個也不是那個的情況。這讓人想起芝諾哲學的另一部分，認為任何變化的事物必須在時間和空間上都發生變化，因為任何在時間上不能分割的事物，在空間上都不可能發生變化。這些論點有力地確立了時間和變化以及時間和空間之間的連結，指出了時間是運動的度量，且運動也是時間的度量。因此，就某種意義上來說，時間就是運動。運動並不只是移動（locomotion，即物體從一個地方移動到另一個地方）。運動可以是質的變化（如顏色變化）也可以是量的變化（尺寸增長或縮短），甚至也可以是梨子成熟或是原子形成鍵結的過程。

如果我們問芝諾，為什麼我們能看到箭離開弓最後擊中標的，他還是會回答說：「那只是變化的表相，運動其實是個幻相，」還可能會補充說：「你已經有超過二十五個世紀的時間可以思考這個問題了，你現在知道物質其實就是能量，能量其實就是物質，什麼都沒有變。外在世界由物質構成，我們透過感官覺知這些物質，因而產生顏色、氣味、感覺、運動等的錯覺。」我猜他仍會堅持認為時間也是一種幻相。

二十世紀迎來了相對論和量子力學，從此不再將空間和時間視為現實世界中兩個毫不相干的面向，而是空間與時間結合形成一個四維的連續體（continuum）。時間膨脹、質量不穩定以及特殊相對論等都顯示出運動確實是虛幻的。量子理論指出有些運動不是連續的，因而時間也不是連續的。電子的運動嚴格地局限於原子核周圍的離散能階，很難想像電子是在能階之間離散地跳來跳去，因為這就違反了我們對時間是連續的感覺。我很肯定芝諾會很高興得知他的悖論不能僅靠簡單的微積分就被打發。

芝諾的論證提醒了我們，時間有可能不像它看起來那麼的連續。所以時間有不可分割的基本單位嗎？時間會像光一樣，是由稱為光子的微小量子微粒所組成的嗎？德國量子力學大師維爾納・海森堡（Werner Heisenberg）曾經提出，時間的最小單位約為$10^{-26}$秒。除此之外，還有一個以德國量子理論學家馬克斯・普朗克（Max Planck）命名的普朗克時間（$5.39\times10^{-44}$秒），這是光在真空中傳播一個普朗克長度（約$1.62\times10^{-35}$公尺）的距離所需的時間。在非量子特殊情形下，任何比普朗克時間還小的時間單位，其效應都會小到可以忽略不計。

那些時間之謎以及因之而生的所有的技術和科學上的進步，引出了人類文明當中一些最發人省思的大哉問。芝諾令我們思索：他的箭是以離散的方式跳躍地移動；阿基里斯永遠只是趕上烏龜曾走過的地方；橫跨房間走到另一頭要思考距離的無窮級數，每一段距離都是前一段的一半。運動的悖論其實就是時間測量的悖論。

物理學家提出了一個融合了量子物理和重力的大一統理論，稱為「迴圈量子重力論」（Loop quantum gravity），該理論假設空間和時間可能是由離散的碎片所組成的。如果物質是由次原子所粒子組成的，那為何時間就不是由次時間微粒所組成的呢？大體說來，時空本身有可能就是由時空塵埃的微粒（姑且先不論那到底是什麼東西）所組成的。迴圈量子重力論的理論基礎是幾近無窮小的局部空間結構，該結構將微空間想像為微粒狀，這個有趣的點子並不是空穴來風，其實源於我們已知的量子力學和廣義相對論方面的知識。迴圈量子重力論也預測了，空間本身的組成微粒大小約為$10^{-99}$立方公分，而時間則是以$10^{-43}$秒的離散跳躍在流動。[9]

時間量子化？何不呢？正如同我們將光的量子稱之為光子，我們也可以有個時間量子，或許姑且就叫它**時元**（chronon），讓它帶有跟光子（photon）一樣的英文字根。畢竟光子是粒狀的，不像原子有的是離散的能階。我們所經驗的自然世界給我們的印象是空間和時間是連續的，因此很難想像時空是不連續的。不過可惜的是迴圈量子重力論至今為止還未能做出已由廣義相對論證實的預測（也或許是幸運，取決於各人的確認偏誤*），因此迴圈量子重力論仍舊只是一個理論，就像弦論（string theory）一樣。弦論所描述的世界圖像是一個極小且離散的時空世界，小到遠遠超出了目前實驗觀察的能力範圍，我們即使用了最先進的粒子加速器，這些加速器能處理比原子核還小 $10^{-20}$ 倍的空間微粒，卻依然無法觀察得到弦論所描述的世界。10

其實時間不連續的想法有其道理在。首先有個論點是說，既然時空的結構並不是連續的，那麼時間身為時空的一部分，本身應該也是不連續的。這個論點認為，如果時空結構在某一維度上有空隙，那麼整個四維時空都該會有空隙，但事實並不必然如此。第二個論點比較合理：所有時間量測的原理，都跟某種計數原理有關，可以是數算銫同位素因電子能階改變而送出信號波的次數，也可以是計算擒縱器的棘輪抓放的次數，抑或是數算鐘擺擺動的次數。甚至連計量水鐘基座的水量也都是一種特殊的計數：在微觀尺度上，我們計量的是一顆顆水分子的量，因而也是不連續的。於是我們可能不得不面對這樣一個奇異的想法，即空間像一部電影一樣，閃爍著穿越過時間。再者，縱使我們依然使用諸如「時間之流」這樣的譬喻性詞語來描述時間流動的特質，但其實時間流逝可能更像是沙漏中漏下的沙子，而非如小溪流水。若真如此，我們可能會好奇，在漏下的每顆時光之沙之間，世界的存在出現了什麼樣的變化？世界跑哪去了？就像電影放映的原理一樣：影像穿過放映影片的片窗，一次一格畫面，在下一格出現之前，前一格早已消失，卻能營造出一種連續的印象。存在有可能就是像這樣的幻相。

＊譯注：確認偏誤是指選擇性地偏好或忽略部分訊息，以加強自己既有的想法或假設。

像膠卷一格格的畫面
通過靜止的當下光圈
被滴滴答答的風順勢驅動著的
看似流逝的真實
其實是時間前行的錯覺
一路從大爆炸至今
記憶的水珠滴滴落下
歷史的光影片片瀉下

——馬祖爾

## 楔子：無期徒刑終身監禁，不得假釋

對於一個被判終身監禁的人來說，當日子一天天過去，他們感覺到的時間是什麼樣子呢？一九九九年，傑森．赫南德茲（Jason Hernandez）被判處無期徒刑不得假釋，當年他只有二十一歲。對赫南德茲來說，他的時間在那一刻停止了，這是一般人難以想像的感覺。荷蘭作曲家路易斯．安德里森（Louis Andriessen）一九八一年創作了一部管弦樂作品，名為《時間》

（*De Tijd*），他想讓閱聽者體驗，當時間不復存在時，是什麼感覺[1]，該作品是受到聖奧古斯丁（Saint Augustine）*的猜想所啟發：「要是能定住人的心，讓心固定不動！人們就會看到，在既沒有過去也沒有未來的永恆之中，永恆是如何決定了過去和未來的時間。」[2]赫南德茲正是活在時間停止的永恆之中。

他告訴我：「在我們那個鄰里，每個人不是販毒就是吸毒，輟學、入獄、出獄，這些事都稀鬆平常，當時的我並不覺得這樣有什麼錯。」

赫南德茲因密謀、意圖持有和散布管制藥品（特別是古柯鹼）等十一項罪名被捕並起訴，他在德州博蒙特（Beaumont）高級警戒的鋼筋混凝土監獄裡服刑，監獄四周以二十五英尺高的牆和鐵絲網環繞著。

「高牆和鐵絲網是個明確的信號，您不會想到花草數木、兔子之類的東西。鐵絲網之外都是空的，因為你並不屬於外面那個世界，你像動物一樣被關在牢籠裡，於是你的行為開始像一隻動物。」

「我從來都不清楚時間是怎麼流逝的，也沒想過這個問題，我只知道時間確實會流逝。所以我只是準備過每一天，我並不知道我的一天會怎麼過，也不知道會不會出現什麼突發狀況，

＊譯注：中世紀神學家兼哲學家。

但我知道一天確實會過去……我的確犯了錯，該受到懲罰，但我真的相信沒有必要判到無期徒刑不得假釋這麼重。」

赫南德茲與生俱來的生存本能使他有這樣的盼望，所以從他被叛無期徒刑的那天開始，還是能夠帶著希望跟著時間往前走。其實對他而言，鼓勵他向前進的，確切的說並不是希望，而是相信他可以出獄的信念，這份信念就是他在這看不見終點的監禁中，支撐他活下去的力量。

「為了讓時間過得快一點，我試著自己造一個幻相，我想像我仍過著一般人的生活，仍在群體中具一定的分量。我會規律地在早上四點半起床，晚上十一點睡覺，不過在監獄裡睡眠很容易被打斷。在一個你完全無法掌控的地方保有一點生活的規律，過得好像你能掌控，是非常困難的。我通常一個晚上會醒來三、四次，有些獄警在走過牢房時喜歡讓鑰匙發出清脆響亮的聲音，只是要讓你知道他們有鑰匙。」

接著發生了一件令赫南德茲極為震驚的事情，他的哥哥在獄中被殺，這件事改變了他對未來的想像。他開始為己身的自由而戰，成了爭取囚犯權益的人權運動者，呼籲各界對非暴力犯罪要有更公正的判決。他在立法機關或法院裡和議員們討論非暴力犯罪判決的不公義時常感到疑惑，於是開始在獄中研習聯邦法，他在沒有律師的幫助下自憑其力撰寫上訴狀，也為其他囚犯提供法律和上訴方面的諮詢。

「我變成了監獄裡的律師，這個身分讓我變得重要且有價值，我成了獄中賭場老闆，一桌賭撲克牌、一桌賭二十一點，還開了一個體育博彩站。我有一個雜貨鋪，以一倍半的價錢賣些可樂、糖果、薯條之類的零食；還開了間餐廳，賣些墨西哥玉米片、披薩、墨西哥捲餅、玉米捲等。我覺得我如果保持忙碌的話，時間會過得比較快，這同時也給了我社交地位和分量。」

他知道歐巴馬總統當時已經收到三萬三千一百四十九份的減刑請願書，但出於對國家體制的信心，他還是從監獄圖書館取得一份長達八頁的總統特赦申請書。他也猜想，歐巴馬應該不會收到很多特赦信函，於是寫了封給歐巴馬總統的私人信，請求他的特赦，想為成功的機會增加一點靈魂同情的深度。可是在申請書送出後，怪事接著發生了，一名囚犯被刺傷，他被怪罪為整起事件的罪魁禍首，於是被送進單獨監禁。

「單獨監禁是個毫無人性到你無法想像的地方，只有幾小束光線透過百葉窗的簾片射進牢內，你看不到外面，牆壁是混凝土，牆裡只有淋浴、床和老鼠。一開始我用毛巾和襪子塞住老鼠洞，一天幾乎二十四小時都沒有和任何人有接觸。」接著不到幾天，他多次被靈魂出竅的幻覺所吞噬，於是開始渴望有老鼠的陪伴，老鼠在身邊能讓他開心。「當你被送進單獨監禁時，他們不會告訴你會被監禁多久，這是單獨監禁折磨人的一部分，你有可能被關一週、一個月或甚至是兩年。我認識一位獄友被單獨監禁了一年多。」單獨監禁的每一天都是永恆的痛苦，這種折磨在他腦中激起狂風暴雨。[3]

在我們簡短的交談即將結束之前，赫南德茲告訴我，相較於他現在所擁有的自由和機運，他整個十七年的獄中生涯，其實只是個很小的代價。

二〇一五年，歐巴馬總統將赫南德茲的刑期縮減為二十年。

第5章

# 物質的宇宙（哲學家眼中的時間）

時間是什麼呢？誰有辦法輕鬆又簡單扼要地解釋時間是什麼？甚且，誰能在深思後還能覺得自己真的了解時間？抑或能找到描述時間的詞彙？可是每當我們談及時間的時候，總是那麼的熟悉與了解。每次提到時間，我們都懂時間是什麼；聽到別人提起它時，我們也懂時間是什麼。那麼時間究竟是什麼？如果沒人問我，我知道；但如果我想解釋給問的人聽，我就不知道了。

——聖奧古斯丁《懺悔錄》

我猜幾乎每一位哲學家都偶爾曾問過自己類似於奧古斯丁的大哉問「那麼時間究竟是什麼？」，這個問題可能太複雜了，很難有個淺顯易懂的答覆，我們甚至連時間是怎麼開始的都沒有一個簡單明瞭的答案。柏拉圖告訴我們時間是怎麼從宇宙創生之時開始的，他所虛構的人物蒂邁歐斯認為，時間就是日月星辰所宣說的，除此之外什麼都不是，從前如此，往後也必將如此。柏拉圖把蒂邁歐斯描繪為一位哲學物理學家，是一個非常理性的人物。所以當蒂邁歐斯告訴我們，在談論過去和未來時，要將其視為我們共同穿越永恆的動態影像，他很清楚知道自己在說什麼：「祂決心要有個永恆的動態影像，於是當祂開始安排天宇之時，祂令該影像成為永恆，且依數字的法則運行。永恆本身止於合一，而這永恆的動態影像就叫做時間。在天宇創造之前，日、夜、月、年都不存在，可是當他造了天宇，他同時也造了其餘的一切。」[1]

因此，在柏拉圖眼裡，宇宙時鐘的鐘盤與世上所有會動的東西是連動的，就好像世上所有的運動都像相連結的齒輪般嚙合在一起，時間便是從中而生。換句話說，時間就是天宇的運行，時間的誕生就是天宇的誕生，也就是「永恆的動態影像」：「因此，時間和天宇在同一瞬間生成，而由於兩著是一同被創造的，倘若將來有一天消失的話，它們應該會一起消失。」[2]

柏拉圖的想法其實有他的道理，我們一般對時間的感知是來自於日光。我們覺得宇宙中好像有某股看不見的推力，這個推力決定了普適的時間概念，就好像有一座看不見的鐘敲打出宇宙的脈動節奏，推著宇宙向前行。地球自轉一圈是二十四小時，完成一次繞太陽公轉的週期是一年，這是小時和年的定義。如果近代物理學家沒有告訴我們過去對時間的想像可能有誤，我們大概還是會把時間想像成某種宇宙的主測量儀，以某一精準、規律的速率往前走。這個虛構的主測量儀鳴報著絕對時間的律動，小至任何形式的鐘、我們的脈搏，大至太陽、行星、月亮的旋轉，都是以這個主儀為基準移動與運轉。我們當然可以拿太陽的繞轉當作一種時鐘，將太陽繞轉的一個完整週期標定為一個時間單位，或許可以稱之為一年，但那也就只是一個依絕對時間校準的時計（如果絕對時間真的存在的話）。所有的時間區段都會對應於這個幻想的天宇大鐘，月球以一個時間區段繞地球旋轉，地球以另一個時間區段繞太陽旋轉，而鐘盤則以第三個時間區段旋轉，所有這些時間區段都可以相互比較，但若跟那永遠存在的絕對時間相比，都是次要的，如果絕對時間存在的話。

「絕對」，就意味著時間有起點，時間從零開始。但這麼一來，就很難想像時間還沒出現的時候是什麼樣子。畢竟大爆炸一定是在某個時間點發生的，如果宇宙學家告訴我們大爆炸發生在一百三十七億年前，那麼從那個時刻開始，時間就一定只會往前走，不然「一百三十七億年前」是什麼意思？大爆炸後的近四十萬年當中，還沒有任何星體形成，當時的宇宙就只是一大堆的原子奮力地結合形成一些簡單的物質，例如氫氣，氫氣是第一顆恆星的誕生所必須具備的氣體。第一個星系的誕生是在四億年後，那麼在星系出現之前，時間在哪裡？時間是什麼？

⁂

今年大約是猶太曆的第五七八〇年，距離第一個星系誕生大概是稍微超過一百三十億年。西元一六五六年，愛爾蘭教會的領袖詹姆斯・烏舍爾樞機主教（Archbishop James Ussher）推算出世界是在以下這個非常確切的時間點誕生的：西元前四〇〇四年十月二十二日傍晚六點。有人質疑時鐘的鈴聲為什麼是在下午六點這個時刻響起，也有人質疑是什麼原因使得宇宙誕生的時間點發生在傍晚，不管怎樣，你現在知道時間是從什麼時候開始的了。烏舍爾主教的推算當然是依據創世記的神話，即認為地球和整個宇宙都是神的輝煌創造。

至於現代版本的地球年齡故事大全，是在十七世紀由丹麥的主教兼地質學家尼古拉斯・斯坦諾（Nicolas Steno）起的頭，他發現地層中有化石。斯坦諾當然知曉烏舍爾有關世界誕生日的宣告，不過斯坦諾的發現仍促使羅伯特・虎克（Robert Hooke）提出了化石的年代比金字塔還要久遠的論點。

一百年後，由於工業革命的需要，全歐洲開始挖鑿運河。與當時一般的建築物相比，運河挖掘所需的深度要更加深入地底和岩床。於是挖掘工人挖出了岩床中層層相連的岩層，岩層傾斜和侵蝕的痕跡於是顯露出來，這些證據使得舊的地質概念開始發生變化。這給了愈來愈多的地質學家新的視野與想像，其中一位就是蘇格蘭的自然哲學家詹姆斯・赫頓（James Hutton）。赫頓認為熱是自然界的主要推力，而由於地球已經冷卻了一段時間，因此地球的年齡必定比科學家們以前所認為的要古老得多。事實上，赫頓認為我們不可能知道世界的實際年齡。他提出了一個稱為均變論（uniformitarianism）的想法，該理論學說認為，現在正在發生的地質現象，都與過去無數年曾經發生過的地質現象完全相同。「現在是通往過去的一把鑰匙」[3]，博學的英國詩人兼神學家威廉・惠威爾（William Whewell）如此寫道。惠威爾想表達的意思是，過去所有地質變化的推力，例如地震、火山爆發和洪水侵蝕等，在現在和未來都是一樣的。這些推力的數量和強度從未改變，或至少是幾乎沒有變動過。這樣的論點駁斥了十九世紀英國科學家漢弗里・戴維（Humphry Davy）以及法國科學家尚・巴蒂斯特・拉馬克（Jean Baptiste Lamarck）所提出的早期理論，他們認為物種的演化是漸進的。[4] 惠威爾將兩個相互對立的學派各別稱為「均變論者」（uniformitarians）和「災變論者」（catastrophists），均變論的原則闡述了地質構造形成的規則，以及估算某地質構造形成所需之時間的規則。[5] 蘇格蘭數學家兼地質學家，同時也是赫頓的好友約翰・普萊費爾（John Playfair）是這麼說的：「儘管地殼有各種變動，但自然界的作用一直都是穩定均勻的，自然法則是唯一不會無常變動的事物。河流和岩石，海洋和大洲，各個部位都發生了變化，但是指揮這些變化的法則和其所遵循的規則卻始終保持不變。」[6] 普萊費爾在數學上最為人所知的，是所謂的普萊費爾公理（Playfair's axiom）：「**平面上有一條直線和不在該直線上的一個點，任意畫直線穿過該點，最多只能畫出一條直線穿過該點且與原給定之直線平行**。這條公理可以代替歐幾里得的平行公理。但在地質學領域，普萊費爾則是因他一八〇二年出版的《赫頓地球理論的說明》（*Illustrations of the Huttonian Theory of the Earth*）一書而聞名，這本五百二十八頁的書當中沒有任何一張圖示說明，而是援引了許多例子，用來支持或反駁赫頓對於地球年齡的看法。在其中一個例子當中，普萊費爾提出了一個二十世紀以前人們普遍相信的假設，即礦物質基本上是恆定不變的。

蘇格蘭地質學家查爾斯・萊爾（Charles Lyell）與普萊費爾共同合作，研究檢視了地球的行星運動，他們得到的結論是，並沒有證據能解釋地球的起源或終點。[7]當時的測定方法多半是根據歷史直覺所做的推導，與科學幾乎無關，地質的分層此時還甚為粗糙，但已及時地提供了地質學界一些重要事件及順序的線索。各化石群存在的壽命長度，促使當時的科學家開始思考人類在地球上的歷史，因而調整了過去的想法。*赫頓從未提及化石群可能提供重大地質事件的線索，也許是因為他認為自然界本身在一定時間週期內會不斷重複，因此不需要添加新的東西進去。二十世紀的古生物學家兼演化論生物學家史蒂芬・傑伊・古爾德（Stephen Jay Gould）寫道：「對赫頓來說，化石是時間週期的內在屬性。」[8]赫頓的理論是根據最初期的地質學研究，在當時，時間不再只是概念性的時鐘，依存於歷史變化相對較短的框架之下，而是美國作家約翰・麥克菲（John McPhee）所說的「深度時間」（deep time）。麥克菲在他的《盆地和山脈》（*Basin and Range*）一書中創造了這個詞，意思是深不可測、極為綿長的時間才能造就出地質的變化，形塑岩石的形成。麥克菲指的是赫頓的均質論，即地質變化非常深長緩慢，到令人不可思議的地步，麥克菲寫道，地岩的改變需要花非常長的時間，「長到人類心智根本無法想像」。[9]相較於舊的災變論學說，均質論喚醒了科學家們開啟關於地球年齡的新思考。

萊爾於一八三〇年出版了開創性的重要著作《地質學原理》（*Principles of Geology*），以圖示說明的方式反駁了當時關於地球如何形成的理論，當中包括主流地質學和神學的觀點。萊爾認為，地球的外貌是經過一段極長的時間，由無數的小型變動形塑而成的，而非肇因於諸如流星活動或是毀滅地貌的大洪水這類大型、災難性的變化。達爾文在小獵犬號（*Beagle*）**的航行期間便閱讀了萊爾的書，他不僅受書中的地質學知識影響，或許更加深刻地啟發了達爾文的，是萊爾提到地質演變要花上極為漫長的時間才會發生。因此，無論是過去或是現在的地質事件，都是由相同的現象促發引起的，古老的地質事件一直以相同的頻率和強度持續在發生。地球現今的面貌（例如植被、動物族群、海岸線、地形等）看起來似乎跟從前不同，但是如果我們忽略表面上那些緩慢的變化，地球其實從古至今，始終都是以同樣的方式運作。

許多文化都宣稱時間有起點。馬雅人認為是西元前三一一四年八月十三日（這是轉換成公曆的日期）。十七世紀時，人們認為宇宙的體積是無限大的，因此時間也必然是無限的。牛頓當然相信宇宙是無限的。由於缺乏遠古時期的歷史紀錄，以前的年代對歷史的認識最早只能追溯至特洛伊木馬戰爭時期或是大金字塔時期，許多與牛頓同時期的聰明思想家們都認為，即便我們無法確定宇宙的生成時間，但至少地球的形成一定不會很久遠。

我們很難得知牛頓的宗教理念為何，有些傳記作者說他是個異教徒，肯定不相信上帝在不久前才剛創造了我們如今賴以生存的星球。[10]對牛頓而言，地球是因重力作用而形成的偶然，

* 譯注：以前人們認為地球的歷史約等於人類的歷史，但在化石證據出現之後，人們開始思考，或許地球在人類出現之前已存在非常久的時間。

** 譯注：該旅程促成了達爾文發展出生物演化理論及曠世巨作《物種源始》的出版。

這個偶然又恰好跌入了特定的自轉和公轉軌道，於是我們有了一年大約三百六十五天。

理查．本特利（Richard Bentley）是十七世紀一位研究古典文學和神學的學者，他同時也對科學抱有濃厚的興趣。本特利認為，萬有引力如果是正確的，那麼宇宙中的所有星體最終都將相互吸引聚集，形成單一的大團塊：任兩顆靠得夠近的恆星都會相互吸引，結合成一個稍大的團塊，而這個新團塊將會繼續吸引其他星體，形成更大的團塊。這樣的過程會一直持續下去，直到宇宙中所有的物體最終塌縮成一個超級大團塊，而那便是宇宙的重生。根據本特利的說法，這整個過程全部都是上帝的安排。

牛頓曾思考過這個情境。他通常傾向於調整自己的宇宙理論，使之與聖經趨於一致。他在給本特利的回覆當中，試圖平息任何關於有限宇宙和有限時間的想法。一六九三年十二月十日，牛頓在一封信中寫道：

> 關於您的第一個問題，在我看來，如果太陽、行星及宇宙中一切物質都是均勻地散布在所有天宇之中，而且每個粒子對其餘萬物皆具與生俱來的引力。如果這個散布著物質的整個空間是有限的，那麼空間之外的物質就會因為引力的關係，往空間內的所有物質移動，因而形成一個巨大的球型團塊。但假若，物質是在一無限的空間中均勻地分布，就永遠都不會全部聚集形成一個團塊，而是會某幾個聚集形成一團塊，其

他幾個又聚集形成另一個團塊。如此便會在整個無限的空間當中，形成數量無限的大團塊，彼此間隔很長的距離。[11]

牛頓在其《自然哲學的數學原理》（*Principia*）一書中曾計算過，一塊像地球這樣大小的燒紅的鐵，如果要讓其冷卻到現在的地球平均溫度，大約需要五萬年。[12]他根據最近一次哈雷彗星出現之時蒐集到的觀測結果，推算出這一預估值。因此牛頓向本特利解釋，如果空間是無限的，且物質均勻地分布，那麼團塊將受四面八方各個方向的引力吸引，而非僅受某特定方向的團塊影響，無論那團塊多巨大。他那時沒想過宇宙可能會膨脹（二十世紀的新發現），不然又會讓他的論點更具說服力。過去的時間和未來的時間都是無限的嗎？又或者時間有一個起點嗎？若真如此，那麼對存在會有什麼樣的意義呢？如果上帝沒有創造宇宙，那麼宇宙是怎麼從空無一物變成現在的樣子的呢？如果上帝真的存在，那們在祂創造世界之前，祂應該就已經有時間了，這又在時間上出現相當大的矛盾。

按照牛頓論點的邏輯，時間似乎是無限的。不過暫且先讓我們先回到地球，烏舍爾主教所估算的世界的出生日期為西元前四〇〇四年，事實上他估算的是地球的出生日期，因為在烏舍爾主教的時代，人們認為宇宙年齡就幾乎等同於地球年齡。直到上個世紀，人們還認為地球的年齡不超過一億年，根據克耳文男爵（Lord Kelvin）*的推算，一個尺寸約若地球大小的物質，若剛開始是像一團火球般的熔岩狀，會在不到一億年的時間就冷卻到現在的溫度。他的估算是根據當時已知的地質學與熱力學知識，這已是他能估得的最佳答案，但還是差了四十五倍。今日所知的地球年齡為四十五點四三億年，差異如此之大！

我們現在知道了地球是這麼的古老，其實應該對此心懷感激。因為如果我們是生活在十九世紀，那時感覺地球還很年輕，只有一億年的歷史，可能就會擔心害怕，時不時幻想著厄運可能會降臨，例如地球會不會被小行星撞擊。但因為地球已經很古老，就會覺得，既然過了這麼長的時間，它還是活得好好的，沒有發生太多毀滅性的災害，那麼地球再繼續存活下去的機會應該滿大的，只要我們能夠有智慧地對待地球，不要自己把它搞壞了。

牛頓認為，真實的、數學的時間是萬物的推進器，大至恆星小至人類，一切皆受時間的推動。在他看來，時間是一個不斷流動、謎樣、一直向前走的驅動器，像一條看不見的河流，帶動宇宙中無數的活動和事件，推動著萬事萬物連動發生。他認為我們可以透過觀察運動來測量數學的時間。就好比雖然我們永遠無法了解那神祕的推進器，但它造成的影響卻是可以被測量的。儘管目前已經知道時間不是絕對的，即時間的測量會因相對速度而受到一個叫做「時間膨脹」的現象所影響，但我們現在仍舊是用 time（時間）這個單數形式的詞在思考牛頓理論中那令人摸不著頭緒的推進器。

我們知道世界的運轉是由時間測量的，宇宙中所有事件和運動都是由時間統籌指揮。所有的變化都是由時間定義，特別是由可測量的持續時間（duration）所定義。持續時間其實不易捉摸。對於牛頓來說，持續時間有一個優勢，即它獨立於觀察者。根據牛頓定律，若兩個物體在時間 A 離開相同的地方，往不同的方向旅行，並在時間 B 返回相同的地方，則兩物體會各自經歷等長的時間，即 B－A（B 減 A）。這個持續時間的法則到了二十世紀初開始變得不那麼正確，因為時間從以前的絕對變成了相對。在愛因斯坦發明狹義相對論之後，牛頓的持續時間規則不再有效。愛因斯坦認為，兩物體在時間 A 離開相同的地方，往不同的方向旅行，到達不同的地點，並在時間 B 回到相同的地方，卻可能不是花了 B－A 的時間單位。

這個概念很難完全被吸收理解，尤其考慮到時間的語言對思考有多大的影響。

十七世紀的哲學家兼數學家哥特佛萊德．威廉．萊布尼茲（Gottfried Wilhelm Leibniz）認為，時間取決於事件以及事件間的關係，而此兩者又與時間和空間息息相關。這和牛頓的絕對觀完全不同。於是我們有了兩種對時間的理解，一個是主觀感受的時間，給我們一種清楚掌握住「現在」的感覺；另一個是客觀概念性的時間，給我們一種過去、現在、未來以及三者關係的時間感。

萊布尼茲認為，問題的癥結在於，如果上帝創造了物質宇宙，那麼祂便選定了一個開始的

＊譯注：熱力學之父。

時間，也發明了一個工具可以協調宇宙中將發生的所有事物。因此在那之前，時間必定已然存在，在那之後，時間又順著接上了宇宙創造後的時間。「上帝所做的每件事都有他的原因，」萊布尼茲如此寫道，「而既然沒有理由可以解釋為什麼上帝不在更早的時間點就創造世界，那麼在那個時間點之前他如果不是什麼都沒創造，就是在時間存在之前，業已造了世界，也就是說，世界是永恆的。」[13] 這是個自古以來一直存在的疑問，萊布尼茲循古人的足跡接著發問，聖奧古斯丁也曾重述過這個疑問：「在創造天與地之前，上帝在忙些什麼？」聖奧古斯丁先給了幾個俏皮的答案，例如：「他在準備地獄，好把窺探祕密的人送到那裡去。」聖奧古斯丁接著先客氣地說自己不清楚問題的答案，講了幾個理由後，最後說出了自己真正的想法：「如果您（造物主）沒有創造時間，那時間會是什麼樣子？如果根本沒有時間，那時間要怎麼流逝？……可是如果創造天地之前，時間並不存在，那怎麼能問你『那時』在做什麼？如果沒有時間，也就沒有『那時』了。」[14]

這些備受敬重的上個時代的哲學家們似乎相信，時間就好像碼表這樣的計時器，在按下「開始」的按鈕後，才開始計時度日，而我們就生活在那只正在運轉的碼表之中。這樣的想法就會令人產生另一個疑惑，即那個我們稱做「時間」的東西（先不管它到底是什麼）是不是受時鐘的控制。好像只要時鐘動了，時間就也動了。不過，時間有可能快要沒有了。

地球已經四十六億歲，確實相當古老，或許老到能看得到自己的大限。在過去的一百五十年之中，世界各地都有人站在肥皂箱上發表即興演說，呼喊著「末日將近」，他們認為時間的終點就是地球的終點。確實有證據顯示他們的預言不完全是空穴來風，例如地球環境惡化，或是人類的存在可能導致地球終結的種種跡象。人類在這顆星球上的時間好似有盡頭，說不定真的有終結的一天。根據聯合國政府間氣候變遷專門委員會在二〇一八年十月所發表的報告，氣候相關的衝擊和災難將持續導致全球十分之一以上的人口營養不良。[15]確實如此，戰爭、乾旱、水災、海嘯、飢荒，這些災變自古以來都存在，但是目前氣候變遷的現象給人類的生存描繪了一個非常不同的未來。「長遠來看，未來數十年將是一個機會之窗，時間真的不多了，一定要在這段期間內做出有效的行動，才能讓大規模而且可能是災難性的氣候變遷效應減至最小，否則氣候變遷所造成的影響可能持續得比整個人類文明都還要久。」[16]如果國際間沒有發展出有效的氣候變遷政策，或者是在科技上取得驚人進展，能夠巧妙地改變氣候，人類的未來可能會黯淡數千年之久。不僅是海平面上升將對生命造成重大影響，海水的溫度升高和酸化嚴重也會抑制某些主要糧食（例如稻米和小麥等）的生長。過去數十萬年來，地球的二氧化碳濃度一直保持穩定，但是過去兩百年，人類的行為一直在改變氣候的自然循環，使得二氧化碳濃度出現了變化。目前的二氧化碳濃度比二點五二億年前「地球史上最嚴重的生物多樣性危機」的二疊紀滅絕時高了百分之六十九，二疊紀滅絕消滅了地球上至少百分之七十的脊椎動物，也摧毀了大多數的海洋物種，僅剩下百分之四存活。有二十萬年以上的時間，野火和甲烷遍布整

## 楔子：德州和奧克拉荷馬州的受刑人

受刑人的確有時間，有很多時間，很多實實在在的時間，而他們也專注在那上面。網飛（Netflix）影集《勁爆女子監獄》（*Orange Is the New Black*）描述虛構的利奇菲爾德監獄（Litchfield prison）裡的生活。在其中一集裡，受刑人洛莉（Lolly）有幻聽，她會聽到不存在的聲音和對話，而且因為幻聽的影響，她用紙箱搭了一個可以躲起來的地方，把它稱做她的時光機，躲在裡面。監獄的資深輔導員山姆．希利（Sam Healy）找到躲在紙箱裡的洛莉，走進裡頭，在她身旁坐下，輕聲告訴她，每個人都想回到過去，但這是不可能的。我採訪過的受刑人當中，許多人都有遺憾，希望改寫過去，他們都想回到他們犯錯之前，回到還來得及改變的那一刻，可是時間只會向未來走，不會向另一個方向走。「現在」是一個奇特的瞬間，它像是生命這座只往上走的電扶梯當中一直在往上移的那一階，它在一層層的年齡層間移動，未來好似在前方，其餘過去的一切都在後。

不久前，我是佛蒙特州春田市的南方州矯正機關（Southern State Correctional Facility in Springfield）每月一次跨宗派祈禱會的來賓，我在那了解到，有些囚犯對過去與未來之間的分野有很特別的想法。這座監獄共有三百五十三位受刑人，當中有五名參加了這個祈禱會，他們深切地反省導致自己人生劇變的錯誤。其中一位已服刑了十六年，我並沒有問他在這漫長的監禁中對時間的看法為何，也沒有問他對剩餘刑期的時間感為何，他還要再服刑二十四年，不過他有一次間接透露出他的一個想法，令我感到驚訝。「從我嘴裡說出來很奇怪，」沒人問他，他自願地說了：「不過我覺得我待在這裡是件好事，我如果不是在這裡，真不知道會做出什麼傷害。」

另一位受刑人也表示同意，他說道：「我那段時期其實有很嚴重的問題，我得感謝上帝讓我在這裡。」

另外兩位也有類似的想法，第五位對這個體制不太高興，他說自己是清白的。這場跨宗派的祈禱會在一個看起來比較像雜用間的小禮拜堂裡進行，約九十分鐘，形式上更像是懺悔，不那麼像祈禱。我以前從沒走進監獄過，所以我以為會像在電影裡看到的，面對的都是老練的慣犯，他們之中一半會為自己的罪行找藉口，另一半聲稱自己是清白的。從這五人進入禮拜堂的那一刻起，同情的小小種子隨著時間的推移，茁壯長成了滿溢的慈悲心。令我驚訝的是，我一開始把他們視為一個個有編號的罪犯，後來則看作有名有姓的活生生的個人。我平常不太容易流淚，但是當他們表現出深深的懊悔，當他們說著「如果當初」，當他們想像著時光倒流，選擇另外那條當時沒走的路時，都使我濕了眼眶。

我和其他幾位德州以及奧克拉荷馬州監獄的受刑人談論過類似的話題，這些受刑人在獄中已服刑非常長的時間，他們也有類似的看法。

第6章

# 谷騰堡的活字印刷（第一次資訊時代的時間）

聖湯瑪斯・阿奎那（Thomas Aquinas）是義大利天主教道明會的修道士、神學家兼哲學家，也是中世紀最具影響力的聖哲，他認為是因為上帝才有了時間。對阿奎那來說，理性和信仰都是上帝的禮物，都可以證明上帝的存在，這樣的信念其實源自教皇的教令，目的在於壓制一切與天主教會相牴觸的事物。當時的天主教會宣稱亞里斯多德和阿拉伯人是異教徒，上帝是運動的創造者，因此也是時間的創造者。自西元三九一年以來，異教在羅馬帝國就一直是個罪行，那年羅馬帝國皇帝狄奧多西一世（Theodosius I）頒布諭令，宣布異教是「對國家的叛國重罪，唯將犯罪者處死，方能贖罪。」[1] 一年後，基督教暴徒在亞歷山大港放火燒了異教的塞拉比斯（Serapis或作 Serapeum，希臘與埃及神祇）神廟的圖書館，焚毀了三十萬冊卷軸，還在街上屠殺任職於博物館的多位學者，其中包括著名的海芭夏（Hypatia），她是全世界的歷史紀錄中出現的第一位女性數學家。[2]

羅馬帝國瓦解後，伊斯蘭世界崛起。穆斯林征服了地中海以南的區域，領土一路從敘利亞和美索不達米亞擴展到西班牙，範圍遠遠超過先前羅馬文明的疆界，並擴散到亞洲和非洲。阿拉伯人從中國和印度帶回新發明，推進了天文學的研究，也引入印度的零的概念，發明代數，發展冶金術化學，並設計船的尾桅，因此阿拉伯的船艦速度可以更為快速。然而文明的暗夜於一〇九五年十一月二十七日降臨於世，天主教教宗烏爾班二世（Urban II）在法國克萊蒙（Clermont）的一個麥田裡向大批信眾發表演說，他如是呼喊：「耶路撒冷是世界的肚臍，是比任何其他地方都更富饒的一片沃土，是另一個樂園。這片土地，是人的救世主*以他的來臨照耀，以他的生命點綴，以他的熱情聖化，以他的死亡救贖，以他的埋葬封存。」烏爾班二世慷慨激昂地號召呼喊，鼓動群眾拿起武器對抗所有異教徒。他接著說：「這座聖城就位在世界的中心，現已成為敵人的俘虜，作了敵人的奴役，被那些不識上帝的人褻瀆，拿來行異教的儀式。這座城市嚮往自由，她不斷請求你伸出援手，期待你的幫助，特別因上帝已賜榮耀予你的武器，其他國家都不及。所以，為了赦免自己的罪，並得到天國必定『永不消退的榮耀』，踏上這趟征途吧。」[3]十字軍東征在全歐洲各地的教堂和修道院帶來了戰爭的侵擾與巨大的破壞，受影響的珍寶包括了為數眾多的絲綢、香水、香料和阿拉伯文書籍，這些書籍是希臘與埃及卷軸的翻譯本及抄本，竊自阿拉伯圖書館，其中特別是亞里斯多德的八本物理學書籍。那時亞里斯多德的書在歐洲大部分的新大學都被列為禁書，只有神學學者可以公開閱讀他的異教作品。任何有違天主教會的異端邪說都被視為嚴重的罪行，一般人若閱讀亞里斯多德的書籍甚至會受到終身監禁的懲罰。

但這樣的現象在一二六二年開始有了轉變，當時阿奎那住在羅馬附近奧維多（Orvieto）的教皇府（Papal court），他在那裡結識了來自穆爾貝克（Moerbeke）的佛萊明道明會神職人員威廉（William），後者將亞里斯多德的數本著作自希臘文翻譯為拉丁文。儘管亞里斯多德在那時被認為是異教徒，但阿奎那還是摸索出方法，在不違逆教會教義的前提下，為亞里斯多德的著作撰寫註解，並對亞里斯多德的思想提出了精闢的詮釋。十四世紀初期，亞里斯多德的作品開始解禁，在當時甚至蔚為風潮。因為有阿奎那的註解與詮釋，使得亞里斯多德的學說能被教會接受，因為他證明了亞里斯多德其實沒有牴觸教會的教義。歐洲的物理學研究有一陣子完完全全受到亞里斯多德《物理學》一書的影響，因而將運動描述為受時間的制約，並用一樣東西比另一樣快的方式，比較各種東西的「速率」。

約翰尼斯・谷騰堡（Johannes Gutenberg）的活字印刷術為知識和科學資訊的進程帶來了天翻地覆的改變，進而催生了歐洲的第一個資訊時代。一四三六年，發明於中國的可替換木製或金屬字母以及植物纖維紙，經由絲路傳到了西方，這項科技的傳入造成了巨大的影響，使得單單十六世紀出版的書籍就比過去三千五百年累積的還要多（最早的楔形文字泥板出現在三千五百年前的巴比倫）。

＊譯注：即耶穌基督。

當時的教學方式頗為專制，而課程的核心之一，是死記硬背亞里斯多德的作品。七門博雅教育——文法、邏輯、修辭、算術、幾何、音樂、天文學——是必修課程，不過各個地區可以自行決定各項科目的教學時間多寡。這種死記硬背的學習方式，會極度使具聰明才智的優秀學生麻木無感，以至於沒人想到要批判經典的科學著作，特別是批判亞里斯多德那不可動搖的學說。甚至，數學除了死背算術和計算之外，其餘的學術發展完全被忽略。「在波隆那，在自由的古城比薩，甚至是在博學之城帕多瓦，你都看得到大批學生們每天擠滿了大學講堂，可是歐幾里得和阿基米德的名字在他們耳裡卻只是空洞的聲響。」[4]在義大利，研究經典作品之文學內涵（而非神學問題）的人文主義者勉強接受了活字印刷，但顯然態度輕蔑：「印刷書籍似乎是他們鍾愛手稿的廉價替代品，他們也不希望擴大閱眾範圍，包括那些沒有品味的人。品味、風格、儀態、舉止合宜、泰然自若，都比那些實質的成就來得重要。」[5]但阿基米德的作品（早在九世紀已出現希臘文的抄本，在十五世紀被翻譯為拉丁文）正在全歐洲印刷銷售，這些書籍開始激發新一代的獨立思想家，重新思考與反省舊有的運動、數學和時間的學說。

十六世紀後期的科學研究仍然根植於亞里斯多德的信條，學者們並不信任新思想，他們仍舊相信所有值得研究的學問都已經在圖書館裡，已被自古聖賢的文字充分表述。

接著伽利略出現了。那個時代的既有理論認為較重的物體下落的速度比輕的物體快，伽利略用水箱流出的水的重量來測量物體落地的時間，打破了這個理論，取而代之的，是違背直覺的真相：所有物體都以相同的速度和加速度下墜。澳大利亞數學家羅賓・阿里安羅德（Robyn Arianrhod）告訴我們：「其他人也懷疑過重力是否對所有物體的運動具相同的影響力，但因為伽利略的研究成果具高度的精準性，因此非常有說服力。探究物質真相的學問不計其數，但物理學具備了實驗和數學的精準度，而這就是物理能從中脫穎而出的原因。」[6]

有則著名的傳聞是這麼說的：每個週日早晨，伽利略會從他位在佛羅倫斯門（Porta Florentina）附近的家中出發，沿著亞諾（Arno）河畔的聖瑪利亞荊冕教堂（Santa Maria della Spina）的鵝卵石碼頭步行，在跨過建築師布魯涅內斯基（Filippo Brunelleschi）所建宏偉的馬雷橋（Ponte a Mare）後，到達比薩大教堂（Pisa Cathedral）參加彌撒。比薩大教堂的建築結構很平凡，但它有個大又華麗的中殿，中殿裡有盞插滿三十根蠟燭的三層青銅大吊燈。每次彌撒開始之前，教堂人員會用一條穿過吊燈中心的鏈條，將這盞巨大的吊燈降下來，點燃燈座上的蠟燭後，再把吊燈升回原位。吊燈接著會輕微搖晃幾分鐘（可能五分鐘或甚至十分鐘）。前來做禮拜的人幾乎不會注意到以下這個細節，可是伽利略注意到了，至少他在一五八三年的某個星期日早晨注意到了。當時他正坐在座位上，沉悶的布道讓他百無聊賴，心思在別處胡思亂想，這時他看到了吊燈的擺動。這名十九歲的少年著迷於吊燈的單擺運動，於是他用自己的脈搏測量吊燈擺動的時間。這其實是一個有關如何測量時間的重大發現。吊燈擺動的速度慢下來時，擺幅也會變小，但是來回擺動一次所花的時間仍然跟之前一樣。擺幅較小時，擺動速度會比較慢。伽利略猜對了，吊燈一個完整的來回擺動所需的時間是取決於吊燈的長度，與擺動的幅度無關。這個故事一定是人為虛構的，因為比薩大教堂的大吊燈是在伽利略宣布該發現後的五年，於一五八八年才安裝上去。伽利略的學生同時也是朋友的溫琴佐．維維亞尼（Vincenzo Viviani）是讓這則故事流傳至今的原因，他說：「伽利略觀察吊燈振盪和其他物體的擺盪，發現它們都具有分毫不差的規律性之後，他想到可以根據此原理建構一個測量儀，用來精準測定脈搏的速率和變化。」[7]神話自此便延續了下去，傳聞還說伽利略在他的自由落體實驗中是用脈搏測量時間。當時確實還沒有能夠精準測量落體速度和加速度的計時器，不過伽利略就是伽利略，聰明如他，想出了其他方法來測量時間。

那是一個矛盾的年代。在那之前的一個世紀是大發現的年代：發現美洲新大陸，征服者發現了舊世界從未見過的水果、蔬菜、堅果，使得歐洲人開始對世界有了新的認識。瓦斯科．達．伽馬（Vasco da Gama）航行繞過好望角（Cape of Good Hope），麥哲倫環航地球，發現廣闊的太平洋。那時的知識廣度與現代相比差異如此之大，二十一世紀的我們很難想像當時的人是怎麼思考的。我們現在可以在不到十四個鐘頭的時間內從紐約飛到北京，所以我們當然不認為地球另一端的石頭不會掉到地面上。從今日起算的一百年後，當人們讀到以前旅行至世界的另一頭要花十四個鐘頭時，會咯咯地笑著：一百年前的人旅行速度之慢，真是令人難以忍受。隨著科技的發展，時間的步伐也加快了。但在伽利略的時代，世界上最有創意的點子來自於學者，他們坐在光線昏暗的大學圖書館中，或位在與世隔絕的修道院裡，他們質疑著自然的法則，質疑著既然聖經或托勒密和亞里斯多德的著作中都沒有提到，可是為什麼美洲大陸會存在？他們不太願意公然違逆聖經，於是轉而挑戰傳統的古典知識思想，開始用直接觀察的方法來研究大自然。[8]

這也許就是為什麼，伽利略打從年輕起，除非他研究、評估、推論過，否則不會輕易接受各門各派的論點。他看不起學院的訓練，當時的大學教育通常是倚仗權威在宣告真理，任何與亞里斯多德牴觸的想法都被視為大逆不敬。伽利略的老師覺得這個學生既固執又難搞，伽利略自己私下偷偷讀了歐幾里得的前六本書，並繼續懷抱著極大的熱情研究數學，因為他相信數學是解開自然奧祕的最佳途徑。

不久後，伽利略成了一名數學教授，他覺得若想對自然現象有科學性的了解，時間和運動的概念會是其中的核心，他閱讀威尼斯數學家喬凡尼．巴蒂斯塔．貝內戴蒂（Giovanni Battista Benedetti）題為《巴黎物理學》（*Parisian Physics*）的專著，該書探討了運動物理學的新概念：空氣並不是造成運動的因，反而是物體本身即具備運動的因。貝內戴蒂的書重新點燃了人們對兩個世紀前的數學和物理學理論的興趣，該理論是由巴黎大學頗具影響力的法國哲學家尚．布里丹（Jean Buridan）所建立。閱讀貝內戴蒂、歐幾里得和阿基米德的著作使伽利略受到極大的鼓舞，啟發他開始用科學觀察和數學推理，研究關於時間和運動的問題，而非使用亞里斯多德的經驗性方法和概念。「我們該遵循的方法是，」伽利略在他的《論運動》（*De Motu*）一書中這麼寫著：「永遠都依據之前說的決定現在所說的內容。還有，當你碰到需要進一步證明的東西時，可能的話不要假定那是對的。這是我的數學老師們教我的方法。」亞里斯多德認為，兩個材質相同的物體自由掉落時，兩者的速度會與其尺寸成正比。因此，大塊的黃金掉落的速度會比小塊黃金要來得快。但依照伽利略的邏輯，這樣的想法頗為荒謬。「這見解真是荒謬，再清楚不過，比日光還清楚。」伽利略這麼寫著。伽利略的論點是，如果兩個相同材質和重量的物體在介質中自由落下，那麼亞里斯多德就得說兩物一起下墜會比單獨一個下墜要來得快。「我們還需要什麼更清楚的證據，來證明亞里斯多德的觀點是錯誤的呢？我真想知道，如果你簡單自然地看這個問題，誰不會一眼就認出真相呢？」他的推論如此簡單自然，讓我們不禁懷疑亞里斯多德怎會錯過如此清晰的論點。確實如此，如果一物體比另一物體重一千倍，那麼它的下落速度不可能比另一物體快一千倍。伽利略用證據證明和邏輯推理，打破了亞里斯多德的物理學原理。在他的《論運動》中，伽利略斷言了亞里斯多德的假設是錯誤的，而且認為亞里斯多德不僅在自由落體速度上的推論是錯誤的，幾乎所有跟移動有關的論點也都是錯誤的。最終，伽利略的思考從東西「如何」移動，轉移到了「什麼」使東西移動。[9]*

當愈來愈多的科學家和自然哲學家判斷時依靠的不再是從前的純粹理性推論，而是真實世界實際的實驗結果，亞里斯多德運動學說不可動搖的地位便開始瓦解。每次新的實驗都會出現與他的學說矛盾牴觸之處。而每當有新的矛盾出現時，就會有人把亞里斯多德的原意稍微改編，幫亞里斯多德解釋，他的支持者會說「其實亞里斯多德的意思應該是指……」，直到矛盾多如毛牛，太多不自然的改編被硬生生塞入無數塊相互衝突拼不起來的真相拼圖裡。

定義時間的其中一個方法，是定義其與空間的關係。伽利略在他的《兩門新科學的對話》（*Dialogues Concerning Two New Sciences*）一書中便作了如是嘗試，在〈第三天，定理一，命題一〉中他寫道：「一個移動中的粒子，若穩定地以一恆定速率運動，則該粒子行經兩段距離所需的時間，會與這兩段距離的長度成正比。」[10]

在〈第三天〉的一開頭，他告訴我們：

* 譯注：此即自由落體運動中，距離與時間和時間間隔的關係。公式為 $d = 1/2\ at^2$，d為距離，a為加速度，t為時間。從式子中可看到，距離(d)與時間的平方（$t^2$）成正比。舉例來說：假設一個物作自由落體，經過1秒（或一個時間單位）後下墜1個長度單位，那麼經過2秒後共會行經 $2^2 = 4$ 個長度單位，經過3秒後總共是 $3^2=9$ 個長度單位，經過4秒後則是 $4^2=16$ 個長度單位。那麼每一秒（或每個等距的時間單位）「內」下墜的距離則分別為：第1秒（或第一個時間單位的間隔）下墜的距離為1個長度單位，第2秒下墜的距離為(4–1)=3個長度單位，第3秒的距離為（9–4）=5個長度單位，第4秒的距離為(16–9)=7個長度單位，依此類推，每個等距時間單位內行經的距離比例便是1, 3, 5, 7, ……的奇數數列。

> 我已經從實驗中發現了（運動的）一些性質，這些性質值得深入探究，但目前為止尚未有人對此做過實驗或加以論證。過去曾有過一些較表淺的研究，例如重物在自由落體運動時速度會持續地加快，但這個速度增加的增幅是多少，還沒有人發表過。就我所知，到目前為止還沒有人指出，一個從靜止狀態自由墜落的物體，在相同的時間間隔內，其行經之距離，會與從1開始的奇數數字成正比。[11]

從伽利略自己的文字來看，他很顯然並不知道這個想法早在三百年前，牛津大學默頓學院（Merton College, Oxford）的四名年輕數學家便已提出過。那個時候火藥、槍支和大砲開始出現在歐洲，終結了加固城堡和盔甲騎士盛行的年代。那個時期對標的和軌跡運動的科學原理非常感興趣。第一門大砲的發射時間點，可能就約莫在四位數學家發表他們關於運動力學的觀點之時。說來令人訝異，人類已經狩獵了幾千年，用的武器從長矛、彈弓進步到十字弓，但是對於射箭軌跡運動背後的物理法則卻從未真正理解，畢竟以前都只是透過反覆練習而熟能生巧，並沒有了解背後物理原理的必要。但發射大砲就不同了，每一次的砲擊都是一筆龐大花費，而且致命，茲事體大，可不能等閒視之。受連帶影響的範圍甚廣，破壞性極大，因此對精準度便有不同以往的更高要求。湯馬斯・布萊德沃丁（Thomas Bradwardine）、威廉・海斯伯里（William Heytesbury）、理查・史溫斯黑德（Richard Swineshead）和約翰・鄧布頓（John Dumbleton）四人，人稱默頓學院四君子（Merton College four），在他們聯袂發表的有關運動力學的論點中便指出：在相等的時間間隔內，一個從靜止狀態自由墜落的物體，其墜落的速度會以固定的比例增加，且行經的距離會與從 1 開始的奇數數字成正比。每增加一個時間單位，物體的速率就會增加一個固定的量。也就是說，物體在第二秒的移動速度是第一秒的兩倍，在第三秒的移動速度是第一秒的三倍，依此類推。當時仍然是一個用純粹理性推論來證明科學的時代，並不看重實際的實驗。但是慢慢地，科學家們開始區分運動的起因和運動的作用，開始對運動有更合理的了解。瞬時速度、等加速度運動，以及時間的抽象性等概念開始出現，這些概念成了三百年後微積分誕生的主要推手之一。接著便是牛頓的登場。

## 楔子：鎖在當下的時間

我第一次和克林特．巴納姆（Clint Barnum）會面是在一座咖啡館，那是二〇一八年三月的一個午後，那年冬天的第三次大風雪快結束之時。他七十歲，是位更生人，職業是一名石匠，擅長打造引人注目的美麗石牆。克林特曾因非預謀故意殺人的罪名遭到起訴，認罪協商後獲判七至十年的刑期，他已經服完共七年的刑期。在我採訪過的許多更生人當中，我發現克林特是對過往的時間經驗最具深度反思的人。不過他不曾被單獨監禁過，他對獄中時間的想法是深植於他身為監獄工友的日常工作之中。對他來說，他在監獄裡的時間過得跟在外面的時間一樣快。

「那裡有晚上的時間、我的時間，跟水仙花的時間。」克林特慧黠地這麼說著，「你想談的是植物還是人類的時間？你所謂的時間是什麼意思？」

「時間那時對你而言是什麼？」我問。

「那裡頭的時間完完全全鎖在當下。你會想起過去，但時時刻刻都知道你在當下。在獄中你很清楚什麼是什麼，裡頭沒有太大變化，外頭的世界變化很大，過一天都像過一個禮拜，你看到車子在街上跑，你可以撫摸樹木，每一天都不一樣。」

對克林特來說，獄中的一切都不穩定，很無常。他換過幾間不同的牢房，儘管他的工作只是不斷地在重複單調的事務，但是他平日的時間都被例行的工作塞得滿滿。所以他的時間是以可預期的穩定步伐在往前走。不快，不慢。

克林特告訴我：「監獄裡有形形色色的人。有些人做了非常壞的事情，有些人已經改過自新，有些人有機會變好，有些人斷絕不了過去的背景與環境而仍苦苦掙扎著，有些人曾被父親或祖父性侵，還有些人心靈殘破到一輩子都不可能變好。你聽不太到那些**不可能變好**的人，因為他們大多都待在單獨監禁室裡。

「你說的沒錯，不過我有興趣的是時間，受刑人對時間的看法是什麼，他們是怎麼看待剩餘刑期的時間，怎麼看待他們的未來與過去，他們覺得時間過得是快還是慢？」

「他們入獄的原因有千千百百種，」克林特的解釋隱含著深刻的洞見。「所以你跟他們閒談時，會聽到他們對不同的東西有各種不同的看法，談論到時間這個問題上時更是如此。監獄裡的人有各式各樣的看法，因為監獄其實就是外頭大世界的縮影。對時間的理解，你有可能得到任何共識嗎？這些受刑人看世界的方式有這麼多的差異，其實不管他們是在獄中還是在外面，都是如此。」

「無論你在獄中是什麼身分，你都是用你內在世界所看到和學到的東西在填滿你的世界，你也知道有個外在世界，那個世界會隨著時間而消褪。獄中的時間感會跟年齡有關，年輕一點的受刑人比較瘋狂古怪，老一點的比較圓滑成熟，他們比較知道自己是誰，比較有一種道德感。年輕人內在還沒有定錨，還沒有寄託，但隨著年齡增長，你會看到生命的模式，靈魂會隨著年紀而成熟，而這個成熟將會令你了解自己一生必須實踐的目標。你問六個受刑人，會得到六種截然不同的故事，林林總總的領悟和經驗……。」

「沒錯，克林特，我就是聽到了六種不同的答案。」我忍不住插嘴說道，「可是我想聽你的答案。時間對你來說是什麼？」

「時間？」經過了一段稍長的停頓與反思後，他說：「時間跟意識有某種連結，時間是生命的量尺。我們是有意識的人，生在一個無意識的物質世界，這個世界裡面有石頭、有植物，

# 第7章

# 牛頓登場（絕對的時間）

牛頓出現以前，有好幾個世紀，全世界的村落、鄉鎮和城市都是用分割白日和黑夜的方式來測量時間。在這段時期裡，時間測量的第一步是先定義日、月、年。接著，以前的人們把日出到日落的這一段時間分成十二份，就差不多得到我們稱做小時的東西，然後依樣畫葫蘆，把夜晚的時段也如是分割。於是，依照白日和黑夜時間長度的不同，不同天、不同地方、不同季節，就會得到不同長度的小時。按照這樣方式定義的時間是由日月星辰決定的時間。太陽看起來以穩定的速度在天空中移動，不會跳來跳去或突然加快，恆星似乎也是如此，而且恆星與恆星之間的方位距離看起來是固定的，於是全部的恆星可以看作是一個整體，一同以穩定的均速移動橫越過整個天空。

如果只是為了應付一些簡單的日常事務，像是起床、睡覺、休息、工作、吃飯，別忘了還有禮拜，這樣的計時方式其實甚為有效且綽綽有餘。不過，想要把白天的時間分成十二等分，就代表必須先想辦法將白天的時間長度用數學形式表示，畢竟如果不是數字，我們要怎麼把它切割成十二份呢？當時唯一的方法是將時間跟太陽的路徑或恆星的運動相連結。要標定白天的各個小時相對容易處理，用日晷便能做到。從日出到日落，標出日晷或方尖碑的陰影軌跡，你就得到了軌跡長度的數值，再把這個數字分成十二份，每一份就可以代表一小時。晚上的小時標定比較麻煩，首先要在圖上畫出一個恆星的軌跡，做記號、標記，然後再切分。對多數人來說，晚上的小時標定不是那麼重要，因為就只是漆黑的夜晚，不太需要為時間作任何的安排，累了或無聊閒著沒事就上床睡覺，如此而已。

牛頓為了發展他的萬有引力和力學理論，需要對速度作功能性的定義，這代表他必須引入絕對空間和絕對時間的概念，對於他而言，除此之外別無他法，即便他也清楚知道，任何可觀測的物體從一處移動到另一處的變化其實都是相對的。他所定義的絕對的空間與一般的物質實體不同，是「某完全靜止不動之物」。牛頓的著作《自然哲學的數學原理》（*Principia*，以下簡稱《原理》）出版於一六八七年，是伽利略出版《兩門新科學的對話》的半個世紀之後，當中的〈總釋〉（scholium）一章就進一步對時間做出區分。他承認有相對時間（relative time）和表面時間（apparent time）的存在，而這兩者就是我們尋常生活中賴以使用的時間，但跟他所謂的「絕對的、數學的時間」又不同。絕對數學時間是「其本質為穩定地流動，獨立於任何外在事物」。[1]他認為時間、空間、位置這三個字詞對感官有一定程度的影響，而當我們使用這些字詞時，又太常是透過它們與感官的關係在使用，他擔心感官往往會積累錯用與偏見而使混淆加深。

當時的天文學家看待時間的方式與牛頓迥然不同，他們理性且純粹地測量兩次黎明之間的時間，然後將之等分成二十四份，他們知道太陽在兩次黎明之間會運行三百六十度（這是按當時的天文學家所想像的太陽系運轉機制，也就是太陽繞著地球旋轉），所以一個小時就剛好是（幻想中）太陽繞地球轉了十五度。要測量太陽走十五度的弧度是多少，最簡單的工具是你的手。如果你把手舉向天空，除了小指和食指外，彎曲其他的指頭，那麼這兩隻伸長的指頭就會大約指出太陽在天空中移動一個小時的範圍。當然這麼做的前提是太陽是以圓周運動的方式繞地球轉，圓周或橢圓……都可以，表面上不同但基本上一樣。在地球上的觀察者並不需要知道到底是地球繞著太陽轉還是太陽繞著地球轉。夜晚也可以做類似的測量，同樣也是虛妄地假設繁星是繞著地球轉，以每小時行進十五度的速率運行。用這個方法就可以記錄下一天中的每個鐘頭，也不太難，只是要接受數值可能會稍微有點粗糙。

牛頓所謂的「真實的時間」（true time）則不同，真實的運動（true motion）是獨立於觀察者的（假設在我們不斷膨脹的宇宙中，確實有真實運動存在的話）。相對時間的測量方式是透過太陽相對於地球的視在運動（即在地球上觀測到的太陽運動），或是恆星相對於月球的運動來測量的，而這其實就是時鐘測量時間的依據標準。所有時鐘其實都是根據觀察到的天象來測量時間的，甚至最精密的原子鐘也是如此，其校準的依據也是人類觀察或記錄到的天體活動現象。如果有一個系統可以給我們一個獨立的時間參數，完全不受觀測活動的影響，而且可以涵蓋與解釋所有的天體運動，同時也不違反任何的物理定律，那會怎麼樣？假使這樣的系統真的存在，其實就表示我們目前所知道且賴其生活的時間只是一種幻相，也代表光速是恆定的，並且獨立於觀察者之外。關於這個問題的解答，我們得歸功於十九世紀末和二十世紀初的物理學研究，讓我們現在不只對光速有更多的了解，也知道時間並不是獨立的，時間其實與觀察者有關，會依觀察者不同而發生相應的變化。所以我們現在知道到，與觀察者完全無關的時空系統是背離事實的，我們必須接受這樣的系統並不存在。牛頓在當時不可能知道他的時空系統與事實相牴觸，他堅信，一個與觀察者無關的時間參數可能存在，也就是他所謂的**真實的時間**。相對的時間（或是任何用天體活動測量的時間）可以有許多種的測量方式，但是牛頓理論中的**真實的時間**（如果真的存在的話）是所有時間測量的基礎，是一個大一統的時間。[2]

牛頓提出的絕對時間的概念很容易跟他的真實時間的概念混淆。他對此進行了深思：「絕對的、真實的、數學的時間，就其本身及源其本質皆為穩定的流動，與任何外在事物皆無關，而另一個名詞則是持續時間（duration）：相對的、表面的、平常的時間，是某種知覺到的、外在的（無論是準確抑或不穩定的）、藉由運動對持續時間所作的計量，這是我們平常所使用的時間（而非使用真實的時間），諸如一小時、一天、一個月、一年等皆屬此類」。[3]絕對時間是數學的時間，可由天體的時間求得其近似值。天體的時間就是用例如太陽日或天球所測得的時間，也是物理學界和天文學界在預測未來天文事件時所使用的時間。儘管牛頓的絕對時間是絕對的，但它仍僅適用於太陽系和周邊星體的時間變化，並不能涵蓋整個宇宙或宇宙之外的一切（如果宇宙之外存在的話）。絕對時間只有其近似值可以適用於更大的框架。反之，牛頓概念中的真實時間是適用於整個宇宙的時間，適用於任何地方的任何時間座標系。

牛頓的絕對時間獨立於事件，與事件無關，這個絕對定義了宇宙之內我們周遭的一切事物，這個絕對也與生命環境裡的時間概念有所不同。牛頓需要一個絕對的、數學的時間來處理物體的加速度運動。他必須區分真實的運動和相對的運動，因此也需要區分真實的時間和相對的時間。在他看來，物體除非受到力的直接作用，否則真實運動不可發生或是出現變化。但相對運動就不一樣了，相對運動無須作用力便能出現或發生改變。根據現代物理學知識，以及（奇怪地）根據牛頓自己的物理學定律，確實存在著隱藏的力，能在沒有作用力的情況下，仍可以出現相對運動。令人更為困惑的是，牛頓在〈總釋〉開頭的幾頁後，舉了一個他稱之為相對運動的奇怪例子。雖然奇怪，但是是個聰明的例子，引人深思：想像一根繩子上吊著一個桶子，桶內裝了半滿的水。旋轉水桶，使繩子扭絞到非常緊。將手放開，轉緊的繩索就會鬆開，水桶就會旋轉。桶子最一開始旋轉時，水的表面是平的，但是當旋轉的速度愈來愈快，水的表面就會變得愈來愈凹，而且水的旋轉是跟著水桶的旋轉在動，甚至在水桶旋轉慢下來之後也是如此。用牛頓的話來說，水桶「正在逐漸將其運動傳達（communicating）給水。」[4]

牛頓將之稱為「傳達」，這個用詞很特別，可惜是個錯誤的概念。他想說的是儘管並沒有力量作用在水上，還是能使水的表面從平坦轉變為凹面。水在開始旋轉之前和剛開始旋轉之時，水和桶子之間有相對運動，也就是說，相對於水，桶子是在旋轉的。而隨著桶子持續旋轉，水也開始跟桶子一起旋轉，當這個現象出現時，相對於水，桶子反而是靜止的。牛頓認為，當桶子跟水有相對運動時，桶子並沒有給水的表面帶來任何影響；但是當兩者都在旋轉、桶子與水之間沒有相對運動時，水面卻出現凹陷。他以此作為證據，認為相對運動在無作用力的情況下仍可發生變化。從這個例子牛頓歸結出一個結論：旋轉運動是絕對的，因為當兩者皆旋轉時，從水的角度來看，桶子是靜止的，且水「和容器一起同步旋轉之時，水相對於容器是靜止於容器之中的。」[5]

牛頓並不知道表面張力的存在，也對水分子和水桶分子之間的摩擦力一無所知，因此他認為水桶可以用某種方式將其運動傳達給水。他從他的「傳達」理論中得出一個結論，認為旋轉運動是絕對的，即當一個物體在旋轉，那麼另一個物體必須跟上這個旋轉，才能忠於絕對運動，彷彿大自然在某種程度上厭惡相對運動的存在似的。根據這點，再加上時間和運動有關，牛頓因此得出結論，認為時間也必須是絕對的。十九世紀的物理學家恩斯特・馬赫（Ernst Mach）當然知道表面張力的存在，並不認同牛頓的見解。馬赫在《力學的科學》（*Science of Mechanics*）一書中提到，牛頓的旋轉水桶實驗當中，水桶的質量太小，對水分子不會有影響。馬赫寫道：「擺在我們面前的只有一個實驗，而我們的工作就是讓這個實驗跟其他我們已知的物理事實相吻合，而不是跟什麼亂七八糟的憑空想像相吻合。」一個質量最輕的薄水桶對於桶中的水不會有任何可察覺的力的影響，因為沒有引力吸引。但我們若施行一模一樣的水桶實驗，仍會看到水面凹陷。馬赫的評論針對的是牛頓關於絕對時間和絕對運動的結論。馬赫聰明的論點引出了一個更深遠的想法：在非常大的宇宙裡面，容器和水只是其中的兩樣東西，所以相對於宇宙中其他也正在旋轉的物體，或許就不知道該容器實際上正在旋轉。馬赫總結說：「如果把容器側邊的厚度和質量增加到好幾英里，沒有人知道實驗結果會變成如何。」換句話說，桶子的側邊還是有可能是隱藏變量，可以起到重力作用。[6]

馬赫也提出：若水和桶子的質量皆為m，水的速率一開始是$v_1$，最後增加到$v_2$。為了使水的速率增加到$v_2$，需施加一作用力（先不論該力為何），大小為$p=m(v_1-v_2)/t$。測量該作用力的公式當中包含了時間t，也包含了兩速率相對的差。馬赫因此說：「**所有**的質量和**所有**的速度，因而也包括**所有**的力量，都是相對的。」[7]

別忘了，馬赫的《力學的科學》是在牛頓的《原理》出現後兩百年才出版的。但即便是與牛頓同時期的科學家，也對牛頓的絕對時間概念多所批評。

讓我們來想想牛頓是如何利用幾近連續的離散區間，讓數學模型乖乖就範，達成他的目的。他發明的微分和積分就是這樣的例子，在微積分裡我們看到一整塊細條狀的空間和時間的比率，即每一條都是空間間隔除以持續時間，如果這些持續時間的區段長度變成幾近於零，那幾乎就是連續運動了。牛頓的這個發明，使得我們能夠理解連續運動，或至少在數學上可以理解連續運動。不過微積分的數學終究還是一個精采的伎倆，讓我們以為好像已經透徹地理解了時間和運動的連續性。牛頓是透過當持續時間極小的時候離散運動的狀態看起來會是連續的，來處理連續時間與連續運動的問題，但這麼做還是無法打破連續運動的幻相。微積分為我們提供了一個實際的方法，能夠繞過最難纏的問題，不用直接處理到底是什麼原因使運動是連續的。微積分合理化了處理連續性的程序方法，但是並不能讓我們了解式子裡面那些時間的微元素到底是什麼東西。我們可以讓持續時間 Δt 趨近於零，但是真實的持續時間可以趨近於零嗎？數學的美妙之處在於，即便我們（真的）不知道時間是什麼，我們還是能用數學來思考問題。

⁂

牛頓《原理》一書出版的兩個世紀後，法國數學家兼科學哲學家亨利．龐加萊（Henri Poincaré）提出一看法，認為所有測量時間的方法，只要其定義時間的方式能兼顧能量守恆和牛頓的萬有引力定律，都應被視為等同，換言之沒有哪個時間測量的方法比較好或比較差。到了十九世紀末，牛頓定律仍被認為是實驗的真理，且認為時間只是近似值。無論選用何種方法來測量時間，只需要用最方便的方法來測量。

定義時間的方式應該要盡量使力學方程式愈簡單愈好。也就是說，沒有哪個方法會比另一個方法更能測量到正確的時間，人們會普遍採用的計時方法其實就只是比較方便而已。兩支手表之間，我們沒辦法說其中一個的時間是正確的，另一個時間是錯的，我們只能說，如果能按照第一隻表所指示的時間，會比較有利。[8]

廣義相對論的出現將本地時間和宇宙時間區分了開來。本地時鐘直接測量本地時間。宇宙時間除了觀察者在所測量之運動附近觀察到的相對運動外，並沒有任何物理現實，「這是在任意選擇的時空座標系中的**座標時間**（coordinate time）。」[9]

Part 3

# 物理學

絕對空間並不存在，而且我們只能想像相對運動，可是在多數情形下，當我們闡述力學事實時，總是一副有個絕對空間作為參考似的。

絕對時間並不存在。當我們說「兩段時間是相等的」，這句話本身並沒有意義，只有在約定俗成的習慣用語中這句話才有意義。我們不只對兩段時間是否相等沒有直觀的了解，我們對兩個發生在不同地點的事件是否同時發生，也沒有直觀的了解。

—— 龐加萊《科學與假設》（*Science and Hypothesis*）

第8章

# 時鐘是什麼？（超越觀察者的時間）

我父親是個扶手椅哲學家*，他在我十二歲時告訴我一個傳說，他說這世界上只有三個人真正了解愛因斯坦的狹義相對論。這個傳說其實是源自於一則無憑無據的謠言，卻使得該傳說廣為流傳：二十世紀初著名的英國物理學家亞瑟．愛丁頓爵士（Sir Arthur Eddington）曾打趣地問：「誰是那個第三人？」當時我只有十二歲，把父親所說的字字句句都奉為神聖的真理。我相信他所說的每件事情，他曾告訴我襪子會妨礙腳呼吸，而雙腳在夜間需要呼吸，結果我到現在都還沒辦法穿襪子睡覺。也許這就是為什麼，當我開始在大學教授數學物理課程時，第一年所使用的教材就是愛因斯坦一九〇五年的論文〈論運動物體的電動力學〉（Zur Elektrodynamik bewegter Körper）。[1]**選擇這篇論文授課，算是我對父親的反抗，也是一名菜鳥數學教授的勇敢與天真。我和一位物理學者通力合作，用愛因斯坦這篇知名論文的英文譯本共同教授這門課程，我同時也想測試看看，像這樣的課程，大學生修課人數若包括我在內有沒辦法湊到九個人。在短短幾週內，這個只有五名學生的班級就差不多都能吸收理解通篇論文，如同分析路易斯・卡洛爾（Lewis Carroll）《愛麗絲鏡中奇遇》（*Through the Looking-Glass*）的書中邏輯一樣容易。其實愛因斯坦的這篇論文裡面並沒有什麼高深的數學，一個修過高等微積分的大學生就已具備足夠的預備知識理解論文的內容。這篇論文寫得真的很好，優秀的程度堪稱物理界學術論文的範本，所有論文都該像這樣撰寫，資訊量極高的文字敘述穿插在複雜的數學式子之間，但這些數學式子當中，只有幾個跟馬克士威方程組（Maxwell's equations）有關的偏微分（partial derivatives）一定要懂。

這則只有三人懂的傳說，可能跟廣義相對論比較有關聯。愛因斯坦在一九一五年所發表的廣義相對論論文就難懂多了，一般大學生有可能不太能完全理解，不過我也不這麼認為。這則傳說在愛因斯坦的論文被翻譯並編輯成德語之外的其他語言之前可能是事實，該論文的第一個譯本《相對論原理》（*The Principle of Relativity*）在一九二三年業已出版。[2]

但是問題的癥結就在於（同時也可能是我父親所述奇談的根源），相對論的數學很清楚明瞭，不過相對論所隱含的意義以及因之而生的典範轉移，可就一點也不簡單了，其違反直覺的程度遠超出我班上這五位同學可以接受的範圍。問題的核心是，他們的年輕腦袋對時間和空間的了解早已成型，凝固為不可動搖的信念，可是在相對論裡面，時間和空間不再是絕對的，這

* 譯注：沒受過正式的哲學訓練，對世間一切事物自有一套哲理的人。

** 譯注：該論文是愛因斯坦所發表的第一篇狹義相對論的論文。

樣的想法實在是過於瘋狂。**你的基準量尺會隨速度縮短？太奇怪了吧！你的手表會變慢？如果真的是這樣，那測量就毫無意義了啊！科學的存在意義就是立基於測量的準確性，如果相對論是對的，那科學根本就是空的！**諸如此類的想法或許就是那則只有三人懂的傳說會出現的原因。不是因為相對論的論點很難懂，而是因為人們不想接受一個跟自己根深柢固的直覺偏誤如此衝突的理論。我班上的學生被強迫接受一個看起來太荒誕的宇宙。即使他們也知道，邁克生－莫立實驗（Michelson-Morley experiment）已經證明了空間中並沒有以太（ether）的存在，但問題是，要想像以太不存在，其實更困難。以前的物理學家們曾想像以太是一個看不見的介質，光或重力就是經由以太作為媒介傳播。這個理論提供了概念上的功能，使我們能夠想像運動通過以太為介質而得以發生，可是如果這個介質根本不存在，要怎麼想像運動的傳播發生在什麼都沒有的虛空之中呢？這就是讓我們班上的同學困惑的地方。數學上沒有問題，問題在於他們無法想像運動要怎麼發生在虛空之中傳播。

另一個問題是，我們的意識實際上是一個四維世界的三維剖面。我們腦中的現實世界的影像一直都是一張三維的快照再加上時間，其中時間是以恆常不變的穩定速度從一張快照移動到下一張快照。有時生活欣喜雀躍，有時生活無聊透頂，我們就會想像穩定流動的時間出現了扭曲變形，但從經驗中得到的對時鐘與其精準度的了解都告訴我們，這些扭曲純粹只是出於幻想，真實的時間仍是穩定地流動著的。

二十世紀初，所有與以太有關的想法都已被揚棄，可是時間仍然被視為一個不斷流動的**某個東西**，其存在獨立於任何人，與任何觀測者皆無關，是一種絕對、全宇宙皆通用的鐘，可以標記任何移動過的萬物的軌跡，這也就是牛頓的時間。不過這樣的觀念已經永遠地改變了，變成有許多不同的時間，每一個時間都取決於每一個正在移動的物體。甚至那些最稀奇古怪的概念都開始有人相信：以光速移動時，時間會停止；對於光子來說，時間根本不會動；更誇張的是，相對於地球上靜止的觀察者而言，以接近光速旅行的人幾乎不會變老。真是令人匪夷所思。

我們理解相對速度的方式，不是應該跟理解光速（通常表示為c）的方式一樣嗎？如果某人在太空船上，我們暫且稱他為阿波羅船長，他以一半的光速移動，我們應該很自然會認為，他所測量到的光行進的速度會是光速c的一半，也就是$c/2$，對嗎？問題是，阿波羅船長的測量儀的量尺必須縮短，才能讓光速維持在恆定不變的c。這個概念有點違反直覺。以一半的光速移動時，若與太空船靜止之時相比，船長的量尺會變短，他的鐘甚至還會走得比較慢。我們可能會預期阿波羅船長所測到的光速為$c/2$，但如果船長以$c/2$的速度行駛時測量光速，他會發現c仍然是每秒三十萬公里。無論船長的速度為何，無論是從他的角度、從我們的角度，還是從任何人的角度，觀測到的光速一律都是每秒三十萬公里。這個神奇的現象就是狹義相對論的主要標誌。在愛因斯坦出現以前，所有的西方思想對於這樣的概念非常陌生，以至於連要開始想像「時間並不想要有特權，時間並不是絕對的」這個可能性時，都要花上好大一番力氣，進行透徹的反思與理解。不過，在速率很小的範圍內，時間的確是以極為嚴格的精準度在流逝著。

愛因斯坦的理論像一串鑰匙，把層層包圍在根深柢固的直覺偏誤外的數道大門一道道打了開來，這串鑰匙是比他更早的相對論理論家所沒有的。龐加萊在一九〇〇年已經發展出相對運動的原理。赫爾曼・閔考斯基（Hermann Minkowski）的時空理論（將在第十章中詳述）比龐加萊還更早出現。亨德里克・勞侖茲（Hendrik Lorentz）甚至已經推算出長度收縮的數學公式，但是勞侖茲還是相信以太假說，也相信時間膨脹僅是數學上的人工產物，因此錯過了看到這些鑰匙的機會。

時空合一的概念對廣義相對論比對狹義相對論更為關鍵，不過愛因斯坦在一九〇五年發表的狹義相對論的論文中點出了遠端同時性的兩難之處，也就是著名的「時鐘悖論」（clock paradox），該悖論同時也是思想實驗（thought experiment）的範本：兩個在構造和機械設計上都一模一樣的時鐘A和B，運作的方式完全相同。一開始時兩鐘並列，假設B鐘以恆定速度 $v$ 沿一條曲線移動（長度假設一公里），再回到A鐘的旁邊停下來。A鐘在它自己的參考座標系統中記錄到B鐘的旅程共花了 $t$ 秒；而B鐘在它自己的參考座標系統中則記錄到自己的旅程花了 $t'$ 秒。根據B鐘所記錄到的結果，$t'$ 會小於 $t$，而且如果速率 $v$ 很大的話，$t'$ 會**明顯**小於t。即使你現在已經知道相對論的概念，但我們還是很能想像，這樣的想法會多麼深深地衝撞到年輕學子的直覺偏誤。

然而，人類所知覺到的時間，仍是牢牢嵌在絕對時間活生生存在的感覺當中，也就是認為無論在這裡、那裡，甚至在最遙遠的星辰，時間都會滴滴答答不停走著，不管是速度、位置、溫度、氣流，或者甚至是巫師的魔法，都不會對時間造成任何影響。嗯……，或許巫師是例外，巫師可能有能力影響時間。但是人類所感知的時間與相對論的時間並不同，也與物理學家所定義的時間不同。當物理學家們認定速度的定義是距離除以時間時，他們心中所想的時間並不等同於人類所感知的時間。要想知道兩者有何差異，我們只需要檢視一下，當我們移動得比較快、車子開得比較快、工作得比較快時，我們對時間的印象是什麼？我們是怎麼高估了時間的標記？上班快遲到時，如果我們以比速限每小時六十五英里高出十英里的時速行駛十分鐘，我們會以為真的可以省下很多時間。我們以為速度加快就可以把時間縮短，以為可以省下幾分鐘的時間，可是現實卻不是如此。如果我們就物理學家對時間的定義來推算，就會發現只縮短了數十秒。在這個案例裡，實際情況是只省了八十秒。物理學家所定義的時間（對真正的物理學而言，並沒有別種定義時間的方式，這是唯一的一種）和人類所知覺的時間之間，有著天壤之別。

物理學中的時間是什麼？如果我們想回答這個問題，必須先觀察時間的行為，因為要想了解某物是什麼，通常是根據該物的行為來下定義。跟待在地球上相比，以相對於地球非常高的速度旅行時，時間的流逝會慢得多。旅行至遠離地球、重力的吸引遠小於地球的地方，例如國際太空站（位於地球上方四百公里），時間會流逝得比較快。想像一對同卵雙胞胎，其中一位以極高速旅行，而另一位則留在地球上，這就是所謂的時鐘悖論或孿生子悖論（twin paradox）（可以挑你偏好的名稱來用）。二〇一六年，美國的一對雙胞胎太空人將這一悖論化為現實。史考特．凱利（Scott Kelly）在國際太空站上待了三百四十二天，國際太空站相對於地球表面的繞行速度約為每小時兩萬七千公里。他在二〇一六年三月回到家中。根據愛因斯坦的狹義相對論（該理論預測時間會膨脹），史考特的時間應該要比他的雙胞胎哥哥馬克（Mark Kelly，比史考特早六分鐘出生）的時間走的慢。馬克也是太空人，同時也是美國前眾議員嘉貝麗．吉佛茲（Gabrielle Giffords）的丈夫，當他的弟弟史考特在太空中繞著地球旅行時，馬克一直待在地球上。史考特的太空之旅使他每天年輕約二十八微秒，他總共在國際太空站上待了三百四十二天，如果他與跟馬克一起待在地球上，太空站上的史考特會比待在地球上的史考特年輕八點六毫秒。

但你先別急，說不定細胞會因長時間處於極高速旅行而出現某些變化。美國太空總署的研究調查顯示，史考特在太空中待了三百四十二天之後，他的身體細胞出現了一些基因突變。人類在太空中似乎真的會經歷一些生理上的變化，身體當然還是會像一般人一樣變老，但是那些在太空中待了很長時間（將近一年）的太空人必須承受暴露於極度的危險因子之中，包括長期局限在狹小的空間內、與世隔絕、微重力、輻射危害，這些因子都可能會改變基因網路或是其他與免疫相關的生物變量，尤其容易出現分子生理學上的變化。每個染色體的末端都有端粒（telomere），端粒是DNA的重複片段，是由三個必要的核酸鹼基：胸腺嘧啶（thymine）、腺嘌呤（adenine）、鳥嘌呤（guanine）所組成的序列。這些染色體末端的端粒可以保護染色體不被降解，還能防止與鄰近的染色體相互融合。端粒通常會隨著年齡的增長而縮短。[3]當端粒縮短時，其抗輻射、抗環境毒素、抗壓力等有害情緒的保護功能就會減弱。出乎意料的是，史考特的端粒竟然變長了，很可能是因為人類生理的耐受性對那樣的環境極為陌生，於是他的身體產生出具有更長端粒的新細胞，以抵禦太空中惡劣的環境。如果端粒的長度在統計上可以勉強代表一個人的年齡，那麼史考特在太空中的停留時間愈長，他其實會愈年輕！

時間膨脹看起來好像很違反常識。如果兩個雙胞胎相對於對方一直都保持等速的相對運動，那麼兩人應該都會比對方年輕。但因為史考特曾以加速度返回地球，他的座標系曾改變，對稱性於是被打破，因此結果是史考特比較年輕。事實上，就物理學來講，這個現象完全不是一個悖論，一點都沒有自相矛盾之處。兩位雙胞胎都觀察到對方的時間膨脹了，因此兩位看似都比對方更年輕。我們很難透徹地理解且接受時間竟然不是絕對的，原因不僅只是因為物理學家下了定義，透過速度和（或）重力把空間和時間連結在一起；更大的原因是因為，時間膨脹跟我們所認知的生命體老化的自然現象有太深的矛盾。畢竟，當我們以高速旅行時，我們的細胞並沒有在身體裡面加速運動。相對於身體，細胞始終乖乖待在體內沒有亂跑。

我們可以用兩種方式來探討孿生子悖論違反常識的問題。第一個方式是合理地思考宇宙中的時間，而不參雜數學給予我們感官的任何印象。想像我們正坐在一個房間裡面，也許就是你目前所處的房間，然後想著我們在房間裡靜止不動。如果你把視野拉遠，就會知道我們其實不是靜止不動的，而是以高到嚇人的每小時一千六百公里的極高速度在移動，也就是地球表面繞著其極軸旋轉的速度。不僅如此，除了這時速一千六百公里的自旋，地球還以每秒超過三十公里的速度沿著軌道繞太陽公轉！我們壓根沒想到這些事，也完全感覺不到我們正在以這個飛快的速度移動著。就在你讀那最後一段句子時，相對於太陽，你已經移動了一百多公里。但是相對於房間中的任何桌椅，你完全沒有動，除了你身體正常的肌肉動作和閱讀時沿著書頁移動眼睛之外。認知到我們其實很少將自己視為宇宙這個更大世界的一部分，能讓我們對運動相對性的瘋狂之處有多一點的了解，因此也同樣對時間相對性的瘋狂之處能有更多一點的了解。

世界上沒有任何東西可以比**光在真空中行進的速度**更快。當然也有例外，那就是《星艦迷航記》（*Star Trek*）裡的企業號星艦（*Enterprise*），以及其他在非常特別的介質中運行的虛構的太空船。真空中的光速是所有物質運動的速度上限，這個物理事實使我們對時間和空間產生了一些古怪且違反直覺的認識，甚至衍生出一些瘋狂的概念，瘋狂到遠遠超越了人類從過去經驗當中發展出的知識。當你看著一顆球，它的形狀看起來是圓球形；另一個人從不同的移動座標系看同一顆球，他看到的卻是橢圓形；又或另一人迎面站在球相對運動的方向上，球看起來竟然變成扁的。這就引伸出一個問題，即我們所說的「相同」到底是什麼意思？一切都取決於觀察者的參考座標。這是科學的東西，是現象學的東西，而不是人類經驗的東西。儘管從人類經驗的角度來看，時間膨脹與座標變換都很奇怪而且違反直覺，但是時間和空間的相對性還是跟你家牆上的鐘指出的時間一樣真實而無可辯駁。

出人意料的是，時鐘以相對於靜止狀態加速度運動時，並不會對時間有任何影響。時鐘移動的速度是關鍵。當速度變化時，時間膨脹也會隨之變化，但是膨脹的情況僅取決於速度。[4]若由地球上的觀察者來測量，當太空人等速遠離地球時，她持續時間的長度會縮短。但是當她返還降落到地球上時，地球上的觀測者若測量她的持續時間，會發現長度並沒有變，只是同一位太空人變年輕了。[5]

了解愛因斯坦的孿生子悖論的方法，是要去注意我們這些立意良善的物理學家們在定義時間的同時，也將我們原本對時間為何的概念逼到了牆角，進退不得。我們一直以為，美好的人類時間等同於物理的時間，但事實卻不是如此。數學總是可以給我們普世的真理，卻是以抽象化的方式呈現現實世界。歐幾里得的幾何學（以下簡稱歐氏幾何）很好用——至少在局部平坦的空間中是如此。歐氏幾何在過去、現在、未來都會一直是真實的，因為歐氏幾何所根據的是常識性的假定，而所有想用歐式類型的幾何學理論作抽象理論的推演引伸或者是用來構建現實世界模型的人，都必須普遍同意歐幾里得的假定。歐氏幾何可以應用在真實的世界，但只能拿來應用。它沒有辦法告訴我們現實世界的所有小細節，這些小細節在你意想不到的地方可能會成功突襲先前已確立的數學模型，使得這些數學模型不再能解釋所有的情況，彎曲空間的非歐幾里得概念便是一例。如果我們深入、深入、**再深入**地檢視這些小細節，就會在更深的地方找到意想不到的東西。這並不代表所有理論與模型都是錯誤的或是不正確的；而是有一些新的角度出現了，一些在較淺的層次上並不需要的新的變量出現了。這就是為什麼速率的定義和人類的時間觀之間看起來出現了衝突。速率的定義在相對低速的情況下，距離和時間之間是有關聯的；人類的時間觀並不那麼嚴謹，很容易就被物理學家的方程式逼到牆角，儘管只是簡單的時鐘就可以測量的時間。

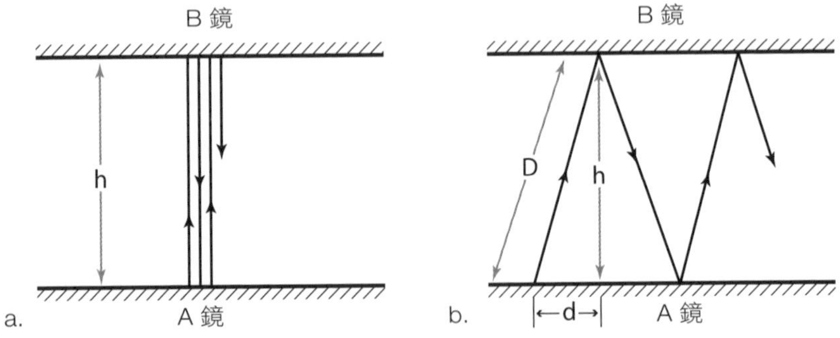


【圖7】(a) 靜止的時鐘和 (b) 移動中的時鐘

時鐘一定要能夠計數。時鐘一定要能將一段段的時間轉換為可以計數且離散的東西，例如滴答聲。一個可能的模型表示如下：想像兩面平行的鏡子（A鏡和B鏡），兩鏡之間有光束來回反射，如圖所示。這時我們只需要再加上一個可以將光束來回反射算作滴答聲的東西，就可以把這個裝置變成一個時鐘。一個相對於鏡子靜止的觀察者要做的就只是記錄光束從一面鏡子移到另一面鏡子所需的時間。但是，如果這個鏡子時鐘會以某速度向右移動，那麼靜止的觀察者將看到光束的路徑變成鋸齒狀（圖7b）。從幾何圖中可以看到，當時鐘會移動時，光必須走更遠的距離才能從一面鏡子抵達另一面鏡子。但因為真空中的光速是恆定的，因此光束需要花更長的時間才能完成一次的來回反射。[6]

因此，**啊哈**，至少從物理學的角度來看，這可能代表時間只是個幻象，時間取決於觀察者，根本沒有什麼獨一無二的事物可以讓我們叫做「時間」（time）並標記為t。或許我們該把時間想作是複數形式的times。我們可以有一些轉換公式，用來知道各地的時間為何。我們可以看著村子裡的鐘，然後想著：**是的，那座時鐘正在告訴我什麼時間要出現在哪、做什麼事，但也就僅止於此**。那座鐘只是我用來安排一天時間的工具而已。

有人可能會說：等等！**兩面鏡子的距離可能非常長，長到光束看起來只是上下移動，並沒**

**有實際對準反射鏡上任何特定的點**。若鏡子間的長度是無限長，那麼無論是靜止或移動中的觀察者都不會察覺到鏡子在移動。但如果一個靜止的觀察者擁有驚人的如上帝般銳利的視力，可以看到光束移動的全貌，他或她仍會發現光束是以鋸齒狀的模式在鏡子之間移動著。那麼一般視力的人看到的光束會是什麼樣子呢？最好的描述方法是想像某人在運球的同時一邊移動。運球的人所看到的球的軌跡是垂直於地板的上下彈跳，但站在旁邊不動的人看到的球的軌跡卻是波浪狀的。站著不動的人並不會看到鋸齒狀的波浪軌跡，因為球的速度會隨著球與地面的距離而不斷變化。球剛離手時會加速，接著球碰到地板；當球的表面接觸到地板的表面時，球會很快減速；當球略微變形並速度降至零時，球和地板都從球接收到能量；球和地板都迅速彈回原形，將能量償還給球，於是球再加速回到球員的手中。機械鐘也是根據類似的運轉機制設計的，鐘裡的擒縱裝置在每次手碰球和球從地板回彈時都會同時送出與接收一些能量。

愛因斯坦的「相對論原理」是以幾個數學模型為基礎發展的理論，而非基於已定形、可被純數學驗證的定律。愛因斯坦提出相對論的目的是要作為歐氏幾何裡標準直角座標系（Cartesian coordinates）的運動假說，他同時也假設牛頓的運動定律是適用的。如果要描述在上述座標系中以某點為中心的物質運動，通常會將該物質的座標值定義為時間變量t的函數。也就是說，某個在三維的x－y－z空間中移動的物質，其座標將會表示為三個一組隨時間變化的距離變量，亦即該物在時間t的座標將表示為x(t)、y(t)、z(t)。關於這一點，愛因斯坦很清楚地告訴我們一件事情，同時也是大多數大學生在使用時間作為參數時並沒有考慮到的：「除非我們非常清楚我們所理解的『時間』是什麼，否則像這樣的數學描述實際上並沒有物理意義。」[7]如果沒有清楚的理解，當我們透過時間的參數方程式的角度來觀察運動時，我們所做的一切，充其量就只是在處理一個跟物理學或形上學根本無關的抽象概念。如果不去探討問題的根源，我們就遺漏了數學式子在描述真實世界中的真實運動時最關鍵的一點，當我們想到時間的時候，必須考慮到這一點。也就是說，不是只把時間想成一個不具物理意義的變量t，而是要想到時間本質上究竟是什麼。我們必須從比較同時事件（comparative simultaneous events）的脈絡來思考時間。

我們可以毫不猶豫就接受運動是相對的。看著兩輛汽車，一輛黑色一輛白色，各自以每小時五十英里的速度並排行駛。如果忽略道路和背景，你會看到兩車以每小時五十英里的相同速度行駛著。對兩車的駕駛而言，他們相對於彼此，看到的對方都是不動的。如果黑色汽車以每小時六十英里的速度行駛，那麼白車的駕駛員看黑車，會覺得黑車是以每小時十英里的速度在相對移動。在火車上，引擎聲離乘客的車廂很遠，這種相對運動的感覺會被放大。慢速行駛的火車安靜且平穩地移動著。當我們坐在靜止的火車上看著窗外平行軌道上的另一列火車時，我們會感到一種迷茫而錯亂的相對感。當看著的那輛火車從靜止開始啟動，接著緩慢行駛之時，我們雖然知道自己沒有在動，卻覺得自己在動，於是有一種怪怪的感覺。

如果我們所處的參考座標系是與外界隔絕的，我們便無法得知自己身處於哪個參考座標系。因此，在推論物理定律時，任意一個座標系跟另一個座標系都一樣好，沒有孰優孰劣的問題。

不過我們還是有一個疑問：時間測量的同時性。一個人的現在跟另一個人的現在是一樣的嗎？一個時鐘的時間與另一個與之相隔一段距離的時鐘的時間是一樣的嗎？

## 楔子：國際太空站上的時間

麥可．羅培茲－阿萊格里亞（Michael López-Alegría）曾執行過三次國際太空站（International Space Station）的任務，也是國際太空站第十四次遠征（Expedition 14）的指揮官，該次航行是二〇〇六年，從哈薩克發射，使用的是聯盟號宇宙飛船（Soyuz）。我問他航行前往國際太空站以及在那兒待上七個月時，他的時間感為何，我猜想他剛到太空站一定是興奮到腎上腺素大爆發，睡不著覺。

「當我駕駛一般太空梭航行時，我花了四十八小時才抵達太空站，但是聯盟號只花了六個小時。我在一般太空梭上並沒有想到時間的問題。不過，對呀，我在聯盟號上就有想到時間。在一般太空梭上我們忙到沒空去想時間，整趟航程我的心思完全放在工作的各項細節上，像是太空梭的儀器設備或領航等等。聯盟號就不同了，它是一個簡易版的太空船，裡頭沒有什麼東西，也沒有太多工作要做，所以聯盟號上的時間走得比較慢。當然興奮指數還是很高，進入太空帶來的快感會讓你整個心思都在那上面。腎上腺素分泌得很快，所以即便在聯盟號裡會有一點點無聊，你也不太常會想到時間。」

羅培茲－阿萊格里亞在國際太空站上從二〇〇六年九月十八日一直待到二〇〇七年四月二十一日，也就是兩百一十五天，算是遠離地球滿長的一段時間。如果我們把國際太空站繞地球一圈的週期算作九十分鐘，那麼兩百一十五個地球日就相當於太空站上六千八百八十次的晝夜交替。[1]在跟羅培茲－阿萊格里亞談話之前，我以為太空站上的生活必定會嚴重干擾生理時鐘的晝夜節律，也會混亂了褪黑激素的生成週期。甚至於即便在太空站上建立了新的生活作息和規律後，生理時鐘還是會不平衡。羅培茲－阿萊格里亞糾正了我的想法。在太空站上，太空人過的一直都是格林威治標準時間。燈會在「白天」一直開著，在「晚上」會關掉。如果你從太空站舷窗的窗戶往外看，你會看到太空站每隔四十五分鐘就會穿越過地球的黃昏或黎明，但這對太空站裡面的人而言完全沒有任何影響。太空人對於白天和黑夜的感覺就是照著格林威治標準時間在走，完完全全不受國際太空站的位置決定。因此對於羅培茲－阿萊格里亞來說，晝夜

第9章

# 同步的時鐘（校準的時間）

一八九八年，也就是愛因斯坦開創之作狹義相對論問世的七年前，龐加萊發表了一篇關鍵的重要論文《時間的度量》（*La mesure du temps*），在文中問道：「什麼是同時性？」並指出無論同時性究竟是什麼，都必須加以定義，而且同時性必須是相對於個人角度的。[1] 龐加萊的這番言論等於是抨擊了古老哲學中倚靠直覺感知時間的論點，他的想法同時也是一種相對論的概念，非常接近愛因斯坦在幾年後的發現，也就是解答同時性問題的線索在於時間在兩地之間的傳遞。

儘管我們不太清楚愛因斯坦是否曾讀過《時間的度量》一文，但顯然他曾讀過龐加萊的一些論文。在他寫給好友米給雷．貝索（Michele Besso）的信中，便曾提到：「我在伯恩的時候，有定期的哲學閱讀與討論之夜……閱讀休謨（Hume）、龐加萊和馬赫的文章對我的生涯發展有一定的影響。」[2]

在《愛因斯坦的鐘表、龐加萊的地圖：時間的帝國》（*Einstein's Clocks, Poincaré's Maps: Empires of Time*）一書中，美國物理學家同時也是物理歷史學家的彼得．加里森（Peter Galison）

提出了一個疑問：二十世紀初的世紀之交具備了什麼樣的時空背景，使得愛因斯坦和龐加萊在思考同時性的問題時，竟然是以利用電磁信號來協調時鐘的角度為出發點？這個問題的部分答案，加里森寫在這段略顯沉悶的段落中：

> 每隔一段非常長的時間，就會出現一現象：我們不再能在過往的技術、科學或哲學等壁壘分明的框架下理解新的科學技術的典範轉移。一八六〇年以後的半個世紀中，時間的協調並非以緩慢、一致的步調從技術領域昇華到更加純粹的科學和哲學領域。時間同步的概念也並非源於純粹的思想領域隨後再具體化為機器和工廠的物件與動作。[3]

愛因斯坦在一九〇五年的論文當中使用時間作為變量，但並未定義時間。除了將時間命名為字母 t 以外，時間的定義在哪裡？愛因斯坦在他的〈論運動物體的電動力學〉論文中寫道：如果我們要描述一個物質點的運動，那麼其座標值必須以時間的函數表示之，而且「我們必須考慮一個事實，時間在我們的觀念中扮演了一定的角色，而我們的觀念一直都是同步的觀念。」[4]這當然不是定義。定義深埋其中，而且看起來是個類定義，只有從時間座標與三個空間座標如鎖頭般鏈接在一起之後才看得出來。而鎖頭裡的鎖心就是光速 c，光速 c 不只將空間單位與時間單位連結在一起，而且 $c$ 在真空中是恆定的。空間與時間連結的結果，便是時間不管做什麼都會影響到空間，空間不管做什麼也都會影響到時間。愛因斯坦於是舉了一個例子試著加強他的這個時間的類定義：假設當他在車站時，手表上的指針顯示七點整，而有一輛火車在七點整到達，那麼火車的抵達和他手表上指針所指的位置在那個時刻就是同步的。也就是說，他把時間替換為時鐘的指針所讀出的數字，但這個時間僅適用於該時鐘所在的空間座標，並不適用於距離時鐘有點遠的地方。

愛因斯坦可能認為他舉這個例子就可以規避掉定義時間時會遭遇到的困難。問題在於（是的，愛因斯坦也知道該問題的存在），要協調相距甚遠之兩地的時間，會需要觀察者。如果讓觀察者穿越虛空，觀察和測定兩個車站發出的訊號，會很難辦到。好在我們可以假設所觀察的兩個車站都是靜止的（即觀察者和被觀察的標的都靜止不動），如此一來，定義就能被大幅地放寬。一個觀察者在A地記錄下時間 $t_A$，該時間由位在其鄰近範圍內的一座時鐘的指針讀出。而在遙遠的B地則有另一個時鐘，這座鐘跟位在A地的時鐘一模一樣，B地的觀察者將記錄下B地附近所發生之事件的時間 $t_B$。再將這兩個時間 $t_A$ 和 $t_B$ 相互比較。

有辦法知道A地和B地皆能通用的時間嗎？要定義這樣一個通用時間，必須要有方法能夠測量光從A地傳播到B地會經過多少時間，且測量的結果必須跟測量光從B地傳播到A地所經過的時間相等。因此，假設一束光在時間為 $t_A$ 時，從A地發出，到達B地，在時間為 $t_B$

時折返，向A地往回走，並在時間為$t_{A'}$時返抵A地。由此，我們就得到了一個同步的定義，或者至少是兩個時鐘怎樣算是同步的概念：若$t_B - t_A = t_{A'} - t_B$，則兩個時鐘為同步。奇特的是，這個看起來迂迴的時鐘同步的定義，卻是物理學中定義時間的最佳方法。注意，這個定義是有循環性的，因為它假定在A地和B地所進行的測量已經了解時間本身是什麼。「因此，」愛因斯坦這麼寫道，「在某些物理經驗的幫助下，當我們說不同的車站裡有靜止的時鐘，且彼此同步，這時我們已經確立了那是什麼意思；我們因此有了同步性和時間的定義。」[5]不過，愛因斯坦所說的「物理經驗」（physical experiences）是什麼呢？他所指的應該不是哲學家康德談及的時間的本能經驗（instinctual experience of time），即經由我們與生俱來的感官認知所喚醒的先驗知識，而感官認知則是擷取自我們所有的經驗並加以概念化而成的直覺。相反地，我相信愛因斯坦使用「物理經驗」一詞，是要代表時鐘指針的功能以及光的傳播速度。

由此，我們已經給時間下了定義，或至少是已經給物理學中的時間下了定義。靜止系統中事件的**時間**是以位於該事件附近的靜止時鐘的讀數為標準，且該時鐘與某特定的靜止時鐘同步。愛因斯坦更進一步假設真空中的光速是一個普世皆然的常數，其定義為$c = 2d / (t_{A'} - t_A)$，其中d是A地和B地間的距離。

假設我們觀察一根長桿，靜止時測量到的長桿長度為$\ell$。將兩個在靜止系統中靜止且同步的時鐘放置在長桿的兩端，姑且稱做A端和B端，一鐘固定在A端，另一鐘固定在B端。在

A端上安置一名觀察者，在B端也安置一名觀察者，這麼一來每個時鐘和末端都有一名觀察者。然後我們再想像另一個類似的配置，但這次的長桿是以速度v在移動，相對於一靜止座標系，長桿是以恆定的速度往x數值增加的方向移動。如同前一個例子，$t_{A'}$是光線在時間為$t_A$時從A端發出，在時間$t_B$到達B端之後反射回到A端的時間。接著假設對於所有觀察者來說，真空中的光速$c$是恆定的，那麼對那些長桿看起來有在移動的觀察者而言，他們會發現$t_B - t_A = \ell/(c-v)$，且$t_{A'} - t_B = \ell/(c+v)$；[6]而由於$t_B - t_A \neq t_{A'} - t_B$，因此兩個移動中的時鐘在他們的座標系中便不同步。但是對於那些跟著長桿和時鐘一同移動的觀察者而言，從他們的角度來看，$v=0$，因此會認為兩個時鐘是同步的。這就代表「絕對的同時性」這個概念根本不存在，因此「絕對的時間」也不存在。正如我們先前曾提到的，這樣的想法非常背離直覺，唐突而強烈。

愛因斯坦的時間是數學的時間，而不是陪伴著人類成長的那個時間，後者也就是一生中所發生的大小事與地球的公轉自轉同步的時間。人類是透過太陽在天空中的位置、人們的期望、關心和記憶在經驗生命。就某種意義上來說，同步就是時間。我們所認識的時鐘是一個度規，能測量我們所經驗的一天，同時也是對日積月累的事件的記憶做出定序的度規（即便我們常常搞混這些值得記憶的事件當初發生的先後順序）。愛因斯坦認為他已經用靜止系統中的靜止時鐘有效地解決了時間定義的問題。[7]也就是說，時間本身並沒有真正被定義，但事件的時間有明確的定義。事件的時間是該事件與一靜止時鐘的事件彼此的同步，且該靜止時鐘又與某特定議了，而這就是他們的理解力崩潰的地方。他們的想法深植於早已建立的確認偏誤，而這樣的偏誤是源於我們對環境的印象，認為萬物遵循的是歐幾里得式的性質，亦即世界彷彿只是一部大機器，由相互連結的齒輪、滑輪和槓桿所組成，推動其運轉的則是某種形而上的驅動力。但這就是抽象的本質。物理學在建構描述真實世界的理論模型時，就好像把模型中的數學式子視為樂高工程玩具組，為了指出抽象的真相，可以對模型的各個部位重新構圖和配置，而這些抽象的真相會反映出我們對於所生活之現實世界的深刻洞見。有些時候，這個數學模型只需以高中數理水準為基礎搭建鷹架便能完成。

正如在他之前的牛頓，愛因斯坦定義時間的方式是以時鐘測量那無從定義且我們稱之為時間的東西，他未曾真正用過其他方式定義時間。那個在速度和重力的影響下會變慢的，到底是時間還是時鐘？這是個值得思考的問題。似乎，時鐘本身就定義了時間。我會這麼說，想點出的是：時鐘是一個以完全均速、一致、不間斷的方式滴滴答答前進到下一個單位的計數器，它取決於其所處位置以及其移動的速度，而這個稱為時鐘的計數器似乎就是定義了時間。但我們現在確實知道了物理學家的時間觀為何，也就是一座取決於其速度、位置和觀察者的時鐘。它能告訴我們有關過去、現在和未來的任何事嗎？不能！根據愛因斯坦的說法，「像我們這樣相信物理學的人，就會知道過去、現在、未來之間的區別只是一個執迷不悟的錯覺。」[8]

只是一個錯覺？愛因斯坦在這裡指的什麼？他在這裡不是在講時間，他所說的是，過去、現在、未來的分野是源於人類對時間的錯覺。他的言下之意可能是，過去、現在、未來正在一起發生，這三者不可能在不同的時間發生。他也可能是在暗指，由於同時性是相對的，一個事件可能發生在某人的未來，卻是發生在另一人的過去。有任何一位「現在」正在閱讀本書的讀者可以跟世界另一端的某人比較一下，同一個「現在」，兩地正在發生什麼事嗎？不能，因為從現在跨越到過去的那個瞬間，「現在」已經來了又走。但也可能，現在和過去是記憶點燃的錯覺，也或許未來是由我們自己的恐懼和希望所激起的。也許現在——那個難以言喻的極小瞬間，那個我們想像的、在數學化的時間軸上的一個點——純粹只是我們覺知的一個無限小快照，純粹只是意識在告訴自己我們還活著。未來對我們來說可能是取決於個人的生存本能，但現在是眼前這個點亮了意識的時刻，我們因而能看到自己從何而來，往何處去。在每個我們醒著、能自由思考的時刻，想法、接收到的刺激和感覺都綁在一起，成了腦中狡猾、複雜的那個部分。

愛因斯坦在寫給他的好友貝索的信中提到，過去與未來會出現區別，其實只是人類的錯覺，以下是他的理由：UDF 2457是位在銀河系另一端的紅矮星，UDF 2457的「現在」是什麼？如果我們用地球的時間去想它的「現在」，它的「現在」其實發生在大約五萬九千年前。這個想法讓我們腦袋打結，因為我們連UDF 2457的時間跟我們的時間之間的同時性都搞不清楚。其實不需要想到那麼遠，只需要從紐約打個電話到東京，你可能以為你正在跟某人說話，而且他或她的「現在」跟你的「現在」一模一樣，但事實並非如此。我所指的並不是紐約當地時間和東京當地時間之間的時差。我們知道時間取決於速度和重力，而且已經知道這個事實超過一個世紀了。依據這個物理事實，由於紐約和東京有不一樣的速度和重力，因此你和你在東京的交談對象之間，在時間上有非常小的差距，不超過一微秒。但東京和紐約這兩個地方因為碰巧都在地球上，所以某種意義上，時間是連在一起的。UDF 2457並沒有跟地球連在一起，而且它正以非常快的速度相對於地球移動。因此，它的「現在」的那一瞬間與我們的「現在」瞬間大不相同。「現在」瞬間是很個人的，你的現在瞬間就跟坐在你旁邊的人的現在瞬間不一樣。這看起來像是一種瘋狂、非現實、哲學性的思想衝擊，讓我們的腦袋打結，但卻是真實的。

我們能從相對論當中學到哪些關於時間的事情？我們知道光速對所有觀察者都必須是相等的，也知道任何有質量的物體都不能比真空中的光速快。[9] 相對論並不排除其他「東西」可以比光速更快。例如，能量傳遞和因果法則便不受任何速度的限制。以量子物理學家所謂的**單態**（singlet state）中的電子和正電子為例：兩個源自單一電荷和單一量子事件的粒子，其中之一為帶負電的電子，另一個為相對應的帶相反電荷的正電子，兩者以淨角動量為零的條件連結在一起。這兩個「東西」可以往不同的方向運動，在很短的時間內就相隔數百萬公里遠。但是不管這顆電子在哪裡，只要我們一測量該電子的自旋，這個測量就會立即改變相對應的正電子的自旋，即便該正電子是位在地球的另一端。你可能會好奇電子是怎麼如此快速地傳送即時訊息給遠在千里之外的正電子。這個現象發生的速度可是比光速還要快上無限倍！看來，兩個粒子即使不在鄰近區域內似乎還是存在著某種形式的同步運作機制。愛因斯坦知道這個現在稱做量子糾纏（quantum entanglement）的理論，他對該理論抱持著懷疑的態度，說道：「物理學應該要呈現時間和空間的現實，而不糾結於詭異的遠距作用。」[10]令人驚訝的地方在於，這當中有訊息的交換，至少是量子訊息的交換，但並沒有任何能量轉移。這就是我們很難理解的地方。當我們質疑這個訊息的性質為何時，我們得不到任何可以理解的答案，或至少對於擅長用古典推理方式來理解物理學和因果關係的人來說，得不到任何能夠理解的訊息。在推理過程的某個階段，我們必須問自己，兩個遠距的元素之間是否可能存在著任何相互連接的現象，使得他們之間信號傳播的速度可以比光速快。如果是可能的，我們就必須重新思考同步的含義，因而也要重新思考時間的含義。但我們不是量子粒子！

於是，問題本身受到了質疑。我們或許並不真正知道時間是什麼，但是無論時間到底是什麼，我們確實知道測量時間流逝的方法。當物理學家在式子當中使用t，發現了各種跟t的相對性有關的稀奇古怪的事情時，他們真正想表達的是：你可以選你自己喜歡的單位來測量時間，我們可以把這個量測的數值稱為t，無論t為何，我們都有將t跟運動連結起來的數學公式，這些公式能夠告訴我們所有這些稀奇古怪的事情都會發生。我們不在乎你是怎麼量測出公式裡的t，它可以是一國之君的脈搏，也可以是節拍器的拍子，無論t是什麼，物理學都會得出相同的結果。

## 楔子：另一種國際太空站上的時間

我採訪了歐洲太空總署（European Space Agency）的義大利籍太空人薩曼塔．克里斯托福雷蒂（Samantha Cristoforetti），從她那頭聽到的故事跟羅培茲－阿萊格里亞的版本不太一樣。她也是乘坐聯盟號宇宙飛船抵達國際太空站，她所搭乘的聯盟號於二〇一四年自哈薩克南部的拜科努爾（Baikonur）發射，薩曼塔總共在太空站上停留了六個半月。

「我的生理時鐘很頑強，」薩曼塔這麼告訴我：「聯盟號發射時間是凌晨兩點，而對接太空站的停泊時間原訂會是至少六個小時以後。即便當時我的腎上腺素不斷湧出，但有的時候我還是要很努力的試著保持清醒，才能讓自己不會睡著。整段航程期間我都在適應無重力。當聯盟號繞著地球運行、試著追上國際太空站時，我非常警醒地注視著電腦。」

「你是怎麼適應在國際太空站上的生活的？」

「正如我說的，我非常好睡，而且我在國際太空站上分配到的睡眠環境很舒適。不過頭幾個晚上比較不一樣，那幾天我的生理時鐘是關掉的，但之後我就可以在指定的睡眠時間入眠了。在國際太空站待上一個月後，往回看，覺得自己已經在太空站上待了更長的時間，感覺我在地球上的生活好像已經離我很遙遠。」

我問她，局限在一個狹小的空間裡面對於時間流逝的感覺是否會有任何影響，但是她認為並沒有局促的感覺。在地球上的房間中，你只能在兩個維度上移動，也就是只能沿著地板走。太空站內的房間是三維的，你不會只局限在兩個維度上移動，所以會覺得空間很大。我靈魂中的那位數學家從不曾考慮過移動的第三個維度，也從沒想過這額外的維度會為肢體活動帶來新的舒適感。我採訪過的所有曾在外太空待上一段時間的太空人多半都有類似的體驗，這點與長途卡車司機們的故事不同，司機們多半有迥然各異的經驗。

第10章

# 合而為一的大一統（時空）

一九〇七年，德國數學家赫爾曼．閔考斯基發展出四維時空的幾何表述方法。他在一九〇八年九月二十一日對自然哲學家大會（Congress of Natural Philosophers）的與會者發表演說時說道：「從今以後，獨立的空間和獨立的時間將完全縮減為僅只是幻影，只有兩者合一，才能保有獨立性。」[1]他認為時空的合一將原本固定的時間與空間解放出來，連結到他的四維時空的幾何表述，空間和時間在物理學中不再是兩個分立的個體；時空被認為是融合在一起，形成一個不可分割的整體。在往後的理論發展中，重力在時空的四維幾何裡扮演了重要的角色，而時空合一在這上頭就發揮了關鍵作用，賦予其因果關係的物理意義。

「我們所覺知的任何事物，」他接著說：「都是和時間與地點連結在一起的。你不可能不在某一特定時間觀察到一地點，也不可能不在某一特定地點觀察到一時間。但我還是尊重時間和空間獨立存在的說法。」[2]閔考斯基的世界是一個單一世界的流形系統（one-world manifold system）*，當中包含 x、y、z、t 所有可能的數值，可以對宇宙中發生的一切現象進行抽象

* 譯注：與單一世界相對的是多世界系統，即認為存在多個平行宇宙。

的描述。在每個時間點和每個地點，某事或某物都會發生可察覺的變化。符號 dt 為持續時間的微元素（即非常短的時間間隔），與 dt 相對應的空間的微元素則為 dx、dy、dz，三者在各自的三個維度上延展。如此，我們就能描繪出在四維世界中，點（x,y,z）的生命曲線圖。閔考斯基寫道：「整個世界放在這樣的世界（曲線）中，似乎就都能解決了。而且就我的觀點而言，我會預期各個物理定律可以透過這些世界（曲線）之間的相互關聯，找到最完美的表達方式。」[3]時間與空間之間的連結來自於一個不證自明的認知，即 dx、dy、dz 和 dt 並不是獨立的，而是由物理學家勞侖茲的長度收縮方程式連結在一起，接著，再加上物理學界公認任何物質點的速度 v 都不能大於真空中的光速 c，於是推導出 dx、dy、dz 和 dt 的關係必須嚴格遵守 $c^2dt^2-dx^2-dy^2-dz^2>0$ 的不等式。[4]這個不等式的條件將時間維度和空間維度連結了起來，兩種維度以相反的正負號區別開來。於是乎，儘管三個空間座標之間可以視為是各自獨立的，但是時間座標卻享有跟這三個空間座標都有連結的關係。

閔考斯基時空概念的魔法在於，真空中的光速是恆定的。這可能也是我們覺得很難理解時間是什麼的原因（倘若時間真的是「什麼」的話）。幾何座標系統通常不會讓單位攪混在一起，因此時空的概念在某種意義上來說是有矛盾的。前三個單位是距離的單位，而第四個單位看起來好像是時間單位。不過，我們當然也可以把時間單位轉換為距離單位，就能解決這個問題。由於真空中的光速是恆定的，我們可以很容易將任何時間單位轉換為光年、光分或光秒等長度單位。一光年是光在一年之間傳播的距離。如果你向一公里外的餐廳預訂了今晚七點的座位，那麼你也可以說，你預約的餐廳距離這裡〇點〇〇〇〇〇四〇二六二四光秒。當然這種講法如果用在預訂餐廳上頭聽起來滿愚蠢的，但若是作為天文距離的度量，則會非常方便好用，因為光在短短的一秒鐘內就能傳播三十萬公里。

如果這個典範轉移是一場大地震，那麼位在斷層線上的，就是理解到儘管時間和空間分開看並不獨立，但兩者合一後的時空間隔（space-time interval）卻是絕對的，與觀察者無關、獨立於觀察者。這也代表兩個彼此接近或彼此遠離的觀察者可能會對時間得出不同的結論，也會對事件何時發生，是未來將發生還是過去已發生得出不同的結論。

於是乎，物質的宇宙在其全部的四個維度上都變成了完全的空間化。美國聖約翰學院（St. John's College）的古典學者伊娃・布蘭恩（Eva Brann）曾說：「世界變成是絕對的、一部『早已寫好的』劇本，觀察者飄蕩於知覺的時刻之中，每個瞬間從一個知覺的時刻游移到下一個知覺的時刻，觀察者所經驗到的是『成為』（Becoming），但實際上是他與『存在』（Being）的交匯。[5]」於是我們發現，每個人類觀察者都沿著他或她的個人的世界線前進。追根究柢，一切都成了幾何學，該字的英文 geometry 是一個混合的詞，字源的意思是地球*，但它的含義卻延

* 譯注：「geo」的意思是地球，「metry」是丈量。

伸穿透至人類想像的整個宇宙。

我們來想像一下閔考斯基的時空世界，就會看到任何觀察者當下時刻的此時此地是位在該座標系的原點。時空的幾何圖給我們的是一個以當下的「此時」為中心的圓錐體，一側開向未來，另一側向著過去。

想像力讓我們走得更遠。不過我們得先暫且將四維縮減為三維，才有辦法將四維的閔考斯基時空世界視覺化。想像一個二維平面上有光源從其原點發射出來，在三個維度上傳播，而第三個維度是時間座標t。由於光對於往哪個方向走並沒有特別的偏好，而且因為公認光速是恆定的，因此會同時在三個維度上往所有的方向行進。在任一特定時間t，光會填滿一整個圓圈。[6]因此光的行進會在三維的時空中填出一個圓錐，隨t增加的是向前的運動，隨負t增加的則是向後的運動。

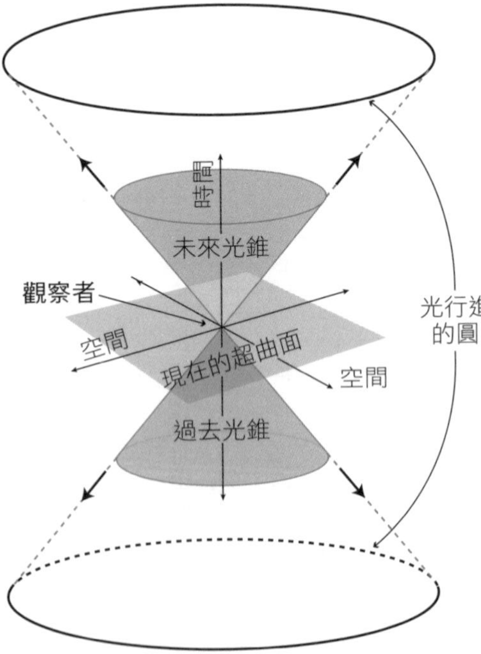


【圖8】過去、現在、未來的光錐

根據這個時空的描述，再加上廣義相對論（將狹義相對論加以擴充，把重力也包括進去），就出現了宇宙結構中存在黑洞的預測。黑洞並不是時空中有限重物所產生的平滑凹陷的區域，更確切的說，黑洞是時空中平滑但急劇彎曲的區域，有很強的重力，強到任何東西都無法逃離——物質、光線皆如此，甚至連時間都無法逃逸。黑洞附近的重力是如此之強，甚至會將範圍內的所有物體都吸進去。在黑洞裡面，現在是永恆的——沒有過去，沒有未來。若你靠近一個黑洞，你必須移動得愈來愈快，才能逃離黑洞愈來愈強大的重力。就在此書撰寫之際，科學家們有史以來第一次拍下超大質量黑洞（supermassive black hole）的照片*，這個黑洞的位置在銀河系M87（距地球五千五百萬光年）的中心。[7] 目前全世界有十幾支無線電望遠鏡正對著無垠的宇宙尋找黑洞的存在，誰知道接下來我們還會找到什麼呢？

## 楔子：一次有趣的對談

在每個談到相對論的大二物理學課程中，孿生子悖論（實際上根本不是悖論）似乎是必教的內容，因為它總是能吸引眾人的目光，是很好的開場白。於是我們也在課堂上討論了該悖

＊譯注：最大的一種黑洞，質量為太陽的百萬倍以上，一般認為幾乎所有星系的中心都有一個超大質量黑洞。

論，這個狹義相對論的假想實驗裡有一對同卵雙胞胎，其中一人是太空人，在太空中漫遊，當他返回地球後，卻發現他的雙胞胎兄弟比他還要老。第八章裡提到的太空人雙胞胎史考特和馬克將這個悖論的故事化為現實。很快地，我們的討論從探討雙胞胎的年齡轉到了太空人在離開銀河系的航程期間在想些什麼。我的一位學生要我想像，如果他自己是一名執行太空任務的太空人，以光速的一半飛行，花了五十年到達他現在所處的位置。

「這是什麼意思？」這位學生問。

「什麼是什麼意思？」

「五十年是什麼意思。我的手表說時間已經過了五十年。如果我回頭看地球，計算地球繞太陽轉了幾圈，這個次數會是五十。我的意思是，當我正以這麼高的速度移動，地球並不會因為我而減慢它繞日公轉的速度。地球可能以某速度繞著太陽公轉，也可能不是。那我要怎麼看待地球上時間的變化呢？」

我得稍微想一下如何回答這個問題。這是個很棒的觀察，給了我一個絕佳機會可以進一步解釋當物理學家說「時間取決於觀察者」時，到底是什麼意思。

「是的，」我說。「你看到的地球繞太陽行進的速度會比地球上的人看到的要慢。對你而言，地球繞太陽轉的圈數會比地球上所經歷的年頭要少！」

「這代表我會影響其他地方所發生的事情！」

「你『看起來』會影響其他地方所發生的事情，但事實並非如此。地球上的人們看到的會跟你看到的不盡相同。而這就是整部相對論的重點。」

「是什麼讓我看到的不一樣？」

「你正以驚人的高速旅行，對嗎？」

「對，每秒十五萬公里！」（他看似有想通他的問題。）

有幾個方法可以回答學生的這個問題。我開始用粉筆在黑板上寫著：若從地球上人們的角度來看，某事件的時間間隔是 $\Delta t'$，而若從他的角度來看，時間間隔則是 $\Delta t$，兩者的關係是 $\Delta t'=\Delta t/\sqrt{1-(v^2/c^2)}$。因此當他以想像中的一半光速旅行時，$\Delta t'=2\Delta t/\sqrt{3}$。也就是說，從地球人的角度來看，$\Delta t'>\Delta t$。但這還未說明全部的原因。

我接著說：「你可以看著地球繞太陽走一天，在地球的軌道上標出它的位置。」

「我怎麼知道什麼是一天？」他反問道。「我正在外太空，太空中沒有一天，也因為這樣，我不知道什麼是一小時。」

我跟他說，他好像忘記他有一只非常精密的太空人手表，在他離開地球之前，這只表已經設定為格林威治標準時間，即使在太空中依然會以銫－133的振動頻率計時。但是因為他以一半的光速移動，這隻手表的振動頻率對仍然在地球上的人來說會顯得比較慢。他可以看一下繞太陽公轉的地球，然後等一年之後再看一次（這裡的一年是他手上那隻手表的一年）。他可能以為地球繞太陽轉了一圈，但是從地球上固定不動的地球人的角度來看，其實已經過了不只一年。

「為什麼會這樣？」他問。

「因為你現在看到的地球已經不在你所看到的位置上，因為光需要花很長的時間才能到達你現在的位置。以你的飛行速度，光線很難追上你。所以你眼前看到的東西實際上都是很久以前發生的事情。你現在看到地球在其公轉軌道上的位置其實不是他真正的位置。」

「你所謂的『真正』是什麼意思？」

「正是如此！」

第11章

# 另一次午夜巴黎（時光旅行）

喔，閣樓是個陰暗但友善的所在，到處都是時間，如果你直挺挺地站在閣樓的正中央，瞇著眼，思考著、思考著，嗅著過去的氣息，伸出你的手去感覺很久以前，為什麼……

——雷・布萊德伯利《菝葜的香氣》

在伍迪艾倫（Woody Allen）的電影《午夜巴黎》（*Midnight in Paris*）中，主人翁吉爾（Gil）乘坐著豪華轎車黃色寶獅一七六型的時光機來回穿梭於今日的巴黎與一九二〇年代的巴黎之間，與黃金年代的傳奇文人們相遇。回到二〇年代的巴黎，吉爾遇見了雅德里亞娜（Adriana，電影中的虛構人物），她的身分推測應該是畢卡索的眾多情婦之一。接著吉爾乘著馬兒拉的馬車回到了十九世紀末期的美好年代（La Belle Époque）。*

* 譯注：美好年代是法國在一八八〇年至第一次世界大戰開始前的一段時期，當時文化藝術蓬勃發展、經濟繁榮、科技日新月異，社會相對穩定、和平、樂觀。

吉爾：因為如果你待在這裡，這裡就成了你的現在，接著遲早你會開始想像另一個更久遠的過去才是真正的黃金年代……。現在主掌了你，因為那是你的現在，雖然你現在會覺得在那些最重要的問題上看不到任何進展，但是你將來會感謝那些小小的進展，像是網路啦、萬能胃藥啦。人們總是對當下不滿足，因為生命本身就是不滿足。這就是為什麼畫家高更要來回往返於巴黎和大溪地之間，為了追尋。[1]

在文學和電影中，無論搭乘的時光機是寶獅一七六型還是企業號星艦，我們都可以輕鬆自在的穿越時空。史蒂芬．金（Stephen King）的小說《11/22/63》裡，時光機是一間餐廳的小舷窗；電影《回到未來》中，時光機是一輛 DeLorean 汽車；在電視影集《超時空奇俠》（*Dr. Who*）裡，是一座電話亭；而至於赫伯特．喬治．威爾斯（H.G. Wells）的科幻小說《時光機》（*Time Machine*）中，是一個……好吧，我們也不太清楚那到底是什麼。小說電影裡虛構的時光旅行看起來就像走進電梯按下按鈕一般輕而易舉。門在某處關上，很快又在另一處打開。不過，穿越時間跟穿越空間並不一樣。從一個地方到另一個地方的度量距離是對稱且固定的。反之，時間並沒有獨立於運動的固定度量標準，而且相對於運動，時間顯然也是不對稱的。

如果想以一張單程車票的方式回到過去，那便是雷．布萊德伯利（Ray Bradbury）的短篇小說《菝葜的香氣》（*A Scent of Sarsaparilla*）中，主人翁威廉．芬奇的閣樓。「好吧，」芬奇自己喃喃自語道：「……如果可以時光旅行，應該會很有趣吧？有什麼地方能比我們家閣樓更合邏輯、更合適的呢？」[2]

有人可以回到過去嗎？既然我們可以在三維空間中的任何一個方向上來回移動，那為什麼不能在第四維的時間裡做到這一點呢？這樣的移動可能有點不切實際，但是是完全不可能的嗎？物理學中的數學研究告訴我們，在數學上，如果我們能夠沿著物理學家所說的封閉式類時間曲線（closed timelike curve）旅行，是有可能的。封閉式類時間曲線是時空當中封閉的世界線，沿著這條曲線走，你會走回自己目前所在的位置，但奇怪的是，你會在更早的時間點抵達這個位置。是的！想到我們身旁說不定存在一些時光旅行的訪客，就讓我覺得很有趣。這在數學上是可能的，但只有在數學上可能。回到你出生之前的時間點只是個幻想，就好比回到一九三八年，在水晶之夜（Kristallnacht）前殺死希特勒。*我一點也不想回到我的高中時代，但是如果能殺死希特勒，而且還能回到我現在的生活，擁有美滿的婚姻、兩個很棒的孩子和五個很棒的孫子，要嗎？毫無疑問！如果我有像獅子般無比的勇氣的話，我會做的。

據我所知，沒有任何一個研究時光旅行理論的物理學家正在著手打造可以將人類送進蟲洞的時光機或火箭。《回到未來》電影中的時光跑車 DeLorean DMC-12 甚至也不再出產新車了。*

* 譯注：水晶之夜為德國納粹對猶太人施行種族滅絕的起點。兩天之內，納粹大規模燒殺擄掠猶太社群、機構與個人資產，數萬猶太人遭逮捕送入集中營。

那些研究時光旅行的物理學家是為了探究理論的核心而做這類的研究，他們當然不是為了投資賺錢，也不是為了任何預言或陰謀而做。研究時光旅行的理論會衍生出一連串的新理論構想，而且其中許多新構想又會引出新的點子，讓我們能更加了解時空的基本原理，了解宇宙如何運作，了解宇宙如何形成現在這個樣子，以及宇宙如何開始甚或如何終結（如果宇宙真的會終結的話）。

如果我們像物理學家一樣，把時間視為物理的數學方程式裡的第四個維度，那麼時間便是可逆的，也代表祖父悖論的推測是真實的。該悖論說，理論上我們可以回到過去，殺死自己的祖父，改變自己出生的可能性。但是這些數學方程只是物理學家設計的模型，目的是在不破壞我們目前所知道的生活的前提下，盡可能提供更多有關現實世界的訊息。在數學上時間可以逆轉，就理論來說是可能的，但是該理論並無法真的操弄過去的生命從而改變未來。

許多我認識的物理學家都對時光旅行抱持著高度存疑的態度，因為整個時光旅行的概念必須要允許結果發生在起因之前。學者們會如此謹慎，是因為知道時空曲率的廣義相對論方程式只局限於局部，也就是說：對於空間中的任意一點，其周遭小範圍內所有與時空曲率相關的性質都要被重視，而其中一個性質就是受霍金的**時序保護猜想**（chronology protection conjecture）所支持的因果法則的限制：起因必須先於結果。霍金說：「歐氏蟲洞不會產生任何非局部的效應，所以對空間或時間旅行來說並沒有任何用處。」[3]

時間倒轉是物理學的範疇，而且大部分都是數學推演，而我們的經驗告訴我們，時間只往一個方向移動（如果我們可以說時間會「移動」的話）。預言中的「時間之箭」指向前方，而非向後。於是，物理定義的時間與經驗定義的時間之間似乎成了二元對立。任何跟時間有關且遵循物理定律的數學方程式，無論在該方程式中時間是向前流動或向後流動，所求得的解都是正確有效的。時間變量可以自由地向前或向後移動，就像兩個指頭在觸控板上向左或向右滑動一樣簡單。我們還是能夠回到過去而不會改變命運。我們可能在過程當中會變老一點點，但是無論在這段時光旅行過程當中發生了什麼，都將保持不變。夢可以讓我們回到過去，但當我們醒來時，時間早已往前走，比起我們入睡的那刻，已前進許多。醒著時，無論我們做什麼，我們都被困在當下，除非我們能接受一個幻想——記憶真的能讓人在時間的單一維度上頭來回旅行，可是那個時間又與空間糾纏在一起。

物理學中，時間可逆其實有更為無害的版本，即過去與未來對調。這麼做會把邏輯和因果顛倒過來，而這樣的世界只有在卡洛爾《愛麗絲鏡中奇遇》當中的白皇后（White Queen）身上才會發生。白皇后能記得未來，卻記不起過去，不是因為她在時光旅行，而是因為她的時間永遠是向後走的。「哪一種事情**妳**記得最清楚？」愛麗絲這麼問著白皇后。白皇后回答說：

＊譯注：該款跑車於一九八一至一九八二年期間共生產約九千輛，隨後該公司破產，不再生產新車。一九八五年《回到未來》選用此車作為電影中的時光機，該車款因而廣為人知。

「哦，下個禮拜會發生的事情。」她邊說邊將一個大尺寸的繃帶放在手指上。不久後，白皇后開始尖叫並甩著她的手。「你刺到手指了嗎？」愛麗絲問。白皇后說：「我**還沒**刺到，但是很快就會——喔！喔！喔！」[4]這段對話讓我們清楚地看到，白皇后的世界將我們原本合於邏輯的時間順序翻轉了過來，催促我們思考後果。幽默讓我們思考因果推論，而因果推論讓我們在思考時間之箭的經驗時有更寬闊的視野。仙境的字句帶著美妙的意涵。

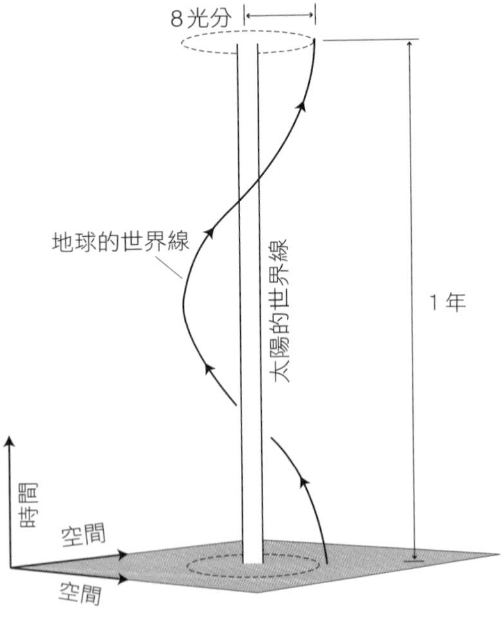


【圖9】地球的世界線

對於生活在三個維度的大多數人來說，我們很難想像那第四個維度。其實，當我們使用GPS座標在國內導航趴趴走時，那第三個空間維度（也就是**向上**的方向）對我們來說並沒有多大用處。那麼，何不乾脆先把向「上」的座標拿掉呢？而且這麼做的話，我們在畫世界線的時候就可以簡化成只有三維（二維空間加一維時間），會更容易幫助我們吸收理解。就每一段持續時間（你也可以拿一年取代這個持續時間）而言，地球的世界線是三維（x、y和t）座標裡的曲線，其中 $x$ 和 $y$ 是地球在天體黃道上運動的座標，$t$ 是該時段開始和結束之間的時間變化。圖 9 是地球世界曲線的粗略示意圖——粗略的原因是因為，我們必須記得時間和空間連結在一起有個度量約束，即 $c^2dt^2 - dx^2 - dy^2 - dz^2 > 0$。你可以想像一個橢圓形圓柱，其半徑（平均）為8.3光分，即一億五千萬公里，也就是地球到太陽的距離。地球的世界線便是沿著這條虛構的橢圓形柱狀體的長邊螺旋前進。如果我們從太陽的角度來看，萬物都是相對於太陽，那麼太陽的世界線就可以表示為一條直線。事實上，太陽也有自己的世界線，太陽也會相對於宇宙中的其他恆星運動。因此，我們所想像的那個地球沿之螺旋前進的柱狀體應該會有點波浪狀，或者如果不是直線的話應該會往某一側彎折（即使宇宙中的**直線**也有其自身的意涵）。

因此，假設我們正觀察地球沿著其軌道繞太陽運行，在任一時間點，我們實際上看到的東西會是該橢圓形柱狀體的切片，也就是切穿過該柱狀體的一個平面。我們會看到地球和太陽是那切出之平面上的兩點，也可以將地球環繞太陽的軌道想像成該平面上的橢圓。當我們沿著這些線移動時，我們看不到自己的世界線，也看不到自己的歷史。我們從受精的那刻直至死亡都是沿著這些線在走，儘管這是有點比喻性的說法，但確實是如此，甚至在那之後許久依然如此。我們並不覺得自己是在三維空間的座標系中移動。我們之所以看得到這個座標系，是因為不久之前數學家和物理學家們構想出這些有條有理的要素、特徵和型態，據此推想出周遭環境的幾何學形貌，而我們再經訓練，習得他們的研究成果，知道要用三維的空間座標看世界。從前的人們並不會設想自己身處於具有三個獨立座標的宇宙之中。三維空間其實是一個相對較新的世界，是因為數學和物理學的進步才讓我們看到了連作夢都不曾想像過的東西。GPS的世界確實可以將我們帶回一個相對簡單的時期，一個只有二維移動的想法的時期。你可以問你的谷歌地圖應用程式怎麼從A點走到B點，且無須考慮B點的海拔是否比A點高。[5]你的應用程式會繪製一條從A點到B點的曲線，告訴你這兩點之間的距離有多長，還會告訴你從A點到B點要花多少時間。谷歌地圖會測量所選擇路徑的行駛里程，這代表所有坡度的陡峭程度都已內建於應用程序的演算法之中，而該演算法根據的是道路測量人員上一次測量道路幾何形貌時所呈報的結果。

如果我們都同意我們目前生活在GPS座標系之中，那麼我們會看到，一個人的世界線可以視覺化為三維座標中的曲線，而這個三維座標是由三個獨立正交（垂直）的變量x、y、t所構成的。這個視覺化的圖只是真實世界四維曲線的一個縮影。我們的目的如果只是要了解世界線是什麼，這個縮影綽綽有餘。當縮影在時間中移動時，它同時也在空間中變化。當然，生命沒有那麼簡單。一個人的生命經歷並不似地球繞著太陽的時間線螺旋狀前進的影像般單純。一個人類的一小段生命是數條世界線的編織纏結：食物的選擇、浪漫的邂逅、度假出遊、商務旅行、探望奶奶、閱讀書籍、每一口呼吸，以及在那段不算長的時間內發生的數以百萬計大大小小的經驗。我們可以把它想像成一組的世界線繩索編織在一起形成一條總世界線的曲線，這就是二十世紀俄羅斯裔美國籍宇宙學家兼科普文學作家喬治・加莫夫（George Gamow）所說的「世界帶」（world-band）。加莫夫是這麼看待時空幾何的：「宇宙的形貌和歷史相互融合形成一幅和諧的畫，我們所需考慮的僅只是一整束糾纏在一起的、代表著個別原子、動物或恆星運動的世界線。」[6]

此處的插圖代表的是一名超級幸運的時光旅行者的世界線，注意到這張圖有一個迴圈，這個迴圈就是封閉式類時間曲線，當中的**現在**和**過去**會交會而形成一個環。這張圖看起來像是一個時間跳躍的旅行。**現在**還是現在，而**過去**也仍舊在過去。這圖看起來還不錯，可是類時間曲線真的可以前後交會形成迴圈嗎？霍金以他提出的**時序保護猜想**推論出：有限的封閉式類時間曲線會與某些物理定律牴觸。霍金在一九九二年曾寫道：「物理定律並不允許封閉式類時間曲線的出現。」很顯然地，這樣的曲線若真的存在就必須是無限的，於是乎，在有限比例內，任何形式的正常時光旅行都不可能藉由類時間曲線的迴圈發生。他開玩笑地說：「宇宙中好像有個時序保護部

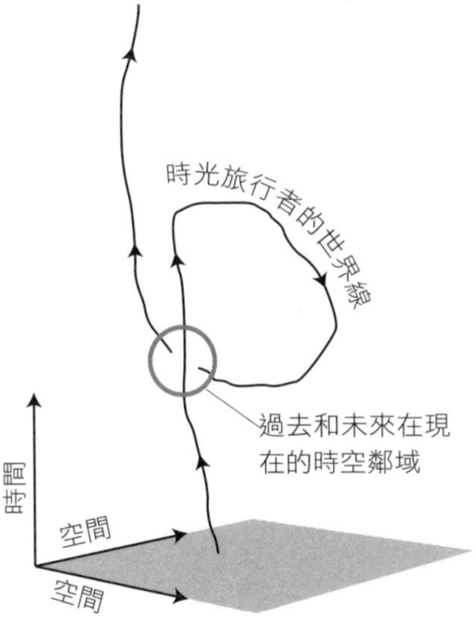

【圖10】環狀的世界線

門，負責阻斷封閉式類時間曲線的出現，如此一來，對歷史學家來說，宇宙就安全了。」[7]

那些會自己前後交會，進而形成有限環形的類時間曲線提供了科幻小說中時光旅行得以實現的基礎，在虛構的小說世界裡，跳進過去或跳進未來幾乎都好像拿著一根長竿撐竿跳一般易如反掌，令人匪夷所思。非小說世界的太空人若以驚人的速度進行太空旅行一年，她回來後會比她當初若待在地球上一年要年輕，但她並不會比她啟程時更年輕，太空人並沒有做時光旅行。她看似旅行到了未來，但真正發生的事情是，她的時鐘和地球的時鐘有不同的縮放比例，兩者各自以不同的刻度前進。如果這位太空人以現實上幾乎不可能的，接近光速的速度在銀河系中漫遊一秒鐘，然後在下一秒返回，有可能當她回到地球時已經是地球時間的十年後了。但是她並沒有**穿越**時間**進入**未來。相對於地球的時間，她的時間收縮了，但是並沒有跳過任何片刻。

在真實的世界中，我們的每一個經驗都和時間與地點連結著。我們通常會把空間和時間分開看，部分原因是因為我們是從不同的經驗中分別認識到時間和空間。但其實我們不應該將空間和時間視為獨立的實體，就像我們不應該將書頁上的字母跟單字分開，或是將音符與節拍分開一樣。我們每個人都在以不同的速率與時間**同行**。一個人的外表可能老化得比另一個人快或慢。

會讓人覺得錯亂的是，當我們比較太空人的時間 $t_a$ 和某位在地球上的人的時間 $t_e$。$t_e$ 是依地球運動而校準的通用時間，並同步到地球上各處的靜止地點。當地球時間 $t_a$ 的刻度往前走時，太空人的時間刻度也會往前走，只是走得比較慢，且始終保持 $t_a < t_e$ 的不等式。

太空人回到地球上，發現她所有的朋友都比以前老了很多，她覺得她的時間往前跳了，但其實並沒有。實際上是她的時間縮短了，因而給她時間往前跳的感覺。會出現這樣的混淆，必須怪罪科幻小說佳作裡的奇異特效，在小說裡只要跳進一個神奇的舷窗，就能瞬間從現在躍入遙遠的未來，諸如此類的時序調換加深了我們的困惑。科幻小說假設某處存在著過去、現在和未來，而我們這個世界的過去其實可能是另一個世界的現在。吉爾的黃金時代和美好年代之旅可以有多種詮釋方式，而這就是一本好的小說成功之處。或許同時世界、平行宇宙真的存在，它們一樣是順著時間前進，只是前進的方式與我們不同步。如果我們的太空人能以某種方式找到這些平行的多宇宙，說不定就能實現時光旅行。否則她的外太空之旅，充其量只是以不同於地球的時間刻度穿越時間的旅行。

美國的探險家計畫（Voyager）於一九七七年發射兩枚無人探測器至外太空進行探測任務，當時美國太空總署的錄音技術使用的還是盤式錄音帶。探測器於二〇一二年已進入星際空間*，並且在本書寫作之時仍持續將訊號傳回地球。目前這兩枚探測器是以每秒約十六公里的

*譯注：即已穿過太陽系的邊緣，進入恆星與恆星之間的區域。

速度飛行，且將繼續無目的旅行數十萬年（以地球時間計算）。雖然機會不大，但也可能在那之前被其他的智慧生物發現，他們所使用的時鐘應該跟我們的大不相同。

即使我們都位在地球上，每個人其實都是用不同的時鐘在生活著。某個意義上，我們都生活在不同的「時間世界」（time world）裡。第八章中提到了孿生子悖論，描述一對雙胞胎，其中一位以每小時兩萬七千公里的速度繞地球飛行，但其實任何速度差都能構成孿生子悖論。我們可以用以下的例子思考時間世界的意義：假設有兩人，為方便辨識我們將他們取名為艾咪和比爾，兩人各自拿到了一模一樣且精確度極高的手表。他們將這兩只手表同步對時，設定一小時後會在同一時間響鈴發出「叮」一聲。艾咪在接下來的一小時坐上了紐約中央公園的旋轉木馬，而比爾則站在旋轉木馬旁的一個地方看著騎乘木馬的乘客。比爾會先聽到他的手表發出「叮」的一聲，之後艾咪才會聽到她的手表發出同樣的聲響。艾咪的時間會伸長，只是伸長的程度非常細微，細微到手表的精確度必須優於兆分之一秒才能辨別出兩只表的差異，但差異是真真切切地存在著。在那一個鐘頭裡，艾咪和比爾生活在兩個不同的時間世界中。事實上，根據愛因斯坦的狹義相對論，幾乎所有生物都生活在不同的時間世界裡。

這代表比爾的一生取決於他在這一生當中的移動。他躺在床上睡覺，坐在沙發上用他的筆記型電腦工作，整個夏天都慵懶地待在海灘上讀報，花數小時在餐廳裡悠閒地用餐，白天時也不太常外出。艾咪每天遛狗三次，每個早晨慢跑，上下班各花一個小時通勤，而且由於工作需求，艾咪每月一次會從紐約飛到舊金山。相較之下，艾咪的衰老的速度會較比爾慢。不過，當然她的衰老速度很難測量，即便她一生都維持固定不變的生活型態還是很難估測。

如果想設計一個檢驗時間相對性的實驗，旋轉木馬的速度可能有點不夠快。一九七一年，兩位物理學家約瑟夫．哈菲爾（Joseph Hafele）和理查．基廷（Richard Keating）就用飛機測試了相對時間的理論，他們把幾個已同步對時的銫原子鐘帶到商用客機上，分別進行兩趟繞地球的飛行，一趟向東，另一趟向西，飛行結束後再將實驗結果與位於華盛頓特區美國海軍天文臺數座靜止的時鐘相比較，結果兩邊的時鐘最多差了五十九奈秒，證明了移動中的時鐘運轉得比靜止的時鐘慢。有另一個實驗與哈菲爾－基廷的實驗互補，那就是一九五九年的龐德－雷布卡實驗（Pound-Rebka experiment），這兩位科學家測試了重力對時間的影響是否正如愛因斯坦廣義相對論的預測。他們發現在重力場中，不同地點的時鐘會以不同的速率運轉。在重力較強的環境中，時鐘會走得比較慢，因此高海拔的時鐘會走得比地面上的時鐘更快。

這些實驗無疑摧毀了牛頓的絕對時間理論。每個人以不同的速度移動；山上的鐘比海上的鐘走得更快；外太空的鐘遠離巨大的質量，會比地球上的鐘走得更快。帝國大廈第一百零二樓的時間會比大廳的時間來得短，甚至也比一百零一樓的時間短。當然，我們現在討論的依然是比奈秒還小的時間差異，甚至可能小於皮秒（picoseconds，即一千分之一奈秒）。但如果我們比較的是極端的例子，例如 SN 1054，這是《宋史》中記錄到的，出現於西元一〇五四年的中子星，如果你靠近 SN 1054，壽命將會大幅度的延長。SN 1054 的質量極大，跟地球相比，它的萬有引力會將時間減慢將近百分之三十。

假設我想活得更長一點，譬如長一百年，如此一來我就有幸能知道我的後代會取得什麼樣的成就，而且說不定可以參加我的曾曾曾曾曾孫的大學畢業典禮。我所需做的就只是以相當接近光速的高速在太空中漫遊，去哪都可以（實際上是光速的百分之九十九點九九九二，即每秒二十九萬九千七百九十公里）。一旦我通過了痛苦而令人厭惡的加速度階段，達到目標速度後，就能以舒適的恆定速度航行，這時就幾乎感覺不到移動感。然後在享受窺看幾顆矮星的樂趣之後，返回地球，這時，時間已經過了一百年。我可能會驚訝地發現自動駕駛汽車漂浮在看起來完全不像道路的道路上；也可能看到一些非常老的人在慢跑，或是用義肢走路；也可能在人行道的路燈燈柱上看到腦波罩，人們可以用腦波罩小睡五分鐘，彌補前晚一夜沒睡；或是看到自動販賣機可以將少量的咖啡因直接灌送到大腦的基底核。未來的手機將會只是一顆**神經晶片**，連接到耳蝸神經，另一顆晶片連接到舌頭和下巴，每當我想叫一輛漂浮的計程車帶我到想去的地方，我只需要輕聲地說「請幫我叫輛計程車」。社交媒體上癮的問題會比現在的狀況還要嚴重得多。如果我們不夠警戒，相互競爭的各家媒體公司將操弄著商業與政治混雜的偏見，他們所形塑的反饋迴路直接餵養二十四小時不間斷報導的世界新聞，而真相卻被束縛在這樣的新聞模式之下。想像未來的世界，需要的時候，大腦能像插頭一樣接上應用程式補充短期記憶；街角可見立體的全像廣告，說不定會看到演員冒充為醫生的三維影像，給民眾醫療建議，要他們請自己的醫生開立某減肥注射針劑X，而且旁邊的自動醫療販售亭馬上就可以為他們注射該藥。你不再需要知道現在是幾點，體內的**神經晶片**會知道你每天的行程，並在適當的時間提醒你下一個行程，讓你有機會做好準備。

我們生活在時間像一條單行道一樣，只往一個方向移動的直覺印象之中。時間似乎一直在往前走，不曾停歇，也永遠不會逆轉。時間週期與時間逆轉非常不一樣。小說裡的時間可以往任何一個方向走，向後、向前，也可以是不斷重複的迴圈，可以回到過去稍微改動，就能改變未來。一九九三年的喜劇電影《今天暫時停止》（*Groundhog Day*）當中，比爾．莫瑞（Bill Murray）扮演的菲爾．康納斯（Phil Connors）發現自己一直重複過著同一天，隨著劇情進展，他在不斷重複的時間循環裡學會改正自己的嚴重錯誤。一九四六年的黑色電影《重複表演》（*Repeat Performance*）講述的是主角希拉．佩吉（Sheila Page）的故事，由瓊．萊斯利（Joan Leslie）所飾演。她在一九四七年的除夕夜開槍打死了她的丈夫，突然間，時間又回到了一九四六年除夕夜，希拉於是重複這一年，有機會能改變先前這一年的發展方向。電影和小說總是可以反轉與改變時間前進的方向。但在現實生活中，縱使有可能，也沒有那麼容易。

關於時間的方向是否可以反轉，一直以來都是個問號。這個問題的答案並不那麼取決於重力，更關鍵的反而是取決於熵（即宇宙從有序趨向混亂的傾向），也就是熱力學第二定律。該定律不僅斷言能量從一種形式轉換為另一種形式時，一定會以熱能的方式損失一些能量，同時也告訴我們熱能會往哪一個方向流動，有些人也喜歡把這個能量流動的方向想做是宇宙次序的方向。一典型的範例如下：冰塊若置於溫暖的房間內將會融化，因為房間內的熱能會往冰塊的方向流動，使冰塊變暖。熱能流動的方向是從溫暖處往冷的地方流。但是，且慢，當我們說「熱能會流動」時，指的到底是什麼？熱能只是能量，它要怎麼流動？任何物質的粒子只要溫度高於絕對零度都有一些熱能，熱能其實跟分子的振動有關。熱的分子比冷的分子振動得更快，但是熱能的流動並不單純用「溫度就只是分子振動的速率」便能解釋，沒有這麼簡單，尤其有些分子本身就是會振動得比別的分子快。所有物質粒子都會試著與其周邊的近鄰達到能量平衡。真是可惜，在人類充滿紛爭的政治世界中這種情況很少發生。近鄰間的任何不平衡，都存有能量的不平衡，而這個不平衡的現象通常會透過熱能的形式被消除，這代表宇宙中的能量流動早已存在固有的方向，早已決定了宇宙次序的方向為何。Humpty-Dumpty 跌倒了，如破鏡難圓，再也拼不回去。*熵在一個封閉的熱力學系統中是代表該系統不平衡的程度。這聽起來很含糊，因為確實很含糊。事實上，有個確切的定義可以用確切的數字告訴我們系統中分子組態（molecular configuration）的比例，但如果我們開始討論該數字的詳細定義，反而會混淆了原本正在討論的時間流動方向的問題。在這裡我們其實只需要知道，任何一個系統若暴露於近鄰系統中（例如冰塊在溫暖的房間裡），熵往往會增加。

時間可以慢下來嗎？當然可以。任何一顆質子都做得到。把一顆質子在粒子加速器中加速至光速的百分之九十九點九九九九，並讓它在加速器中保持這個速度跑上一年。那顆質子如果有心智的話，返回時會以為時間一絲一毫都沒有經過。至於時間倒轉呢？不可能的，即使質子的重量小於人的體重的$10^{-25}$，也不可能發生；不過在理論上，時間倒轉發生的可能性並不是完全沒有，只是微乎其微。我們來探討一下這個微乎其微的可能性，理論上有一個方法可以使時間倒轉，我指的是加州理工學院（Cal Tech）天體物理學家基普・索恩（Kip Thorne）和他的兩名研究生於一九八八年發表在《物理評論通訊》（*Physical Review Letters*）上的文章，當中就解釋了數學上可以如何操作而使時間倒轉。[8]依據愛因斯坦的理論，空間是非常大且彎曲的流形（manifold），時間和光（尤其是光）需要一段時間才能追上宇宙中遙遠的區域。而蟲洞是個捷徑，是空間流形中將兩個相距甚遠的空間區域連接起來的短「把手」（handle）。以下這張插圖是蟲洞捷徑的示意圖。蟲洞實際上是一種量子電動力學的時光機器，它允許諸如光子和伽馬射線之類的高能基本粒子穿越蟲洞捷徑，進而回到過去。但是與光子的尺寸相比，人類可是龐然

＊譯注：Humpty-Dumpty是一個英國兒歌的角色，兒歌中描述Humpty-Dumpty原本坐在牆上，跌下後就拼不回去。

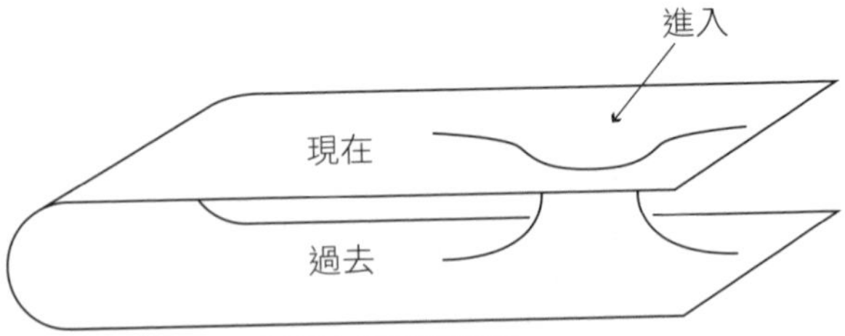

【圖11】使用蟲洞進行星際旅行

大物，若人類要從「現在」進入並從「過去」出來，而且最後還不會變成一團綜合分子湯，甚或至少能看起來像一隻動物，可能有點難度。人類可以使用蟲洞進行星際旅行而且回得來嗎？索恩說，理論上**是的**。

但這並不代表體型相對龐大的人類就能輕而易舉地匆匆一瞥過去並返回到原來的世界，也不代表我們可以回到過去更改歷史。若要進行時光旅行，人體必須跟時間賽跑，而且要跑得非常快，快到能相對於時間作出越級大跳升，贏過時間的速度抵達過去。

有辦法製造一臺時光機器嗎？這個問題的答案取決於時光機器實際上所指為何。時光機器一詞本身便暗示了這是一個使用能量執行任務的一種發明，這個裝置也不一定非得使用地球材料製成。所以時光機器也可以是一個想法，例如建構一個能將時間推進或倒退的方案，

雖然幾乎不可能成真，不過也不是毫無機會。威爾斯的科幻小說《時光機器》中的時光旅行者（Time Traveler）用象牙和某種結晶物製成了一張上頭有著控制桿和刻度盤的椅子，這是一個隱喻性的表現方式，代表這部機器可以讓時間加快，也可以讓時間減慢至龜速，甚至可以讓時間倒退。時光旅行者說，他的處女航特別不舒服。

當我按下加速鈕時，黑夜緊跟著白晝，就像黑色的羽翼振翅拍打一般。實驗室一片昏暗，似乎暗示著它就要從我身邊消失了，我看見太陽快速地跳過天空，一分鐘跳一次，每分鐘都是一天。我想實驗室大該已經全毀了，而我已來到外頭的開放空間。我對時光機器的臺架沒有什麼印象，我的速度已經太快，快到注意不到任何在動的東西。[9]

從這段敘述中我們可以看到，時光旅行者並沒有超越時間越級大跳升，他仍是沿著時間前行，他超越的只是現在，也就是說，他只是前進得比他的周遭環境更加快速。而最終，萬事萬物仍舊會追上他。幾乎所有我所知道的物理理論方案之中，時光旅人做的事都差不多像這樣。時光旅行者縱使騎乘於穿越過去的世界線迴圈之上，他仍是沿著時間前進的連續體移動，不曾跳出連續體之外。在宇宙中找到蟲洞而進入另一個宇宙是唯一一條通往未來或過去的捷徑。即便如此，時光旅行的路線仍是一個迴路，是時間交會的迴路，依然不是時間跳躍。

有關時光旅行的一般物理科普書當中，最優秀的其中一本是J．理查．高特（J. Richard Gott）的《愛因斯坦宇宙中的時光旅行》（*Time Travel in Einstein's Universe*）。[10] 高特在書中為讀者列舉了各種稀奇古怪且理論上可行的時光旅行方案。所有的時光旅行（包括高特認為理論上或許可行的方案）都假設某處存在著過去、現在、未來，以及同時世界和平行宇宙，它們以與我們不同步的方式穿越時間。如果有某個極富創造能力的時空旅人想從我們這個世界跳躍到過去，到另一個平行世界去殺死希特勒，他或她或許會成功，但還是不會對我們所處的這個宇宙產生任何的影響。不過，我還是覺得身邊跟著一些虛擬的無形訪客這樣的想法很有意思。

物理學與其數學公式的美妙之處在於，你可以用理論推倒出一些令人驚訝的結果，像是一些機率上可能但不必然可行的東西。例如你可以建構一個包含符號t（代表時間）的現實世界的模型，然後操弄這個方程式，直到它超過現實世界可行的限制之外；然後說，**你看！我們可以操弄時間，生出什麼樣的結果來**。畢竟這些方程式是以共同假設原理作為基礎的，原理被奉為真理，而且原理可不會說謊。

因此，不要期待你自己可以回到過去改變你現在的生命。想從你現在所處的地方回到過去，會需要使用上大量的星系力量，但又要不會干擾到我們自己的銀河系，穿越蟲洞和黑洞時還需要非常機智且極其敏捷迅速的操控。如果你真的費盡千辛萬苦，完成了讓時間向後跳幾分鐘的驚人壯舉，你也只會是一個旁觀的參與者，無力改變你原來的生命和時間。

不過這就是相對論，裡頭有重力，也有時間的各種不同的參考系。量子理論接續在後，提出了時間是否真實存在的問題，又進一步讓時間的議題更加撲朔迷離。

# Part 4
# 認知的感官

坐著，閉上雙眼，完完全全從外在世界抽離開來，什麼事都不做，唯獨專注於時間的流逝，就像一個完全清醒的人一樣，如同詩人所說：「傾聽時間在夜半時分流動的聲音，一切萬物都朝向那審判之日移動。」在這個情境下，我們思維的物質內容似乎缺乏變化，趨於單調，而且我們覺察到的東西（倘若有覺察到任何東西的話）似乎純粹是一連串浮現的時間段，在我們的內向凝視底下持續萌芽滋長。

—— 威廉・詹姆斯（William James）
《心理學原理》(*Principles of Psychology*)

第12章

# 大哉問（時間的感官與場所）

時間不只是數學物理方程式中的t。它比較存在於心智和人類精神之中，沒那麼存在於宇宙塵埃的運作裡。然而，物理學家關於時間是什麼的看法相較於日常的標準認識兩者之間存在著根本的歧異，我們也可以稱後者為人類的時間知覺，是某種內在韻律的實質印記，這印記支持著聖奧古斯丁著名提問的聰明答案。

放大再放大……在凡人一生的時計當中找到那一秒。那會是什麼？由於時間使用了許多依附於其上的詞彙（像是**持續時間**、**時間間隔**、**運動**、**變化**），於是它有點被困在謎樣含義的迴圈之中。那些詞彙陰魂不散地圍繞在發展未全的相關概念周邊。當我們提到其中一個，就免不了會透過盤根錯節的連結而延申到另一個。這些詞彙之間有千絲萬縷的關係，無法分割。它們雖然屬於彼此，但是我們通常提及它們時只會提到其中一個，不會一同提起。時間好像老是會悄悄溜進那思想的國度，阻礙滿足感出現。Quid est ergo tempus?（那麼，時間是什麼？），聖奧古斯丁這麼問著，接著他回答：「如果沒人問我的話，我還滿清楚時間是什麼；但如果有人問我，而我試著解釋的話，我就搞不清楚了。」[1]康德試圖回答這問題：「時間其實只是內在感覺的表象，也就是我們對自己以及我們內部狀態的直覺表象。」康德所謂的內在感覺是什麼？就康德的理解，空間有內在的幾何圖像。他接著提出，時間也像空間一樣有內在的幾何圖像，這個圖像只有一個維度，而且是一個先於經驗的既有圖像。康德是這麼思考這個內在畫面的：「如果沒有先在腦袋裡把一條線畫出來，我們就沒辦法思考線；如果沒有先描述一個圓，就沒辦法思考圓；如果沒有先從同一點放上三條相互垂直的線，我們根本無法表述三維的空間；不，除非我們很專注，否則我們在畫一條直線的時候（指的是時間的外在象徵性表示），甚至無法表述時間。」[2]

這段文字寫於一七八一年。康德的想法當然是錯的。但是他對於時間與空間之間連結的了解確實很有力，甚至可說是高瞻遠矚。那時他當然不可能知道，在兩個多世紀後，物理學家們將會讓時間與空間之間的古老連結更加清晰明朗，不過同時也更加令人摸不著頭緒。

我們生活在當下，望向未來，所以我們可能想知道，當下和未來之間是否有條界限，可以將兩者區別開來。問題是，當下就這麼發生了，而且不管發生了什麼，都已經過去。我們已經在時間上又往前移動了小到無法察覺的一步。那曾經的未來突然就變成了現在，接著又突然變成了過去，然後就像突然成為的過去，一切曾發生的事物就這麼永遠留在歷史之中。因為語言的關係，我們對時間有一個模糊的印象，即覺得時間就像一條河，由過去的支流供給水源，從現在流向承載著未來所有可能的盆地。《愛麗絲鏡中奇遇》裡的白皇后漫不經心地告訴愛麗絲，她記得下個禮拜發生的事情，但我們跟白皇后完全不同，我們知道今天如果是星期一，那麼星期二會隨之到來。

語言要為這樣的模糊不清負上部分的責任。口語中使用**時間**一詞時，指的幾乎都是每天每分每秒的時間，指的是那個顯示在牆上的鐘、電話、廚房電器用品上的時間。然而，**時間**一詞有許多廣泛的用法，溯其源僅來自於單一根源，發散出各式各樣的含義。這令我想起了一個訛傳，同時也是長年的誤解，即因紐特語有四百個用來描述雪的詞彙。[3]即使是對因紐特人來說，雪也只是一個詞根，需要一個修飾詞來表示所指的到底是水冷凍結晶後的輕柔片狀白色雪花，還是一堆堆在地上數英寸厚的積雪，抑或是吹積成堆的雪沙，還是雪雨交雜的霰，又或者是融雪跟泥濘已經混雜在一起、在馬路邊或其他地方看到的髒髒的雪，這種雪跟從天而降的白色東西已經不太像。就跟**雪**一樣，**時間**一詞使用時也有許多的脈絡修飾詞，並不僅限於太陽時間或恆星時間、相對論時間、生物時間、注意的時間或時間狀態。這是一個含義廣泛的詞，因此不同的時間概念或許該有不同的相對應字詞。

然而，有那麼一個根源好像可以通向時間的所有含義。每當我們談到時間時，每當我們試圖剖析時間的意義時，談著談著，我們習慣性地就會談到空間和變化。時間作為所有變化的主要量尺，牢牢抓住了空間概念的核心意義，即「決定空間尺度」。我們就生活在那個空間尺度之中，因此有意識地經驗所有的丈量，彷彿這些丈量必須用某種空間度規（例如長度或尺寸）標記一般。

有人可能認為時間只是空間裡變化的一個度量。如果什麼都沒改變，那麼時間也沒改變。這就是為什麼如果一直盯著時鐘，指針好像就不會走，或是一直盯著正在燒水的鍋子，水好像就不會滾的原因。在那個時刻，你的心思在何處呢？盯著它看，等待變化，太關注在時間上面了。它——無論這個**它**是誰——（或者是他，如瘋帽匠所說）非常喜歡被注意。

也就是這個注意攫住了我們，當受到注意的時間通過個人知覺而往前進的時候，就是這個注意帶著我們走過了這一天。我知道什麼時候吃早餐，知道大概需要花多少時間才能到達上班的地方。套句波赫士（Jorge Luis Borges）的話，「時間是構成我的實體」。波赫士在他的散文《對於時間的新反駁》（*A New Refutation of Time*）中寫道：「時間是沖走我的河流，但我就是那條河；時間是毀了我的老虎，但我就是那頭虎；時間是吞噬我的烈火，但我就是那把火。」[4] 這與知道真空中的光速或知道下一次日蝕什麼時候出現真是南轅北轍。

這也是為何如此多的知名哲學家都曾努力過，試圖要在時間的主觀與客觀理解之間取得調和，他們也都曾深思，人類對時間的感知為何與任何能夠精確測量的東西之間總是有天壤之別。二十世紀的法國哲學家亨利・柏格森（Henri Bergson）認為，真實感知一段時間的經驗（他稱做 durée réelle〔綿延〕）截然不同於任何科學定義的時間結構。柏格森的時間是有心智的，不同於那個讓鐘表轉動的時間。就像愛慾、痛楚、森林中樹木倒下的聲音、一本未曾翻開的書當中一段可能帶來影響的文字一樣，如果心智沒有覺知到，這些東西是無法單純獨立存在的。時間的核心是同時性。時鐘轉到正午，某個與時鐘轉動無關的事件在某距離之外發生。但是這個同時性（或至少是時鐘鐘盤的轉動）與相當於時間判斷的認知記憶之間並沒有多大關聯。

柏格森的觀點承襲自十八世紀愛爾蘭哲學家喬治・柏克萊（George Berkele，又名柏克萊主教〔Bishop Berkeley〕）的看法。柏克萊曾寫道：「我們的念頭、熱情與想法由想像所形塑，若無心智，皆不存在。」對於柏克萊而言，時間是心智中由想像發端的印記，是想法的連續體，一個接著一個，是人類意識的韻律。[5]

時間或許就是那個韻律，就是生命向前行一拍拍的意識。自柏拉圖以降，人類意識的原因和本質就一直是思辨的主題，當笛卡兒質疑自己的存在時，這個主題又熱烈地回到思辨的場域中。十九世紀末，心理學家威廉・詹姆斯（William James）將時間的連續性運用於他所謂的**意識流**（the stream of consciousness）的研究中，他認為，在得出結論之前是不可能停住任何內省想法的。如果運氣不錯，思想家「足夠機敏，能夠抓住想法，想法就會馬上不再是它自己了」。有意識的思維似乎在被檢驗之前就已消失不見蹤影，就像「被溫暖的手握住了的雪花冰晶」。任何想凍結人類連續意識流的嘗試都是毫無意義的，就好像「為捕捉陀螺的運動而把旋轉中的陀螺停住，或是為看清黑暗的面貌把煤氣開大」一樣。這些嘗試「就跟芝諾對待運動的方式一樣，芝諾要求他們指出運動中的飛矢的位置，但這樣的做法並不允當。」[6]

對於詹姆斯來說，時間和空間是兩個相互連結的整體，永遠沒辦法分開思考。每次有意識地思考時間時，就會伴隨著時間正在移動的概念——類似於閔考斯基時空的一種空間概念。[7]這個概念來自於我們就生活在時間之中，不過我們卻不是透過任何意識的內在官能感知到時間的。也許是因為意識跟時間不同，意識本身是不連續的，時有時無，常被打斷，又會再回復。意識會被睡眠和夢境中斷；可是**看起來**卻很連續，就像會動的旋轉畫筒（zoetrope）一樣，僅只是連續的錯覺。我們或許無法分辨意識思維是否是連續的，但我們確實知道，從人類所有感官源源不絕蒐集而來的複雜訊號束被井然有序地同步並且記錄下來，以形成我們所謂的**意識**。也因此，得知時間的訊號被整整齊齊地包裹在這些訊號束之中時，我們應該不需太驚訝。

克里斯丁・馬克雷（Christian Marclay）的作品《時鐘》（*Clock*）大概是唯一一部能讓觀者持續意識到時間流逝的長電影，這部創作讓觀影者在觀看這些連續的動態影像拼貼時，對時間的流逝保持完全的背景意識。這是一部精采的傑作，將超過八千個電影片段剪接編輯成二十四小時的聲音與場景重疊的長片，它攫住觀者的意識，使觀者在總長……四百四十分鐘的每分每秒都意識到時間。與之相較，安迪・沃荷（Andy Warhol）的《睡眠》（*Sleep*）長度為五小時二十一分鐘，在最一開頭的至少四十五分鐘都在看同一個男人的腹部起伏，時間好像被凍住了。

在質疑了時間之後，接著幾乎都會問到的是，時間是否存在於我們自己的思維之外，以及時間是否存在於當下之外，當下是那個一到來便消逝的須臾。時間是真實的嗎？會不會是幻覺？時間是虛構的嗎？時間與我們的意識融為一體嗎？時間是相對的還是絕對的？

這裡的當下瞬間指的是，在理論上將過去和未來區別開來，非常精確、嚴格且無形的那一點，正如詹姆斯所說的，我們可能會愚蠢地為了一瞥黑暗而開燈。那一點存在於理論之中，而且可以說也存在於現實之中，但是唯一真正能夠思維那一點的方法，是放下精確性，想像一段區間。[8]但是，想像出的時間區間又會是空間的一部分。於是，我們發現自己又再次將時間的想像表現為空間。

⁂

是否有什麼特殊的官能可以讓我們意識到時間的流逝？當我們感覺到時間流逝時，也許實際發生的是，我們將時間與某個真實的事物連結起來，可以是一個事件、一個立即的經驗、一段歷史、一個被講述的故事、一段記憶。康德堅持認為，經驗會在記憶中留存，而且記憶的客觀性會留下並成為思維的根本實體。這個思維的根本實體就是建構心理時間的基石。對於康德而言，源於一人的經驗並在記憶中留存的「某樣東西」，就類似於鋼琴家手指記憶中的「某樣東西」，鋼琴家有時候甚至沒在注意樂譜上的音符。當然，手指本身並沒有真正的記憶力，手指頭並沒有心智，無法思考下一個音符是什麼，也不知道那個音符要在哪個時間點彈奏或是要停留多久。是大腦從音樂記憶中知道下一個音符是什麼，也是大腦在操控手指的肌肉。手指的運動是從運動皮質的某處接受指令，運動皮質又從腦區的某處接受指示，這個腦區可以回想起過去彈奏該曲目的經驗，以及演奏時情感表現的時機和調性。

詹姆斯將之稱為**內在知覺**（internal perception），但對他而言，這僅僅是過去時間的記憶。他問：「可是這些東西是如何得到它的過去的呢？」他接著做了個聰明的假設：「我們的感覺並沒有因此而縮減，我們的意識從未縮小到如螢火蟲亮光那般的範圍。**對於意識流中其他某些部分的了解，或過去或未來，或鄰近或遙遠，都參雜進了我們對當下事物的了解之中。**」他舉螢火蟲為參照，是想指出這種昆蟲利用其生物發光的特性僅只照亮了牠的鄰近區域，讓牠過去所處的位置隱身在黑暗之中。而且和螢火蟲的螢光不同，過去的意識對象仍繼續逗留在當下，隨著「現在」的對象進入意識後，才逐漸消逝。這是十九世紀連結意識與內在知覺之間的描述。詹姆斯的敘事模型指出，意識是一道連續的流，而非一連串接續的事件，在那之中，過去停留至現在的時間長到剛好給人一種事件過渡的平順感。詹姆斯這樣說：「如果現在的想法是A B C D E F G，那麼下一個想法將會是B C D E F G H，再下一個是C D E F G H I——過去的停留會相繼消散，而未來的到來會補上空缺。」換句話說，意識本身是一系列的印象和感覺，在時間之中集合與消散。那些感覺當中有些共存了足夠長的時間，因而給人一種幻覺，以為意識是流，而非一個個獨立想法的離散有序集合；一個接著另一個，當其中一個在記憶中變得愈來愈微弱，就有另一個變得愈來愈強。所有這一切都發生在當下，在這一刻兩種感覺微妙地交疊在一起，「一個次感覺離去，一個次感覺來到。」一個被喚起，另一個被認定消逝。一個弱化，另一個強化。這一切都發生在一連串快節奏的須臾之間，這些須臾像溪流一樣流動，短至難以想像。[9]

我們可以將當下的內在知覺（從一個次感覺到下一個次感覺的連續流動）視為真實時間的流逝。這樣的模型理所當然地將意識視為「當下」的傳送帶，即一個往前移動的當下。「簡而言之，」詹姆斯告訴我們，「實際上，認知的當下並不是像刀子的刀鋒，而是像馬鞍，本身有一定的寬度，讓我們可以坐在上面，並且能從坐著的地方看向時間的兩個方向。我們時間知覺的組成單位是一段有船頭和船尾的時間區段，就好像有著向後和向前的兩個末端。」[10]

一個次感覺走了，另一個次感覺補上，這個概念可以用旋轉畫筒來表達，旋轉畫筒是十九世紀會客室中會看到的一種玩具，它可以讓人產生畫面在運動的錯覺，而只有在這個關聯下，它才賦予時間意識的錯覺。旋轉畫筒其實只是一個會轉的中空圓形滾筒，上頭有幾道窄縫和一系列的靜態圖像，例如數張處於奔跑狀態的馬的畫像，這一系列的圖除了腳和身體等解剖構造的位置略有不同以外，每張圖都跟下一張非常類似。使用時先轉動滾筒，觀者再透過窄縫觀看這一連串的離散圖像，所看到的圖會融合在一起，變成運動狀態的動態影像——也就是一匹正在跑的馬。

正如一連串快速連續的靜態圖像會被理解為真實的連續運動一樣，一連串快速連續的現在（每個現在除了非常細微的變化之外都跟下一個非常相似）也會被理解為連續的時間之流。十九世紀知名的物理學家赫爾曼・馮・亥姆霍茲（Hermann von Helmholtz）撰寫了一本為醫學帶來重大貢獻的《生理光學手冊》（*Handbook of Physiological Optics*），當中他指出，旋轉畫筒會給我們帶來運動的錯覺，因為眼睛會抓住一個影像，時間長到恰恰讓下一張影像接上。類似的事情確實發生在視網膜上；如果你盯著白色背景上的黑點持續幾秒鐘，然後把視線移開，你會發現黑點還會持續停留幾秒鐘的時間。在以下的情境中你會發現這樣的現象更加明顯：在漆黑的房間裡盯著一盞很亮的光源看，光源熄滅後很長一段時間，你還是會看到那個明亮的光點。那個點被暫時**燒灼**到感光的視網膜上了。不過我們現在知道，協調離散視覺圖像（真實視覺）的工作是發生在大腦的視覺皮質，而不是在眼睛，因此問題依舊是：一連串快速連續的靜止圖像是如何被理解為時間中連續流動的動態影像的？

⁂

在腦海中，對時間的感知（即使只是一小時）從來都不是很清晰的。詹姆斯認為，我們永遠不可能對任何精準的時間有完整的認知，但是當我們往窗外看，見到一幅全景的景色時，我們確實能對空間有很好的感知。如果我們把視線從全景視野移開，試圖將時間隔離出來，成為一個空白的時刻，會發生什麼呢？沒有畫面、沒有聲音、沒有外在世界，在這之中，就是詹姆斯所謂的**內向凝視**（indrawn gaze）。[11]

詹姆斯認為，時間本身的內向凝視並不是毫無感覺內容的。當你閉上雙眼，總有一縷光線穿透薄薄的眼皮，還有聲音，可能是從不曾停歇的身體發出的雜音、心跳、呼吸、胸部有韻律的擴張和收縮，當然還有我們幾乎總會忽略的、來自內耳的微弱靜默。所以其實，我們從來沒有像我們想像的那樣真正地內向。常被尊稱為心理學之父的威廉・馮特（Wilhelm Wundt）將這個狀態叫做「我們總體意識的微光」。[12]從某種意義上來說，這實際上是一種空白意識。縱然如此，在那一刻，我們確實在馮特所謂的意識微光當中覺知到了時間的消逝。

我們可以不必盡信詹姆斯或馮特的話。閉上你的雙眼，試著到達那內向的凝視。如果你稍能成功地清空思緒的內容，你的內向凝視會被吸入那個某些字詞和圖像存在的真空之中，意識時有時無地覺知到你正在嘗試進入內向凝視。這是無可避免的。你的心永遠不可能完全地真空，但意識可以達到幾乎空白的那種律動過程，而在那兒，在那幽暗隱蔽處，潛伏著時間流動的感覺。彷彿心和身體的律動一同運作，記錄下生命存有的時間，背景則是我們喧囂的日常意識。倘若消去日常意識的喧囂，你會感覺你正看著時間以某種不明確的離散節拍在流動著——

## **現在、現在、現在**——同時帶著時間是連續的錯覺。

每個人都知道時間是什麼，某種意義來上說是這樣沒錯。即便如此，在我們持續挖掘時間的深度後，一切又都回到了奧古斯丁的沉思。我們知道時間是什麼，只要沒人問我們時間是什麼的話。再往前深入一點就會掉進了形而上的障礙，我們的個人感受開始混淆，而且遠離了理解的舒適圈。我們整合了眾多哲學家、科學家和心理學家的思想，希望幫助我們更加了解時間。但是若想更加了解時間，就必須持續了解我們是怎麼走到此時此刻，也要知道時間是怎麼帶我們到這裡的，到這眼前的當下，無論那究竟是什麼。

那個眼前的當下是生活的時刻，是思想的時刻，是行動的時刻。餓的時候，你的心思能夠往前跨，想著待會要吃什麼。你的此時此刻感會預期接下來將發生什麼事，同時對於你身處的時刻有所了解。你的意識，純粹地往未來走去，同時將當下推向了過去。當下是**你在這裡**的標記，但是這個標記是一個移動標的，一直在更新，一直在接收從未來傳遞來的新素材。這是為何我們認為時間在流動。英語閱讀是從左到右，在行上的字詞映入眼簾後，要過一陣子才進入文句理解的程序。那些理解的時刻是我們閱讀的**現在**。開放的未來不停地進入到現在，毫無空白，並將現在傾倒入過去的大集合之中。循環的時鐘指針指向當下的時刻（或是盡可能接近當下的時刻）。我們知道，順時鐘方向的弧代表未來的時刻，逆時鐘方向的弧代表剛逝去的時刻。所以從未來到過去有一道下行的**流**。我們也知道，在做炒蛋的時候，我們把那顆蛋的存在

眼前所見盡是無垠的無聊長路，
還有監禁的囚徒。
數算著他們無邊漫漫的日子。

——馬祖爾

## 楔子：時間與我同在

有時我會想，時間就在那，與我同在，但又好像根本不存在，只是我腦海裡一個虛構的念頭，彷彿是某個真實存在的東西，必須遵循，但一直以來又好像只是一個錯覺，只是因為人生在世，必須協調各處事物的會合而造出的錯覺。當然，我知道時間不僅只於此。倘若沒有時間，這世界就算沒有完全的脫序，也會一團混亂；有了時間，人類社會至少能夠運作，成為一個和諧的整體。時間為我們提供了形式、數字和度量，加深我們對原因的理解；我們有詩歌的節奏、音樂的聲音與韻律、水仙花芽的綻放、機會的渴求、期待的盼望和過往成就的回憶。但是有時後我會覺得時間是虛構的，像字母一樣，儘管字母使我們能夠組織故事和訊息，但字母仍是虛構的。有誰能說字母是真實的，不是人造的嗎？在史前時期，當現代人類的聲帶發出第一個母音時，字母存在嗎？正如字母是聲音轉換成書寫文字時用來組織文字的工具，同理時間

第13章

# 它跑哪去了？（老化與時間的加速）

無論生活在何處，舉凡生物，
在某處都有一本打開的簿冊，其上刻著時間的印記。
——亨利・柏格森《創造的進化論》（*Creative Evolution*）

人到了某個年紀，與朋友閒聊，有時談論的主題會聚焦在時間加速的感覺上。在這個年紀，生命好像流逝得愈來愈快。跟小孩完全不一樣，一個六歲的小孩作著白日夢，想著她一個禮拜後的七歲慶生會，短短一個禮拜的時間感覺竟是那麼的漫長煎熬，可是六十歲的人看那同樣的一週，卻好像一閃而逝。七十歲的人，生活中如果沒有出現一些特別能標記時間的偶發事件，像是遇到困難、煩惱或特別快樂的事情，令常規的生活出現一些變動的話，會覺得日子過得很快，在試圖回想早餐和晚餐之間的時間時，感覺時間像生命的閃光般，倏忽即逝。

隨著年齡的增長，我們的新陳代謝和身體時鐘也會走得比較慢，縱使太陽每天都試圖重新校準這些時鐘，也是枉然。長輩通常移動速度比年輕人慢，並不是因為長輩沒辦法快速移動，其實通常是可以的。長輩往往沒有覺知到自己的動作比較慢。當身體機能（平衡感、反應時間、視力、聽力）慢下來時，時間的相對運動也慢了下來，於是不會注意到時間前進的速度跟年輕時不一樣了。你可以在超市裡觀察一下超過七十歲的長輩跟年輕人移動穿越過走道的形態。對許多這些長輩來說，時間感會根據他們的身體（尤其是腳）向大腦的時間部位所發送的信號做相應調整。有些人覺得他們的生命隨著年齡的增長而流逝得愈來愈快，但是他們每分每秒的時鐘卻似乎走得愈來愈慢。年紀較大的人儘管餘命時間的百分比正在快速縮水，但是他們通常在潛意識和意識層面上知道自己有更多的時間。退休會對人們手頭上能有多少時間有顯著的影響，但是長輩的移動速度並非由空閒時間多寡決定。當空閒時間多了，心態也會隨之調整，開始鼓勵身體減慢肢體的活動度。而這個慢下來的步調會調整負責告訴身體活動該多快或多慢的眾多內在時鐘。內在時鐘會告訴身上那些磨損的彈簧、齒輪、槓桿和活塞：其實沒有必要急著去哪。這些內在時鐘直接面對任何關於死亡之前可能還剩多少時間的心理沉思。

皮耶·魯孔·杜·諾伊（Pierre Lecomte du Noüy）於一九三〇年代擔任巴黎巴斯德研究院生物物理學系的系主任，當時他正在研究第一次世界大戰期間戰場上傷口的復原。杜·諾伊確立了似乎是普世皆然的傷口復原速率和年齡之間的關係。他的研究深受亞歷克西·卡雷爾（Alexis Carrel）在探究傷口結疤方面的啟發。卡雷爾是一位法國生物學家，也是諾貝爾生醫獎得主，他因血管外科手術技術方面的研究而獲獎。卡雷爾一直懷疑傷口結疤遵循一定的幾何規律，但直到杜．諾伊提供了數學上的協助，才完全證實了卡雷爾的想法。杜．諾伊成功地用一道法則表述結疤速率，該法則近似一條高度吻合結疤率和年齡之間關係的函數。我們現在知道，身體在經歷過任何類型的大手術後，其癒合速度隨年齡增加而遞減。

杜．諾伊進行了幾次以化學為基礎的實驗，證實了結疤率與時間流動的心理印象之間的關係。他發現，一道二十公分的傷口若是在四十歲男性的身上，其癒合速度大約是同等傷口在二十歲男性身上的兩倍。而六十歲男性的癒合速度則會比十歲小孩身上同等大小傷口的癒合速度慢上五倍。[1]

如果人體在年輕時自我修復的速度比較快，那麼猜想會得出一個結論，即時間流逝的速率會影響身體和大腦在細胞層級的運作。當然，我們必須接受孩子看世界的觀感與成人不同，我指的是，比起成年人，孩子們經常面對更多的新經驗。因此不同年齡之間時間流動的速率並不平均。我們現在正在談論的是人類意識中的時間，講得一副好像意識的時間是取決於身體細胞一樣。這麼講似乎有點穿鑿附會。杜．諾伊並未指明細胞時間（無論那在一九三〇年代是什麼意思）是促成我們時間意識的唯一因素，他真正提出的論點是，生理時間至少必定能夠修正心理時間。他的實驗顯示，結疤速率和時間流動的心理印象之間存在著定量上的高度相關。這個相關代表細胞的修復速率（其他代謝功能可能亦同）對時間之流的內在感覺有一定的影響。因此，我們對時間的內在感覺可能以某種方式與細胞活躍程度相關。

目前我們對人體的化學機制已有足夠的了解，知道隨年齡的增長會累積愈來愈多的毒素，這些毒素來自於細胞組織的自然退化以及環境污染物累積的衝擊。我並不是在討論這些污染物對器官的毒性比人類歷史上任何時刻都來得高。雖然有可能確實如此，但是更重要的一點是，除非我們的身體器官演化至更能夠自行抵禦這些環境污染物，否則結果就是老年人在持續衰老的過程中會累積更多的毒素，使得業已疲倦的再生細胞更為衰弱。這就是老化的過程。了解這點後，我們就可以來比較結疤率和時間流的心理印象兩者間的定量相關性。隨著年齡增長，體內會有更多的毒素累積無法清除，導致傷口（可能也包括其他疾病）的復原速度減慢。隨年歲漸長而生的還有一個想法，即一年看起來的長度就只是對已逝生命比例的潛意識理解，或只是記憶在潛意識層面集合的結果。然而，或許這些心理層面的觀念跟細胞在生理層面的衰老都攪混在一起了，且彼此相關聯，這部分原因不明，仍未有定論。

每當我覺察到自己正在思索時間加速感和老化之間的關聯時，總發現自己早已不知不覺進入到一團迷霧之中，謎團的根源來自於感知（perception，或譯「知覺」）本身的含義，也就是意識到有某個東西會使時間的概念出現。**感知**是跟**時間**一樣難以捉摸的詞。我知道感知是察覺到某事物正在發生或可能發生的能力。我可以感知過去發生的事件以及未來將發生的事件。但是感知和記憶並不一樣；感知更廣泛。我可以感知到從未真正發生過的事情，也可以感知到我預期永遠不會發生但可能發生的事情。

當某件事真的發生時，我們往往會把它發生的時間點往前延伸。**望遠伸縮偏見**（telescoping bias）是認知心理學家的一個術語，用來告訴我們，當我們在回憶最近的事件時，往往會以為它在更早的時間點發生。反之，也會以為遙遠的過去事件發生的時間點更接近現在。也就是說，我們會把最近的事件感知為比實際上的更遙遠，把遙遠的事件感知為比實際上的更接近。回想一下你生命中一件重要但很久沒想起的事：朋友結婚或是令人難忘的初吻。什麼時候發生的？你的記憶很有可能會在日期上動手腳，有時會差上個幾年，記憶把玩著隨著我們變老而愈走愈快的時間感。

許多理論試圖解釋老化影響時間知覺的這一現象。一個最受歡迎但可惜是錯誤的說法為：隨著年齡增長，當前那一年的生命在整個人生所占的比例不斷在下降。這是一個老觀念，詹姆斯將這個觀念歸因於十九世紀的法國哲學家保羅·珍涅特（Paul Janet）。詹姆斯告訴我們，「很難宣稱這樣的講法可以減低人們對這現象的神祕感……。一個十歲的孩子感覺那一年是他一生壽命的十分之一，一個五十歲的成人感覺那一年是他一生壽命的五十分之一，同時感覺到生命很顯然維持在一個固定的長度。」[2]

這是個人類時間印象的線性模型，將N歲人生命中的一年列為一生壽命的百分比。十歲孩子人生的一年會增加百分之十。二十歲的青年必須要經過兩年的時間生命才會增加同樣的百分之十。依著這樣的邏輯繼續推演下去，我們會發現一個10N歲的人需要花N年的時間才會經過他百分之十的人生。這樣的說法給了我們一條數學的線，這道數學線看起來滿接近老年人真實的感受，但是造成這種感受的真正原因事實上要比這複雜得多。

這個生命比例的理論假定，相較於整個生命，每個流逝的月或年的權重會愈來愈小。可是生命中重要的時刻有可能以任何長度發生，該理論於是忽略掉了一個人生命中短小卻意義重大的時刻。歲月縮短的印象會隨著時間的流轉而愈趨複雜。這個印象同時受新經驗和尋常經驗的影響，也受記憶和旅行的影響，更是極大程度地受到焦慮感的影響。當時間年復一年過去，每一年都會自然而然變得愈來愈尋常，生命中的重複性似乎會把幾天、幾週、幾年都併在一起壓縮成一個個窄小的包裹，這些小包於是被算作是時間的小封包。

線性模型是「為什麼隨著時間的流轉，時間好像會縮短」的典型答案。若x＞y，則一年在x歲人生命中的占比會比y歲人的小。這在數學上當然是正確的。確實（也確實不）符合邏輯。神經科學研究告訴我們，多巴胺（dopamine）系統及其受體與載體蛋白會隨著年齡增長而衰弱。[3]藥理學研究發現多巴胺系統與內在時鐘以及時間記憶、時間長度的辨別和注意力機制都有關聯。[4]心理學家已使用小樣本技術研究年齡對於時間計數是否有任何影響。該實驗要求受試者以唸出「一，一千……二，一千……三，一千……」的方式計數三分鐘的秒數。年齡在十九到二十四歲之間的年輕組受試者可以幾乎完美地計數三分鐘。年齡在六十到八十歲之間的年長組受試者差了大約四十秒鐘。沒有差很遠，可是依此類推，若把計數的長度延長到例如一小時，就會差上超過十三分鐘。年齡較大的受試者們並不是退休人員。他們是工作行程安排很緊湊的在職者，所以這代表他們的感覺並沒有受到生活是否無聊的影響，而是肇因於大腦內在時鐘的運轉變慢了，因而感覺到生命在加速。這有可能是多巴胺系統衰弱的結果。[5]

大腦可以控制反應以及估計時間的長度。當事情沒有在預期的時間點到來時，嬰兒就會哭，像是嬰兒床上吊著的旋轉玩具太早停下來，或是食物沒有像以前那樣迅速來到。當然，小嬰兒的確也感受到肚子餓，但他們同時也在形塑期待。年紀較小的族群對時間的意識很強；通常年輕人無聊的時候會比老年人更容易想到時間。年輕人比老年人更常看手表，也比較會查看完成某件事情要花上多少時間。只要大腦的前額葉皮質持續成熟，童年時期的時間意識就會持續進步。

實驗心理學已研究時間知覺超過一個世紀，也在諸多方面取得很大的成功。[6]有些論點認為動物與人類有某些共通的時間本能，像是處理時間的腦區主要跟處理回饋的腦區相同。其他的論點則認為時間管理和處理焦慮與恐懼的腦區有關。也有理論認為，時間的型態是由諸多具規律性的身體節律（例如心跳、呼吸、疼痛、體溫和情緒）所形塑。時間知覺也有可能以某種方式與心跳和身體韻律的意識或潛意識有某種關聯，不過這樣的想法可能有點過度放大心跳對時間知覺的影響。[7]所有這些理論和論點的問題在於，有非常多的因素都跟腦中專為體內細胞計時的功能相關，這些因素有些明顯，有些潛藏，但都能促成我們的時間感。

這張圖顯示了兩條曲線，其中一條相當簡單的雙曲函數代表的是珍涅特提出的人類時間印象的心理計時模型，另一條由打叉的點連成的線代表的是傷口癒合所需的生理時間和年齡的關係，這兩條線幾乎吻合。兩線只是很相似，依據此圖我們可以說兩者有高度相關，但是並無法推論兩者必然有因果關係。就目前所知，許多自然現象都可以用雙曲線作為模型。因此也或許還有其他隱藏過程會影響該現象的推定，這些隱藏過程有可能既非心理也非生理過程。心理之外可能還有其他東西會影響我們的時間感，目前這樣的想法頗受歡迎。當然兩者的連結有可能就像大部分的連接一樣，純粹是個巧合。再者，由於許多化學過程都是受細胞生命的物理化學機制所影響，因而遵循類似的幾何級數的發展，會不會我們根本無須對這樣的結果感到意外？

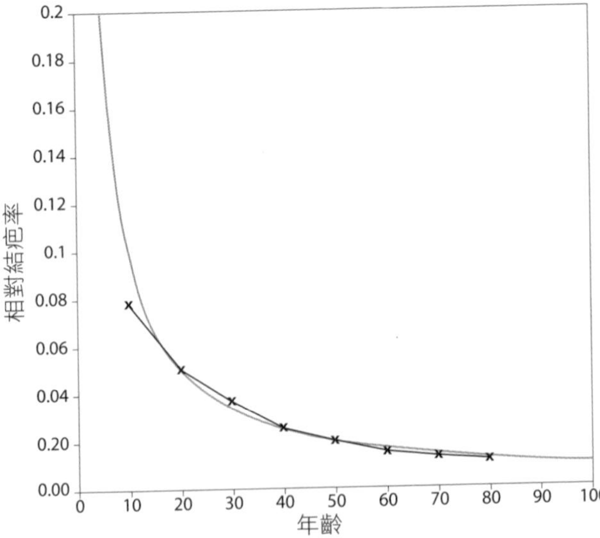


【圖12】相對結疤率以及時間價值評價隨年齡變化的函數關係

回到我們為什麼認為時間會隨著年齡增長而加速的老問題，讓我們想一下先前談過的一個熟悉的概念：人們想像自己的生命時，會以過去的那年占他年齡的百分比來思考。一年對於一個五歲的小女孩來說是她人生的五分之一（百分之二十），而同樣的那一年對一個二十五歲的少女來說似乎只是她人生的二十五分之一（百分之四）。如果我們更進一步檢視這兩者的關係，其中$x$代表一個人的年齡，$y$代表一年占他人生的比例，那麼這個關係會是$y = 1/x$。

年齡肯定會干擾我們對時間流逝的印象，但干擾的方式可能不是原先我們所預期的那樣。將時間意識視為年齡比例的理論（包括有意識的和潛意識的）看似是一個理性的解釋，但是這種時間感是建立在對整個生命的記憶之上，而記憶只是對生命模模糊糊的速寫。杜．諾伊用一個精采的隱喻描述之：

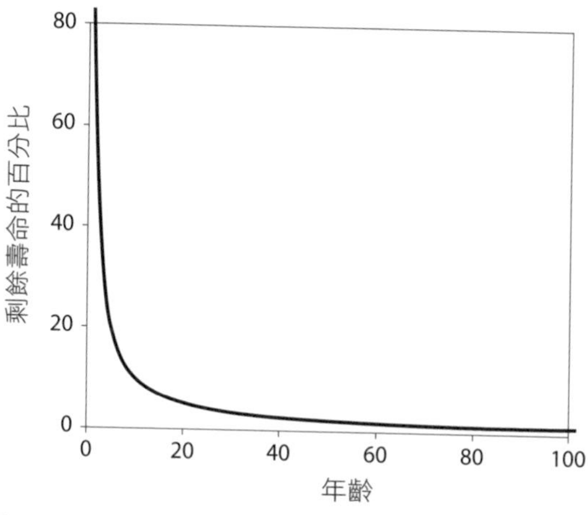


【圖13】剩餘壽命百分比與年齡的關係

（記憶的機制）有點像我們在戲院裡看演員演戲——代表我們的內在感知投射到我們之外——好似布景總是朝著同一個方向移動，它自己會從右側展開，從左側捲起。若從機械的角度來看，很容易會聯想到，帆布捲起愈多，卷軸的直徑就愈大，捲動的速度也就愈快。[8]

上述展開－捲起的比喻聽起來很合理，但原因可能就只是：隨著年歲漸長，我們日常經驗的重複性就愈高，也愈趨單調，愈來愈少經驗會留下持久的效果。我們不太會注意到尋常的經驗，但是會特別注意鮮明突出的經驗，像是初吻、第一部車、高中畢業舞會或是摔斷前牙的經驗。這些經驗是人生旅途上的地標。但是隨著年紀增長，類似初吻、第一輛車或畢業典禮這樣鮮明突出的經驗出現的次數愈來愈少。或許這是我們覺得時間會隨年齡加快的原因之一，但絕對不是唯一的原因。

人類太複雜了，複雜到不可能只靠一系列相互共通的生理與心理活動便能決定我們的時間感。原因沒有那麼簡單。無論控制時間流逝加速感的原因究竟是什麼，它一定是來自一個多層次的系統，該系統由彼此盤根錯節的多種內在訊號結合而成，而身體對於我們的生活如何和時間糾結在一起的認識與了解又會與這些訊號相互作用。多層系統中的其中一個因子便是個人的活躍度。活躍的生活會給人時間緩慢流逝的印象，這與無聊會讓時鐘運轉無比緩慢的觀念相矛盾。活躍度與身體時間、脈搏、心跳、體溫、肌肉記憶和大腦活動密切相關。時間感像一團大毛線球，我們的生活方式傳送訊號至無數條相互連結的回饋線路，纏繞在一起形成這顆大球。

思考任何一段常規活動的終點是有一定影響的。在溫泉度假飯店待上一個月是一個有起點和終點的大塊時間。終點接近時，人們會開始想著終點。假期的初始還未建立起任何習慣，反而有一些稍微空虛的未來需要填補，這時會有一連串不確定的經驗。飲食和用餐時間跟以往不同了，睡眠週期也改變了，因此對時間本身的關注也發生了變化。這一大塊有著預設終點的時間會和心智玩遊戲。一開始時間似乎流逝得很慢。過了幾天以後，建立了新的常規，原本空虛的未來開始填滿。人們適應了新常規後，日子的長度似乎開始加速走向這段時間的終結之日。通常我們也會看到生物物理上出現變化，像是血壓、日照程度和飲酒習慣的改變，這些因子也會使事情複雜化，進而使時間感產生混淆。

接近生命的終點對於了解我們為何覺得時間會隨年齡增長而加速很有幫助。這是身體對那終將到來的長眠所發出的警訊，是疲憊的細胞對於即將逼近的到期日敲出的警鐘，是我們最長的大塊時間的終結之日。我們知道這一天會到來，但不知會是何時。隨著年齡漸增，我們愈來愈意識到那個「何時」，我們衰老的細胞變得愈來愈鬆懈，原本協調的功能開始出現混淆，例如搞不清晝夜節律中開啟和關閉蛋白的生成時間。此外，我們也經歷到愈來愈多的死亡，因而愈加發現生命比我們原本所想的更短暫。心於是試圖忽略在我們耳邊低語著「還剩多少年」的想法，但這個背景噪音似乎愈來愈大聲。最後我們都會到達某個年紀，這時身體的細胞告訴我們歲月看起來彷彿愈走愈快，明年看起來會比今年更短。

幸好，生命中有很多快樂的時光，像是大快朵頤美味佳餚的時光，全神貫注進入心流境界的時光，也可能是春日裡在公園舒爽的漫遊，情緒澎湃地聆賞一段饒富意義的音樂，或者是沉浸在你最喜愛的興趣之中，又或許只是一段深度智識探索的時刻。這些時刻通常都被埋藏在生命的時間表當中，但就是這些專注的時刻賦予我們意義，推動著我們往前行。這些時刻在我們一生當中來來去去，有時會把時間猛然一推，有時會把時間壓短或拉長。它們是讓你感覺你還活著的那些時刻、時段和時期。

## 楔子：世界上走得最慢的鐘

我的第一次暑期打工是在十五歲。那時為了證明自己已經大到可以合法工作，還去弄了一張偽造的出生證明，好讓我可以去傑克叔叔位在紐約曼哈頓中城的絹印印刷店工作。從上午八點半到下午四點半，我像一個單工電路的機器人一樣站在定點工作，把剛沾上墨水、濕漉漉的可口可樂大號廣告海報從橡皮刮刀板移轉到乾燥架上晾乾，一張接著一張——我張開雙手，抓住海報的兩個角，提起、旋轉、滑入乾燥架，放下邊角，轉回身去，再重複同樣的操作。這樣全無人性的機械式重複帶給我的心理痛苦似乎還不夠，一座碩大的賽斯．湯馬斯（Seth Thomas）鐘就高掛在我乾燥架前的牆上，這座原本可能是設計為大城市火車總站使用的鐘，同時也是世界上走得最慢的鐘。這口鐘的秒針好像幾乎沒在移動，於是我發現，每分鐘處理海報的速率算起來一直都很高，我一邊也在想著，這座鐘大概是受前頭辦公室的操控，難怪每天都可以塞進更多的工作。這份工作我只撐了一個禮拜。還是一年？

在那家印刷店裡，每天的時間有絕大部分都停滯不前。

「為什麼會這樣？」我問我自己。「為什麼每當我看著時鐘的指針，它們都不會動，可是一旦我不看，它們就動了。」

其他天真單純的問題開始浮出水面，有時答案接續其後。時間為什麼會把我們耍得團團轉，時而收縮，時而膨脹。時間為什麼有時會加快，例如年齡漸長後、假期結束時，或是在海灘上那些美好的日子。又為什麼有時會放慢腳步，像是旅行剛開始時、情緒轉換時、等待無聊的演講結束或是等待鍋中的水沸騰的時候。為什麼沿著一條單調無聊的高速公路行駛時會覺得永遠都到不了目的地？為什麼會出現時差？為什麼沒有出現時差？為什麼對囚犯、吸毒者、患有臨床焦慮症的病患、失憶症，和其他認知功能障礙的人而言，現實世界的時間感會有所改變？為什麼有些人就是比其他人對時間有更精確的意識？甚且，總的來說，為什麼有些行為

# 第14章

# 感覺（時間感）

人睡著的時候，圍繞著他的是時間和年歲的序列、天體的順序。當他醒來時，會本能地探尋這些訊息，瞬間就讀出他在地球上的位置，睡著時經過了多少時間。

——馬塞爾・普魯斯特（Marcel Proust）《追憶似水年華》第一卷《在斯萬家那邊》（*Swann's Way*）

二十萬年前的地球，大象、犀牛、河馬等厚皮動物自由自在地閒晃，雙肩高聳的猛瑪象成群結隊漫遊於世界各地，那是一個對智人（*Homo sapien*）來說挺奇怪的時期，當時的智人隨時需面對被其他動物獵殺的危險，忙於逃離捕殺，忙於在那樣的環境下存活，幾乎沒有餘裕進行更深層次的思考。智人們每日汲汲營營於狩獵，對他們來說，生活的韻律就只是白天結束了進入黑夜，黑夜結束了再進入白天的交替循環。季節更迭不過是歲月流轉的暗示，可以從太陽劃過天空的線索注意到，太陽大概是被單一方向的風吹拂，總是一直往同一個方向走，而有時則在世界盡頭的山陵上方，像一顆發亮的石頭墜落至地平線下。他們的太陽在天上航行時並不具特別的規律性，可能航行個一天、兩天或三天，然後其他幾天就消失在時而出現、帶來了早上和下午光亮的雲朵之後。

當然沒有人真正知道兩億年前的人類腦袋裡在想些什麼。多年來，我爬梳整理了一冊又一冊大部頭的人類學文獻資料，試圖尋找任何有關原始人類心智敏銳程度的確鑿證據，結果找到的只有自己高度臆測的個人想法。因此，請將我接下來說的內容適度地視為想像與猜測。在我看來，大約一億年前，也就是介於舊石器時代中期和新石器時代間的某個時期，有人在某處觀察太陽，他或她忽略掉雲層覆蓋的那幾天，注意到了白晝光的出現有其規律性，也注意到了這些重複性的時間間隔出現的長度約略相同。這可能就是一次單純注意到時間的事件。接著或許又再經過了一萬年，才又有人意識到可以善加利用白晝光的特性構建一個能從現在測量過去的時間間隔。之後又要再過一萬年，才又有人認知到白晝光的用處及其基本的數學意涵，進而以之為工具用於規畫未來。

儘管史前人類已知用火，但仍不得不離開他們認為舒適安全的居住區域，暫離家人，為一家溫飽而出外狩獵。他們得面對種種險惡的環境考驗，例如颳風下雪、冰凍的低溫、飢餓與疼痛。長時間的激烈狩獵所導致的傷勢肯定會成為他們的弱點，更嚴重的威脅來自於附近虎視眈眈的貪婪野獸，每天都靜悄悄地四處尋找能填飽肚子的大餐。當時的人類並不區分小的時間間隔，也不區分大的時間間隔。縱然如此，在很久以前的某個時期，時間的概念必定曾在智人的腦海中浮現，可能只是簡單的認知到重複性，注意到季節，注意到黑夜和白晝，生命於是經由狩獵、尋找水源、試著存活下來等清醒時的片段而有了一些自然的進程。不過，同樣的這批人類在數萬年後似乎找到一些閒暇的時間，他們開始用木炭棒在洞穴牆壁上作畫，刻上月亮曆，舉行儀式，讚嘆他們所獵殺之野生動物的超自然主人，抑或是歌頌巫師。[1] 他們看似有求生的本能，會將任何清醒時可用的時間妥善安排於打獵和進食，甚至還有一點空閒可以作畫。他們怎麼可能完全沒有一些原始的時間概念呢？不過還是可能有些人類真的不具時間的概念意識。

或許真的有人如此。亞馬遜雨林裡有些原住民族鮮少與外界接觸，有項研究針對其中一個小型部落所用的語言進行了田野調查和觀察型研究，得出的結論如下：我們所知的時間感並不是所有人類與生俱來，並不具普遍性。根據湖南大學認知科學特聘教授克里斯托福・格林・辛赫（Christopher Glyn Sinha）的研究，阿蒙達瓦（Amondawa）部落的原住民對於時間似乎沒有結構化的語言概念。這一發現牴觸了語言學家長期以來的假設，即所謂的**普遍映射假設**（universal mapping hypothesis），也就是假定所有語言為了構建時間關係都具有空間性的映射，這樣的說法其實也暗示運動和位置在本質上都與時間的概念息息相關。可以肯定的是，即使阿蒙達瓦語中沒有時間的語言概念，但並不代表阿蒙達瓦族人就沒有時間概念，因為概念的出現可以先於語言。該研究團隊發現，阿蒙達瓦族人沒有代表「下週」或「明年」等概念的詞彙，這一點有助於研究團隊後續發現阿蒙達瓦族人沒有年齡。取年齡而代之的，是他們會用更動名的時間線上標記位置為何，就已能在文化的引導下摸索出一套生活的語用學。

動物一般具有生存所需的時間感，會因預期到危險而警鈴大作。即使我們的確希望狗狗搖尾巴代表他很開心，但我們當然不可能真正知道動物的感受。縱然如此，我們確實知道（或者我們認為我們知道）動物與生俱來便具有一定的本能，使他們至少能領先掠食者一步。而掠食者則必須計畫他們要如何對獵物發動攻擊。

我想起了我在南非的一次經驗，那是發生在靠近波札那（Botswana）的邊境。一天下午，我和太太在馬迪克威狩獵保護區（Madikwe Game Reserve）參與獵遊的行程，當時我們非常接近山坡上的一個大獅群。獅子們正伏臥在地上，看著山腳下的三隻長頸鹿在池塘邊喝水，長頸鹿看起來沒有意識到周遭有任何危險。我們坐在敞篷吉普車裡靜靜地等待，緊盯著獅子的眼睛——是的，我們離得非常近。我們想像獅群領袖的腦袋裡正在想些什麼，如同獅子真的可以用語言思考般：**我們要攻擊嗎？如果要的話，什麼時候發動？**獅子或許是萬獸之王，但即便是手上有一支部隊的國王，也必須要能出於本能直覺，意識到突發狀況可能發生的情境與機率。長頸鹿只消對著獅子的脖子踢上一腳，牠們可能就一命嗚呼。獅子知道這一點。

我們都屏息看著獅群。每隻獅子除了快速緊張地眨眼，都一動也不動。領袖正在考慮風險。最後，長頸鹿喝完了水，伸直了細長的腿，像是在展示牠們的身高。接著，這三隻美麗無比的動物帶著自信與優雅，巧妙地遠離了獅群。與此同時，獅群也下了決定：**最好不要攻擊這**

**幾隻長得這麼高又站得這麼直的食樹動物**。這個獅群已經設想到了不遠的未來，並為之做了計畫。

相較於其他大多數的動物，我們現代人擁有的本能少之又少，因為人類所擁有的意識可以學習適於生存的行為，並且能持續進步，因此不再需要置本能於第一優先。學習的能力憑藉其優異的技巧與本領，強勢碾壓其他本能，無論我們還保有什麼樣的原始生存本能，都已是被學習的能力擊敗、取代之後，僅剩的殘餘。[6]美國哲學家兼認知科學家丹尼爾·丹奈特（Daniel Dennett）告訴我們，「大腦的任務是引導它所控制的身體穿梭於一個情境不斷移轉且充滿突如其來變化的世界，因此它必須從世界中蒐集訊息，並且迅速地運用這些訊息來『創造未來』——擷取預期會發生的情況，以便在災難發生之前超前部署。」[7]因此，我們的大腦必須在做出任何有利於最大化生存機會的決定之前，不斷地處理傳入的時間訊息以及匯集所有的預測。

現代人的時間感是從物質世界的經驗中培養的。我們有時會意識到**現在**，有時不會。在開車去上班或赴約的路上，當我們看到前方塞車而且車子儀表板上的時間告訴我們將會遲到時，那些「現在」讓我們微微惱火。那些意識到現在的瞬間，那些當下的時刻，很快就被歸類為僅只是過去的記憶。過去在某個程度上是固定的，因此那些記憶並不會被不斷進入的新條目帶來的干擾和混亂所模糊。未來以極快的速度進入現在，閃現著我們生活世界的現實，也夾雜著想像世界的影子。我們根據經驗擬定計畫。計畫不會每個都奏效，但是經驗和想像力的碰撞將我們帶到交叉路口，有些路我們會走，有些不會。計畫之外的一場雨可以毀掉一個期待已久的海灘度假之旅。

就跟現代人一樣，我們住在洞穴裡的遠祖一定也建立了屬於他們自己的時間線，每時每刻，他們將個人的所見所聞歸檔入過去的有序記憶之中——生下一個小孩、捕殺一頭羚羊、伴侶的死去。就像我們一樣，他們也將自己的生命歸檔入位於大腦的某個地方。然而，他們的時間線跟我們的不同。他們當然也清楚地意識到日子的過去、新的一天的開始，甚至有可能從月相的變化略為意識到新的一個月的開始，如果住得離赤道稍微遠一點，還能意識到季節的變化。儘管如此，他們的時間線很有可能就現代意義而言並不是按照時間先後依序排列的，而是或模糊或清楚的**現在和那時**，他們也無法回想起這些事件發生的先後順序。縱然如此，他們仍然是在記錄生命中的事件，以備未來之用。

如果我們能想像一個穴居的獵人利用他寶貴的時間雕刻一塊後來成為他的長矛矛尖的石頭，我們就也必須承認，他已具備足夠的時間判斷力，知道他會在未來的某次狩獵中使用該項工具。很有可能他不僅只活在永恆的**現在**裡。為未來預做準備是許多生物共有的天賦。樹木會為季節變化——乾燥、潮濕、寒冷、溫暖，以及太陽的炙熱程度預做準備。鳥類會遷徙、松鼠會蒐集食物，還有大多數生物都會為繁殖期預做準備。對於動物和植物來說，他們的準備行為大多是出於本能反應；但對於人類來說，這樣的行為則與意識有較密切的關係。縱使無法得知穴居人類到底是怎麼想的，但我們總是可以想像和推測他們對時間的敏銳度；不過我們對現代人的了解就充分許多。我們擁有不僅可以思考未來，還可以想像未來的獨特能力，甚至可以幻想自己置身於未來之中。我們對時間連續性有潛在意識，也對時間情境間的關聯有潛在意識，這些時間情境一直在守護我們，讓我們免受可能危及生存條件的威脅。身為人類，我們總有數不完的改善目標，同時也有衰老和長眠潛伏在終點的時間意識。

在歷史早期的某個時間點，人類的時間意識為了要能適應社會和物質環境而變得益發敏銳。隨著社會更為複雜化，時鐘和日曆變得愈來愈控制著人類的生活模式，時間也愈加支配著規畫日子這項認知行為，並且無可避免地涉及到過去、現在、未來的時間歸類。[8]諸如此類的計畫使人類更加專注於當下的行為，也更留心對於未來需求的預測。二十世紀的英國神父兼比較宗教學者山繆・喬治・弗德里克・布蘭登（Samuel George Frederick Brandon）便曾認為，終將一死的恐懼可能就是催生世界上許多宗教的基本動機，他也說：「總的來說，那些最成功的個人或是社會就是最有能力在規畫其事務時充分利用時間感的人。」[9]他相信人類之所以能夠在為生命拼博的過程中，成為其他所有物種的支配者，就是因為人類具有時間意識。

儘管二十萬年看似已過了很久，但現代的人類可能連十萬年的歷史都還沒有。人類的任務是要能撐上更長的時間。一系列奇蹟般的基因突變為人類的大腦加注了特殊的能力，可以專注於即將發生的事情，可以預測變化，甚至在面對不斷變異的環境以及意料之外的偶發事件時，還具備導引和控制這些突發狀況的能力。人腦從周遭的環境狀況中汲取訊息，並利用它來預測對身體可能造成的危險。危險是一個概念，暗示著尚未發生的有害事物，是某個未來可能或將會發生的事件。只要大腦有一點合理的意識，就能預測危險，進而創造出一個超越現在的未來。大腦會區分過去和未來，在事件飛快地進入記憶時對其進行編目。不過的確，有時我們會只顧眼前的東西，只為那一天而活。美式足球運動員也知道該項運動的腦傷風險偏高以及腦傷後可能導致的影響，有時我們也會貪嘴吃了不該吃的東西。

我們是怎麼從單純的本能反應（暫且先忽略哲學家對於意識真實性的問題仍正進行中的辯論），演化成具備時間感的呢？或至少，人類是如何發展出能意識到過去和現在之間以及現在和未來之間是有分別的呢？這個問題的答案能憑藉的可能只有參差不齊的理由及依據，因為儘管現代人類擁有意識，但我們對人類先驅的時間意識幾乎一無所知。至於我們對現代人類的時間意識其實也只有多上一點點的認識。大腦在進行其各項功能時，能夠非常精確地計時。舉例來說，我們知道將手臂舉起扔出一根長矛這個動作，起點是身體感覺的訊息先傳達到大腦，大腦再以驚人的速度送出訊息，協調接收命令的肌肉功能。站在本壘板上的打者能夠看到以每小時九十英里的速度朝自己飛來的棒球，同時他的身體和手臂可以做出協調一致的驚人反應，以極高的精準度揮出球棒。大腦是怎麼協調這麼複雜的動作的呢？打擊手揮棒的動作並非源自於棒球運動。事實上，可能可以溯源自數十萬年前，當時為了能夠獵捕速度很快的野生動物，有些神經元因此聯合在一起形成多個新的網絡。當瞪羚跑得愈來愈快，人類的神經肌肉協調能力也隨之演化。

對於是什麼觸發了人類第一次領悟到時間流逝就是現在和過去的分野，目前已出現一些考古證據能讓我們有些許的推論和某個程度的掌握。當時的人類（也或許一向如此）就如同他們的靈長類祖先一樣，是社交動物。那時只能發出幾個母音般的咕噥聲，真正的語言還未出現，但是早期人類可以利用圖像進行記憶，因此能區分過去與現在。而我們現代人區分時間片段的方式則跟語言有關。加州大學聖地牙哥分校（University of California, San Diego）的認知科學家拉斐爾．紐涅茲（Rafael Núñez）和他的研究生肯西．庫伯萊德（Kensy Cooperrider）透過他們在新幾內亞所進行的優諾人（Yupno people）相關研究讓我們了解到，人們在概念化時間的時候，各文化中的語言性隱喻是如何發揮核心作用。紐涅茲認為，理解時間的其中一個方式是透過空間性的隱喻，因為人類天生就擅長於確定方向和空間定位。[10]一個講英語的人可能會在提到昨天時，暗示性地在肩膀上方往身後指，或者是在提到明天時指向前方——正如同英語中的慣用句：過去已在我們身後，我們從那兒而來；而未來就在前方，是我們將前往的地方。在美國手語中，當我們想表達過去時態的時候，會用該動詞的原型加上肩上一個向後的波浪手勢，個則是跟時間的本質有關。許多這類研究的實驗對象是動物，但是人類跟動物的時間機制並不相同，因此得出的結論往往不能反映出人類現實世界的實際時間。而我們也知道並沒有任何一個目前已知的儀器能夠測量內在和外在感覺之間的直接連結，諸如使用正子斷層造影掃描（PET）、功能性磁振造影（fMRI）或甚至是最尖端的神經科學技術，像是用導入感光蛋白（light-sensitive proteins）的方式來監測腦細胞，都辦不到。傳送時間訊息進出大腦的神經傳導路徑並非僅只一個，而是有很多個，多到會混淆神經科學實驗的結果。[11]除此之外，神經科學家們發現幾乎所有的感覺通道都會攜帶一些時間知覺的指令。甚至時間知覺的範圍可以大至數年，小至微秒不等。這也代表著，大腦是怎麼計算或大或小的時間區段其機轉仍不清楚。[12]更令人驚訝的是，有多個機制會「同時同步運行，這對我們在搜尋單一訊息處理的模型和神經機制時變得非常複雜。」[13]不過我們也看到一些線索：多巴胺在時間知覺上扮演了一定的角色，我們也知道腦中的特定區域可以控制晝夜節律和多巴胺的傳遞。

幾年前，我是一項物理學實驗的其中一隻白老鼠，該實驗的目的在測試短時間閃光的感知。實驗本身非常煩人而且折磨人，尤其因為是自願性質的。進行的方式是閃光會連續出現兩次，而我的任務是報告我所看到的閃光次數。我可以數到兩次閃光。兩個閃光之間的間隔不到一秒鐘。這個實驗就這樣一直重複閃光，但兩閃光間的時間間隔會愈來愈短。一開始時我總是數到兩次。但過了某個時間點後，這個數字就會跳到一。即使實際上每次都還是有兩個閃光，但我只看得到一個。當間隔只有約莫不到十分之一秒，兩個閃光看起來會黏在一起變成一個。好似眼睛在看到兩個閃光刺激之後，產生的神經活動到了經驗的層次卻變成是僅剩一個瞬間的視覺呈現，儼如這成對的事件被包裹在一次的閃光經驗之中，由一個閃光作代表。不過奇怪的是，當閃光繼續以十分之一秒的間隔閃爍時，我發現我有的時候可以看到兩次閃光，有的時候只有看到一次。彷彿在我體內，神經傳導的時間活動是一系列不停運轉的小封包，而我一直在將成對的閃光打包成神經傳導中的小包。有時一對的閃光會分開，這兩個閃光就會各自處在兩個不同的時間框內。於是我就會看到兩個閃光，就能夠區別兩個閃光有所不同。就我所知，該項實驗的研究者認為那些時間框是中立地在跳動著，跳動的速率則由多巴胺的濃度多寡決定：濃度愈高，速率就愈慢。這或許可以解釋為什麼興奮刺激的事件會使我們的時間感發生變化，因為這類事件會促使多巴胺的產生。興奮程度愈高，內在的體內時鐘相對於外在的真實時間就愈慢，因此愈會低估時間流逝的速度。也就是說，我們的時間感並不是恆常不變的，多巴胺的活動會扭曲我們的時間判斷。[14]

幾乎自心理學和認知神經科學誕生之初，學者們就一直在研究時間知覺這個題目。一八六〇年，俄羅斯的博物學家卡爾·恩斯特·馮·貝爾（Karl Ernst von Baer）在聖彼得堡的俄羅斯昆蟲學會（Russian Entomological Society）發表演說時，便曾質疑「現在」是什麼。過去和未來之間的那一頃刻是什麼？他的意思是，這是人類所能想像的最短的一瞬。貝爾認為，這一瞬對於不同的動物來說是不一樣的。但是就人類而言，內在所能感覺到的最短的時間區段看來不會短於四十毫秒，若比四十毫秒還短，就會感覺是一個時間點而不是一段持續的時間。這也就是任職於慕尼黑大學醫學心理學與人類科學中心（Institute for Medical Psychology and Human Science Center）的德國神經科學家恩斯特．波佩爾（Ernst Pöppel）所謂的時間之點（time point）、「人類時刻」（human moment），又稱時間量子（time quantum），即一個「原始事件的時間之窗，也是建構意識活動的基石」。[15]

波佩爾說，我們經驗時間時，感覺到的是一段時間，或是幾段時間的重疊（時間上接近的兩個或兩個以上的事件），抑或事件的順序，或是過去相對於現在，又或是變化。他出奇地說，過去或現在的事件並不等同於經驗到的順序（即哪個事件在發生順序上排前面）。試著在現在瞬間永遠逃脫反思之前捕捉到它。「讓我們試試吧，」英國哲學家桑德沃斯．霍奇森（Sandworth Hodgson）這麼提議，「讓任何人嘗試看看，我不會說要去抓住現在，而是去注意或關注當下的這一瞬。你就會發現這是最令人摸不著頭緒的經歷之一。這個當下到底在哪？它已經在我們的掌中融化，在我們觸碰到它之前業已逃脫，在生成的瞬間消失了」。[16] 對霍奇森來說，時間是抽象的概念，未曾真正經由感官顯現，卻似乎總是與我們同在，正如雪茄公司的創辦人，後來成為業餘哲學家的羅伯特．凱利（Robert Kelly）所說的「虛假的當下」的一部分。[17]

霍奇森是對的。但我想再更進一步探討。那個似是而非的當下確實恍若融化，但並沒有完全消失。就像風中的蒲公英種子，我們所經驗到的連續瞬間會在記憶中累積，讓人類得已達到更高的成就。當你第一次學開車時，你會非常敏銳地意識到每一件你必須做的事情（即便有些事情或許有助於提升駕駛技術你可能壓根沒意識到）。你全神貫注於教給你的一切。你專注於腳踩油門踏板的速度要多快或多慢。你思考著踩著油門的腳在轉換到煞車踏板時反應速度要多快，以防真的需要用上。你緊盯著馬路，也緊盯著你跟其他車輛和行人間的距離。如此操作了幾天，也或許是幾週。不久後，你原本專注在細節上的高意識強度會轉移到大腦中的不同區域，開始自動化你身上幾乎所有的運動控制。每次開車時，愈來愈多的這些自動化運動控制會變得愈加成為常態，你身體的動肢（腿、手、手指）彷彿各自發展出獨立的「心智」。最初期的高意識強度很快就變成無意識，這時你就可以放鬆，可以做其他第一天學開車時無法做到的事情。

學走、學騎腳踏車和學彈鋼琴需要高度的專注才能成功。你可能以為行走是一項本能。但是當一個開始能走的孩子搖搖晃晃地踏出他生平的頭幾步時，肯定是專注於如何保持平衡不會跌倒，就像大一點的孩子學騎自行車時也是如此。身體似乎接管了所有那些原本由大腦協調才得以完成的任務。我們這些已經知道如何走路的人，在從一個地方移動到另一個地方時，有時就算可能比較複雜，像是上下樓梯或在不平坦的地面上跑步，但我們也不會需要思考自己的腳步該怎麼移動。學游泳需要習得一些對陸生生物來說不那麼與生俱來的能力；然而除非我們是游泳選手，不然倘若我們只把游泳當休閒，並不會特別需要思考我們的手臂和腿要擺在哪裡。學彈鋼琴就有一點點不同，因為彈錯也沒有什麼危險或恐懼會發生（羞辱除外），但一樣需要高度的專注力才得以成功。

音樂家對於手指記憶略知一二。有意識地讀著你以前從未見過的音符，同時在鋼琴上彈出這首全新的樂曲。照著這樣重複夠多的次數，也許是二十次，也許是一百次。很快地，你的手指就可以獨自完成所有的工作。你的眼睛或許還是會盯著樂譜看，但不再是完全專注在音符和指法上。你的手指可能會開始接管更多的工作，好讓你能更專注於速度、分節，甚至是對該作品發展出更具創意的詮釋。有一部分的原因是因為在你彈出音符前，你就已經在腦中聽到了那一段音樂。這段音樂會比你的手指提前幾毫秒出現，正好迎接你的「現在」。彈琴時必須對一些東西有超前的意識，包括朝你而來的音符、時機掌握（是的，時間掌握，特別是時機掌握）和分節，它們來自於未來，在無窮無盡的反覆練習之後，不知怎的，一切習慣性的重複動作最終以運動控制的方式化為音樂的形式，之前的辛勞得到了回報。對於真正的音樂家來說，以上描述可能錯的離譜，但是對新手音樂家而言，這是他們花費無數時間練習一首簡單的樂曲之後觀察到的現象。

所以，這跟學習初始階段的許多意識活動有關。幾乎所有類型的學習也都是如此。而時間亦然。我們目睹時間感以如此多重的偽裝、多重的變化和在多重的情況下出現後，最終被分配到大腦的各個部位，以便更加嫻熟於了解時間本身。好似身體的各個部位自己都懂，但還是會接收來自其他部位的提示，共同譜寫潛意識的節奏。

到了晚年，有些時間的知覺會發生反轉。彷彿原本儲存於腦中各部位那些讓我們得以不須維持高度意識的資訊全被釋放了出去，隨風而逝了。當我們失去平衡感時，我們也失去了時間感。好笑的是，隨著時間變得愈來愈重要，我們的時間感卻變得愈來愈寬鬆。我們有更少的事情要做，更少的義務，卻有更多的時間待填滿。但我們做事也會變慢，也比較不會因為不準時而焦慮。當我們接近高齡，生命中的日子變得更加寶貴之時，時間看起來應該要變得更重要，但實際上卻變得沒那麼重要了。

## 楔子：在中國的 iPhone 組裝廠臥底

在美國，你很少找得到像幫牙膏旋上蓋子一樣無聊的生產線工作。如今這類工作只能透過羅德．達爾（Roald Dahl）的小說《巧克力冒險工廠》（*Charlie and the Chocolate Factory*）

當中的巴克特先生（Mr. Bucket）一角才得以想像。機器以及自動化機器人已大幅度地接管了過去那些無人性的工作，剩下一些單調乏味的職缺。

但在中國、越南和柬埔寨，情況則有所不同。數以十萬計的人們仍在從事比巴克特先生的工作更單調的組裝生產線工作。與曾德建先生談談，他曾在上海附近的一間 iPhone 組裝廠工作了六個星期。曾先生在那兒的工作內容並不是把許多零件組合在一起，像組裝《星際大戰》帝國滅星者戰艦（*Imperial Star Destroyer*）的樂高模型一樣；相反地，他整天的工作是在組裝線上將每個送到眼前的 iPhone 喇叭插入一根小螺絲釘後拴緊，以將喇叭固定在手機外殼上。這就是他每週工作六天、每天十二小時所做的唯一一件事情。他的休息時間很少：每兩個小時休息十分鐘，午餐時間十五分鐘，晚餐休息則是三十分鐘。曾德建當時正在為紐約大學的一個研究團隊進行調查工作，他是該校專門研究中國人權的一名研究生。

曾德建最一開始很難跟上生產線的速度。產線移動得很快，所以他得全神貫注，專注在這一個簡單的工作上，非常累人。但是過一陣子以後，他體內的自動化機制開始發揮作用，這時他甚至可以閉著眼就能完成這項簡單無腦的工作。到了這一階段，他的大腦一片空白。工廠內並不允許在裡頭使用任何類型的電子裝置。他告訴新聞網站《商業內幕》（*Business Insider*）的記者基夫・樂斯溫（Kif Leswing）說，不需要動腦的工作會讓時間慢下來，慢到幾乎停住的狀態。「我所做的，」他這麼告訴樂斯溫，「就是把喇叭放在外殼上，然後放上螺絲釘。外殼——我們叫那作後殼——在生產線上移動，我們把外殼拿起來，再從螺絲送料器中取出一根螺絲釘，把螺絲釘安在 iPhone 上，然後再把外殼放回產線，接著它就會被送往下一站。」[1]

代工廠裡有超過一百個站，每站只負責組裝一個特定的部位。對於大多數人來說，像這樣反覆地在 iPhone 上拴緊一跟小螺絲釘，重複做著這項無須動腦的工作，很難想像對時間的思考會是如何的折磨。這種類型的勞動對於人體過往的歷史經歷來說是如此陌生。若想舉一個最能代表極端無聊的案例，幾乎找不到任何勞動能與之相比。現在的機器可以摘棉花、採水果、製作牛仔褲、組裝汽車，甚至可以旋上牙膏的蓋子。但是 iPhone 上的一根小小喇叭螺絲釘還是需要人工組裝。這工作還是得有人做！

工人一天的工資大約四美元。如果和碩的工廠考慮使用自動化機器餵工人食用午餐，好讓他們不需暫停生產，說不定不會讓人感到訝異。時間是連續的，那生產為什麼不能也是呢？

曾德建的經歷讓人想起卓別林（Charlie Chaplin）的流浪漢（The Tramp）一角，在電影《摩登時代》（*Modern Times*）中，該角色在電鋼公司（Electro Steel Corporation）的生產線上工作。流浪漢兩手並用，將生產線上快速不停送至眼前的一對螺栓扭緊。緊接著登場的是碧洛自動餵食機器公司（Billows Feeding Machine Company）展示最新推出的產品，有了這部機器，半個小時的午餐時間就可以被淘汰了，能幫助工廠生產更多小商品。《摩登時代》是一部諷刺默片，所以我們並不知道電鋼公司的總裁是怎麼想的，但他肯定會很想為提高產量而取消

# Part 5

# 生命的韻律

想像身體是部複雜的機器，由成千上萬個迷你裝置組合而成，裡頭的齒輪、籃籠和彈簧都要瞬間匹配，正確對齊，生命才能繼續往前推進。可是我們發現，並非所有彈簧和籃籠都無時無刻待命。如果你送出一粒彈珠，它早上走的路徑可能跟晚上的不一樣。

——薇洛妮可．葛琳伍德（Veronique Greenwood）
《我們牆內的時鐘》（*The Clocks within Our Walls*）

第15章

# 主節律器（時間之眼）

近日，我思維的主角是時間：
時間是怎麼像一條河那樣流動，倘若真是如此
或是像一座水晶屋，挺立在那一動也不動
或是驟然而止，在那最小的生物的
起舞之地，無須屋子、時鐘或無岸的溪流
我的生日到了，又被月亮的週期帶回到這一天
高懸明月，與繁星交錯，命定的循環
當一日初始，愛的影子點亮我的生命
隨之愈拉愈長，無論我們相信
時間是真的，還是夢一場

——艾蜜莉・格羅索茲（Emily Grosholz）《愛的影子》（*Love's Shadow*）

身體內在時鐘的主要據點是在下視丘（hypothalamus），幾乎就是（但不完全是）笛卡兒

（René Descartes）認為的意識所在之處，下視丘旁邊是松果體（pineal gland），也就是他認為的靈魂主要位置。笛卡兒的身心二元論中，訊息的輸入先通過眼睛再傳送到位於大腦中心的松果體，以此方式為自我和心智的意識提供新訊息。

我們現在知道意識分散在大腦的諸多區域。我們現在也知道做任何決定時，意識不會只發生在一個時刻。無數的經驗持續轟炸著中樞神經系統，警覺的大腦不斷地將所有訊息纏在一起，因此我們並無法為某特定事件的意識標出一個單獨且精確的腦區。

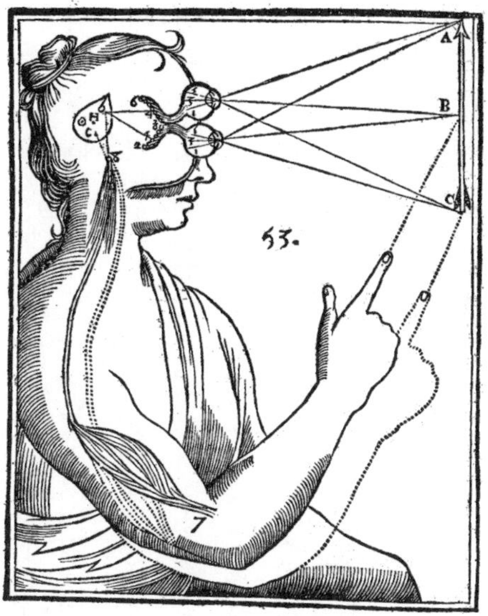

【圖14】笛卡兒肌肉與視覺系統之協調機制的圖示，由笛卡兒《論人》（*Traité de l'homme*，一六六四年於巴黎出版）一書的編輯克勞德·克萊瑟利爾（Claude Clerselier）繪製。英國惠爾康收藏館（Wellcome Collection）館藏，創用CC授權。

笛卡兒從他進行的牛眼實驗中發展出他對人眼的綜合性分析。他二十四歲時從克里斯多夫·沙納（Christoph Scheiner）的《這是一隻眼：基礎光學》（*Oculus hoc est: Fundamentum opticum*）一書當中學習到眼球生理學。沙納是巴伐利亞耶穌會牧師，同時也是位物理學家，他為了更深入了解人眼的解剖構造進行了一系列的牛眼實驗。笛卡兒則將沙納的實驗做了延伸：他在牛眼後方開了一個小洞，同時小心翼翼不傷到眼球內液，然後把蛋殼覆蓋在小洞上，這時擺放在眼睛前方的圖像傳到外殼後便會呈現出上下左右顛倒的像。笛卡兒於是了解到圖像在眼睛後方的視網膜上成像時是倒轉的，他也從實驗中認知到大腦是通過視神經接收圖像訊號。

笛卡兒也透過這些實驗描述出眼睛血管層中虹膜和環狀平滑肌的功能。虹膜上的環狀肌具有多重功能，同時也可以控制水晶體的形狀，讓眼睛能清楚看到遠近距離不一的物體。笛卡兒不只對眼睛的生理學及其組成部位感興趣；他想知道進入眼中的光線——也因此就是影像——是如何經由視網膜上感光細胞（這部分他當然是不知道）的投射，再傳遞到大腦成為我們所謂的「影像」。就十七世紀的科學實驗而言，這是個老問題，但如果對視神經的存在及其功能毫無所知，也不知曉化學物質和電活動可以觸發神經衝動將訊號傳遞到腦中的數個處理中心，這個問題就會太複雜以至於無法回答。視網膜包含數層的感光組織。只要一偵測到光，就會轉化為電活動，這就跟光線落在一片矽板（太陽能蒐集器）上會產生電荷的機制很類似。感光組織會向大腦發送訊號以抑制褪黑激素的分泌，褪黑激素是一種會以化學方式降低體溫以及讓人想睡覺的荷爾蒙。黑暗中褪黑激素則會正常分泌。

在笛卡兒的二元論中，我們在生理方面有眼睛、耳朵和大腦。正如笛卡兒的插圖所示，眼睛和耳朵接收訊息，再將這些訊息傳遞至位於大腦中心的松果體，該處是想像力和感官的總部，也是通往意識的大門。松果體看起來像一顆小松果，就位在兩半的視丘之間。在演化時間軸上，人類的松果體過去可能曾有過一些直接的光敏感性，可以直接感覺光線，但現在已消失，被源自視網膜感光色素的突觸訊息取而代之。[1]

我們真的有一個專責的體內時鐘嗎？這個時鐘會與中央集中的系統調和一致，度量來自不同刺激和不同工作的時間，是一個內源性的節律器，會規律地滴答走，偵測和控制身體節律系統的脈動，並將內在的生物韻律與外在的日光及季節週期訊號同步？答案是肯定的。

我們主要是照著習慣和責任在安排日子。有會議，有期限，有工作要做，有時鐘要查看。身體的需求像時鐘一樣，與周遭世界的更迭韻律同步。這個時鐘的主要據點恰好就在下視丘。無論這口鐘究竟是什麼，它的功能是控制和調節身體的時間。

除了集中在大腦皮質（cerebral cortex）和基底核（basal ganglia）的人類時間處理系統外，擔負人體時鐘任務的還有視交叉上核（suprachiasmatic nucleus），這是位於大腦中心位置下視丘中的一對神經核，位置非常靠近松果體，視交叉上核會生成褪黑激素以調節睡眠型態與體溫。一般認為視交叉上核是人體的主節律器，某種程度負責調控晝夜節律。從最簡單的單細胞藻類到人類，許多生物都有由基因調控的二十四小時節律反饋迴路。這些迴路告訴生物何時該睡覺、何時醒來、何時改變體溫，以及何時該對危險提高警覺。視交叉上核能夠從眼睛接收訊號，得知環境中是否有光，因而得以感知可能干擾內在與外在時間協調的各種身體功能。例如飢餓、營養、焦慮、健康和工作行程都可以干擾體內時鐘。因此視交叉上核是一個節律器，可以使內在的生物節律與外在的日光及季節週期等環境訊號同步。它可以協助改變褪黑激素的濃度，使體內時鐘的分子運轉與地球的二十四小時繞轉趨於一致。目前已有充分的證據證明視交叉上核就是生物的主節律器。將一隻晝夜節律功能正常的健康哺乳動物腦中的視交叉上核移植到另一隻出現節律不整行為的動物身上時，後者就會恢復節律行為。[2] 除此之外，儲存於培養皿中的視交叉上核神經元細胞也會持續遵循晝夜節律。[3]

所以說，笛卡兒的論點是有點道理的。**確實**存在一座體內時鐘，而且這口鐘間接地透過視網膜因而與光敏感性有關。但是笛卡兒有些地方搞錯了。並沒有一個能觸發意識的特定神經中樞。對他來說（就這件事上，我們當中的許多人也是抱持和笛卡兒相同的看法），心智與大腦不同——不同之處在於，組成心智的東西截然不同於我們一般稱做細胞組織的東西。而這就是二元的理論——有一個物質的腦，接受訊息但不司思考；同時也有一個心智，會在我們為自身利益必須抉擇之時使意識出現。唯物主義反駁二元論，認為心靈純粹是物質，僅由物質組成，並無來自某種不遵循物理、化學、生理學等普通法則的無上超越之物（可能來自不朽的靈魂）的助力。換句話說，只要根據細胞組成的生理學，我們應該就能解釋所有的心理過程，因此藉助檢測儀器就能觀察到，或是透過物理、生物學、化學或某些科學辨析力就能推導。不允許非物質無上之物的存在。身體是物質材料的集合，有各種會分裂、生長、死亡的細胞，這樣的概念我們欣然接受。但是一講到心智，我們的想法就發散到傾向於支持二元論觀點。有些人不接受唯物主義的思想，因為許多東西唯物主義並無法解釋。二元論促進了所謂的身－心問題的發想，也就讓人不得不問，心和腦到底是怎麼交流的，從而有正念的出現。

**正念**（mindfulness，或譯「**覺知**」）一詞來自於佛教術語 sati 或梵文詞彙 smriti 的英文翻譯，其字根是 smara，意思是任何介於記憶和思考間的一切。英語中最接近的常用詞是覺知（awareness）。但佛教哲學中的正念不僅僅是對經典、事件和環境的覺察與記憶。正念是七覺支（覺悟的七個要件）的其中一支，是覺知到一件事與另一件事之間的關聯，而更重要的是覺知到覺知本身。

正念時間是一個能讓我們經驗時間流逝以及探索如何有意識地思考時間的方法。它不是一個時鐘。時鐘有像節拍器一樣的能力，可以照穩定的步伐行進，使其**滴**與**答**的每一拍都具嚴格的一致性。而心念時鐘肯定是有機的，就像所有的有機物質一樣有內建的不規律性，是一個會為了增加身體的存活機會而減慢或加速的活的節拍器。很可能心智本身——如果我們此時膽敢將心智與身體分開——與生物的時計之間並沒有直接的關聯，而是與意識到鎮上時鐘的注意力有某種間接的關聯——鎮上時鐘代表的是社區和環境中的集體時間精確度。這個外在環境塑造了我們體內的晝夜節律，即使沒有外在訊號，這個生理機制依舊重複並維持一個約略二十四小時循環的節律。視交叉上核動用了超過兩萬個神經元，綜合內在與外部線索，使身體的韻律同步，而眼睛在控制和調節身體時間上扮演了一個小角色。[4]

這當中，人的眼瞼扮演了核心角色。你沒聽錯，就是眼瞼，追根究柢這和眼瞼功能的天擇有關。眼瞼有百分之二十的透明度。早晨的光線由視神經偵測到，再向身體發出訊號：起床的時間到了。這項便利的功能自原始時代遺留至今，依靠對光的敏感度以及雞的啼叫讓睡著的身體還是能區分白天黑夜。眼瞼的透明度有助於體內時鐘（無論那究竟是什麼）和區分日夜的功能校準。眼瞼如果不是半透明，會讓我們睡著後接收不到

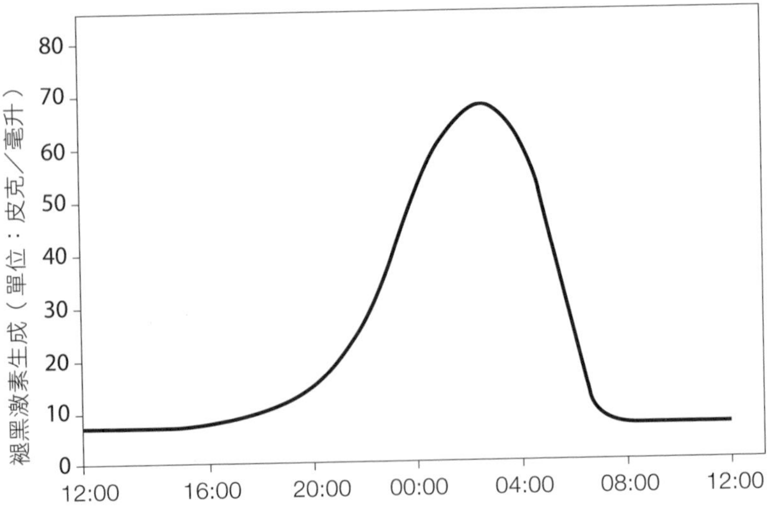


【圖15】夏季月份的褪黑激素生成週期

傳至腦袋的清醒訊號。至於生活在北極或南極的人們則會用其他方式校準。另外，在完全失明的情況下，則會有其他因子負責同步生物節律，而褪黑激素的生成也會透過其他方式維持節律循環。

光暗變化是由視網膜中的神經節細胞（ganglion cell）感知，再將該訊息經由視神經傳送到視交叉上核。視網膜中的神經節細胞含有一種短波長的光感色素，甚至許多盲人也對該波段具敏感度，因而能感知明暗。當中的一些訊號會傳送到松果體。當視網膜暴露在光線下時，這些訊號就會被抑制；在黑暗中則會活化。我們的晝夜節律時鐘就是以這樣的方式每天重置。從這張圖中我們可以看到，夏季月份褪黑激素的生成約莫在晚上八點開始，約凌晨三點達到高峰，給予當晚最深度的睡眠。

為什麼我們晚上要花這麼多時間睡覺？一方面，地球上幾乎所有生物都與這顆星球的晝夜之舞踏著和諧一致的舞步。另一方面，許多動物根本不睡覺。海豚會關閉一邊的大腦的和一邊的眼睛，讓另一側的腦和另一隻眼負責察看掠食者。也會在半醒半睡的狀態下游泳。鯨魚和鼠海豚也是如此。長頸鹿會在一天二十四小時中小睡約莫六次，一次五分鐘。牠們站著打盹，有時則會把頭靠在背上休息。立姿讓牠們隨時準備好應對山坡上的獅群。一天六次、一次五分鐘就是牠們需要的睡眠程度。演化賦予他們在高度上的優勢，能夠觸及樹木的頂層，同時也賦予牠們當獅子出現在附近時無法從臥姿快速起身的劣勢。若考慮大象龐大的體型，你可能會以為牠們需要大量的睡眠。但大象一次睡覺不會超過三十分鐘，而且通常是站著睡。高山雨燕從喜馬拉雅山遷徙到南非時，可以幾乎連續飛行六個月不需停下來睡覺。有些研究指出高山雨燕某部分的飛行可能是處於睡眠狀態，這時開展的雙翅僅由氣流引導。

這些動物似乎已經擺脫了需要長時間睡眠的束縛。他們的睡眠習慣並不遵照光亮與黑暗的指令。也許睡眠與疲勞無關。這裡的問題在於，外在的二十四小時時鐘對人類體內時鐘的影響到底是強是弱，抑或無影響。體內時鐘決定了我們許多的身體行為，例如溫度變化（體溫在晚上較高、清晨較低的現象）。體內的溫度變化與二十四小時的節律一致是一種常見的生理現象，無論是生活在高緯度的人（那兒冬夏兩季的日夜變化會從一個極端轉移到另一個極端），或者是任何睡眠習慣不同於低緯地區典型節律的人，所有人身上都看得到體溫的韻律變化。即使研究人員已蒐集了大量的生物節律實驗數據，但就外在時鐘對體內時鐘有何影響的問題上，還是沒有明確的結論。[5] 然而目前的實驗數據顯示，人類的生理節律（晝夜節律）是透過光線同步，甚至在出生後很久才失明的人身上也看到這樣的現象。同步的習慣似乎在感光敏感度消失後仍舊持續。[6]

## 楔子：股票交易室裡的時間

有位紐約對沖基金交易員曾經告訴我，時間就是金錢。「對沖基金其實只是對信貸的廉價押注，」他這麼承認。「每天我都把錢——數百萬美元——投進期貨和信用違約互換交易裡面。這其實是合法的拿客戶的錢來賭博，但是你要知道你在幹什麼。我可以在這一秒損失一推錢，下一秒賺很多。」

我思索著那位交易員最後一句話的意思，想像著比爾・蓋茲（Bill Gates）、傑夫・貝佐斯（Jeff Zuckerberg）、馬克・祖克柏（Mark Zuckerberg）、喬治・索羅斯（George Soros）、麥克・彭博（Michael Bloomberg）和華倫・巴菲特（Warren Buffett）這些富豪在短短十五秒內可以賺進或損失的金額。

紐約證券交易所大廳的數位時鐘還滿精準的，但並沒有跟開收盤的敲鐘串連。交易所的開盤鐘會在幾近精準的美東標準時間上午九點二十九分四十五秒由一人按下按鈕鳴聲響起，在下午三點五十九分四十五秒又為收盤而再次響起。紐約證交所通常一天有五百萬筆交易，總值四百億美元，在這短短十五秒的時間內，其中的一些交易可能就會出現翻天覆地的變化。高速電腦每秒進行的交易高達數千股，而縱使是速度相對較慢的場內交易，都可能在十五秒內出現數萬美元的變化。如此高頻的交易，下單來自世界各地，幾乎占美國總交易量的百分之七十。根據《富比世》雜誌（*Forbes*）的報導，二〇一九年貝佐斯及其家人的淨資產約為……三百一十

# 第16章

# 內在的節拍（活細胞中的時鐘）

生命有趣之處就在於它是暫時的；
也就是說，是「暫時」這個詞的「時」的意義，
就是所有生物和我們所做的一切都受制於時間的規範與影響。
——蘭辛・麥克羅斯基（Lansing McLoskey）《盜竊》（*Theft*）

許多生物在一天中的特定時段有最佳表現。一種學名為 *Arion subfuscus* 的蛞蝓生長在幾乎完全黑暗的環境之中，對公曆一無所知，但卻每年都會準時在八月的最後一週和九月的第一週之間產卵。[1] 採集花蜜的蜜蜂知道什麼時間到哪片田野可以採到最好的蜜，也知道個別花種分泌花蜜的確切時間。

二十世紀中葉，奧地利諾貝爾獎得主卡爾・馮・弗里希（Karl von Frisch）在蜜蜂的交流與覓食時間的問題上提供了許多真知灼見。他發現蜜蜂有個體內時鐘，這口鐘不僅可以告訴牠們哪裡找得到花蜜，還可以準確地告知食物什麼時候上桌。「就我所知沒有其他生物，」弗里希

在他關於蜜蜂語言的書中這麼寫道，「可以像蜜蜂一樣這麼輕易就學會（根據他的『體內時鐘』）該在何時來到餐桌邊」。[2]

確實如此，蜜蜂每天都會按照時鐘（或更精確的說，是太陽時間）開始一天的採蜜工作。弗里希二戰前在慕尼黑大學的實驗室裡研究蜜蜂的規律行為，他設置了幾個裝有糖水的餵食站，用來訓練蜜蜂在特定的時間點規律地出來享用午餐。蜜蜂很快就將牠們原本的自然時程調整為弗里希設定的人工時間表。只消兩天，蜜蜂們就揚棄了舊的時間表。甚至連專為提供花蜜訊息的舞也不再跳了。

從弗里希的實驗結論來看，動物和昆蟲的生理時間機制似乎仰賴的是某種我們可以將之稱為體內時鐘的內在韻律。無論這個體內時鐘到底是什麼，它必須與日光和月光的外在事件有某種聯結，也就是與地球自轉和公轉有關的本地時間有某種聯結。弗里希的學生馬丁・林道爾（Martin Lindauer）隨後進一步證實並推進了弗里希的實驗，林道爾讓蜜蜂在十二小時白天、十二小時黑夜的控制環境中孵化。他發現當蜜蜂長大為成蟲時，會被訓練朝一個特定方向持續飛行至少五天。[3]牠們學會單純從太陽的位置便能得知一天當中的時間為何。[4]林道爾和弗里希對此非常驚訝，當時已經知道鳥類具有與生俱來的遷徙路徑，能幫助牠們導航飛行的旅程，許多昆蟲也是如此，但是蜜蜂的飛行旅程複雜得多，因為每天都有變化。

「還有另一種樹，像玫瑰一樣多葉，葉子會在晚上闔起，日出時張開，中午完全展開；到了傍晚又會逐漸闔起，整個夜晚則一直保持關闔的狀態，當地人說它睡覺去了。」[5]這句引言是自希臘語翻譯而來，由公元前三世紀埃雷索斯（Eresos）的泰奥弗拉斯托斯（Theophrastus）所寫。他所描述的是羅望子樹（tamarind）每天的葉子運動，顯示出這種生物的生理機制會照著一天的時間，在不同的時間點做不同的反應，無須任何外在環境（例如日光直射）作為線索。[6]當然，我們現在知道所有生物都有外在環境的時間訊號（zeitgebers）幫助他們適應日光的季節性變化，因此羅望子樹肯定有受到隱藏線索的暗助。我家南面的丁香灌木叢總會在四月的第一週抽出芽來，從未失準過。即便溫度可能接近冰點，但那些芽還是會在同一時間一躍而出，好像在說：**我感覺太陽在中午的仰角約莫五十一度，日光的量已經足夠，我可以出來了。耶！春天快來了！那些蜜蜂跑哪去了？**

法國天文學家尚－雅克・德・邁宏（Jean-Jacques de Mairan）於一七二九年進行的實驗證實，植物具有非常精確的節律行為，且不受環境影響。邁宏對葉子的運動有興趣，也對為什麼有些植物的葉子會在白天開展晚上關闔感到好奇，例如含羞草（*Mimosa pudica*）即為一例，這是一種多年生草本植物，主要分布於中美洲、南美洲和亞洲。邁宏記錄下含羞草葉子在全黑的受控環境下的行為。在恆常黑暗的條件下，含羞草的葉子每天仍會在白天展開，在傍晚的幾乎同一個時間點闔上。現在我們對於這些有序的節律有了更多了解。第一點是關於溫度循環的敏感度。邁宏的光實驗並沒有考慮到溫度和濕度的變化。法國生理學家亨利－路易斯・杜禾梅・杜・蒙索（Henri-Louis Duhamel du Monceau）在一七五八年重複了邁宏的實驗，並盡可能施予更多的實驗控制。他把植物放在毛毯裡，並置於一個溫濕度皆維持在非常溫和狀態的酒窖之中。儘管是在如此隔絕的環境裡，含羞草的葉子運動依舊持續進行。[7]即便沒有光作為線索，含羞草還是能知道時間。[8]一八三二年，瑞士植物學家奧古斯丁・皮拉穆斯・德・坎多勒（Augustin Pyramus de Candolle）發現，含羞草在完全黑暗的環境中待了幾天後，葉子會提早一至兩個小時展開。它似乎在調整其自身的節律，使之與舊的太陽循環一致，但是無論怎麼變化，含羞草葉的睡眠週期從未短於二十二小時的循環。[9]達爾文在該世紀後期也加入葉子律動的討論，他寫了一本有關葉子暴露於太陽和夜晚下的書，名為《植物運動的力量》（*The Power of Movement in Plants*）。他在書中寫道，天擇青睞這些「睡眠植物」的能力，因為它可以保護植物免受夜晚寒冷的侵擾，同時兼具白天能充分吸收太陽的益處。[10]

即使有了蒙索和達爾文的背書，生物學家們並未完全接受內源性時鐘的論點。其中有些學者要求找出內源性時鐘的根源。其他學者則要求提供更多具說服力的證據，以證明並非意想之外的環境因素導致該現象的發生。接著在一九三〇年，德國生物學家歐文・賓寧（Erwin

Bünning）在完全黑暗且溫度控制完全均勻的條件下進行了菜豆（*Phaseolus*）的實驗，菜豆是一種美洲原生的野生豆科植物。他發現這種植物具有二十四小時的週期，而且即使在外部環境毫無變化的恆定條件下，菜豆依然表現出這個二十四小時的週期；賓寧因此推論，這種植物擁有控制其葉子開闔的內源性時鐘機制。他再用紅光做實驗，研究紅光對金盞花（marigold）葉子運動的影響，發現金盞花在沒有任何明顯的環境線索下，仍具有極其準確的每日節律。某些植物的節律似乎擁有與生俱來的內在時間尺規，能夠照著每日的光照時間活動，或是與之對抗。

昆蟲也有內部的每日節律。如果你家曾被果蠅入侵過，你就會知道這些小蟲子有多煩人。你每打死或撚斃一隻，就會有十隻找上門。它們有什麼有趣之處嗎？這些罌粟種子大小的渺小生物能提供多少關於這個世界的訊息呢？事實證明，果蠅的基因與人類基因有極高比例的相似性，因此果蠅其實是研究人類疾病基因的模式生物。

果蠅遺傳學的完整機制就跟弦論的深度一樣，困難到難以解釋。好在至少昆蟲日夜生理時鐘（circadian clock）的外圍結構還算容易了解，無須層層剝除支撐著果蠅和人類共通遺傳學的生物化學、內分泌學和生理學等無盡的知識理論架構。加州理工學院的早期果蠅分子研究記錄於羅納・克洛普卡（Ronald Konopka）和西摩・班澤（Seymour Benzer）於一九七一年發表的指標性論文之中，該文記錄下他們成功製造出使節律變得失常的突變基因。[11]世界頂尖的時間生物學家認為克洛普卡和班澤的研究對於時間生物學（chronobiology，又名生物鐘學）領域產生的影響非常重大，而且他們的研究結論「對整個生理時鐘領域及其隨後所有分子研究的發展具先見之明」。[12]

以下所描述的簡易故事版本對於那些直接以學名 *Drosophila melanogaster*（中文為「黑腹果蠅」）稱呼果蠅的生物化學家和昆蟲學家來說肯定太簡略，不過我還是希望在這幾頁之內可以談完會最好。因此，不需要深入描述蛋白質功能在人類和果蠅身上的差異，我們可以將日夜生理時鐘的果蠅模型解釋為一個簡單的反饋迴路，該迴路由半衰期相對較短的特定基因表現所控制。一般來說，這個迴路的行為本質簡述如下：A分子的數量增加，達到一個閾值後會產生B分子（半衰期相對較短），而B分子的產生又會反過來關閉A分子的生成。

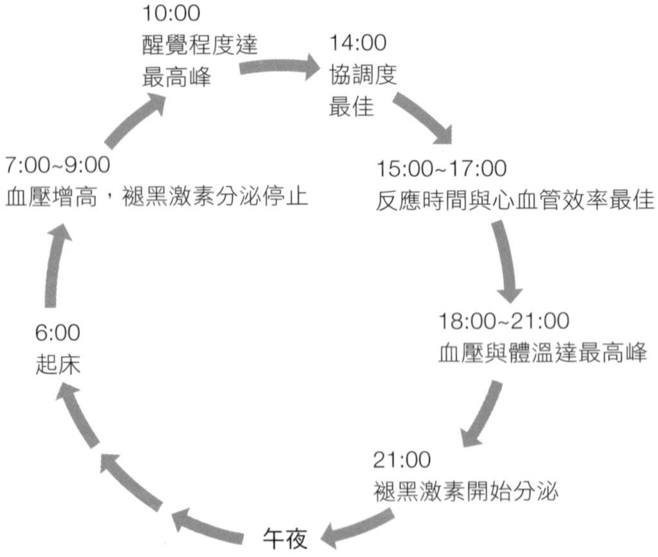


【圖16】人體生物鐘的晝夜節律，以早上六點起床的人為例

人類跟果蠅不同，人類有強大的性格和意志，可以對抗將較之下顯得較弱但仍頑固的生物化學控制。一個早上約六點起床而且每天都規律的按照太陽週期生活的人，他的晝夜節律模型約略如圖所示。

人類的身心有一個內建的晝夜節律系統，這是一個為執行特定功能而協調一致的集合，我們姑且稱之為宏觀生物鐘。至於在分子的層次則有晝夜節律振盪器（circadian oscillator），由特定的數個細胞群協同工作，就像時鐘的機制一樣，使身心這個更大的系統能按照每日節律正常運作。一九八〇年代初期，傑佛瑞・霍爾（Jeffrey Hall）協同麥可・羅斯巴希（Michael Rosbash）以及羅斯巴希在布蘭戴斯大學（Brandeis University）的研究生保羅・哈丁（Paul Hardin）進行節律的研究，他們在果蠅身上發現了這樣的晝夜節律振盪器。果蠅具有時計基因的特性，該特性與人類的時鐘基因有關。霍爾和羅斯巴希因為發現調控晝夜節律的分子機制而獲得二〇一七年的諾貝爾生理醫學獎。他們發表在《美國國家科學院院刊》（*Proceedings of the National Academy of Science*）一篇影響卓著的論文當中記載著他們分離出所謂的週期基因（Period gene，通稱為 *per* 基因）。他們發現，在反饋迴路中，*per* 基因會週期性地製造信使核糖核酸（messenger RAN，通稱「mRNA」），致使細胞依照 *per* 基因指令製造蛋白質，再接著終止蛋白質的合成。[13]

為了更清晰易懂，讓我們先簡要地回顧一下 mRNA 和蛋白質的機制。基因（有實質功能，而不只是作為容納空間的DNA片段）的主要功能是提供蛋白質分子的製造指令。蛋白質是由胺基酸鏈所構成（胺基酸即含有氧、碳、氫和氮的結構），任務是負責維持和修復細胞，而蛋白質的生成是DNA中的遺傳指令藉由mRNA傳遞到核糖體（ribosome）後所製成。核糖體則是一部精細複雜的分子機器，可以依照遺傳指令將胺基酸按指定的順序鏈接在一起。細胞核中的DNA儲存了所有的基因指令，可以轉錄DNA的特定片段，成為RNA，而RNA對於生命的延續不可或缺。原本在細胞核內的mRNA會離開細胞核，進入細胞質後下達原本存儲在基因中的訊息指令。

所有生物都要學習處理每日的環境變化，特別是地球以二十四小時為一循環的自轉所造成的環境亮暗變化。人類的遺傳訊息包含源自其老祖宗經由日常習慣所得的蛋白質生化機制。儘管人體內的數百萬個細胞各有其專司的功能，但每個細胞都含有相同的遺傳訊息編碼。

自從一九九二年哈丁、霍爾和羅斯巴希發表他們有關晝夜節律振蕩的發現以來，我們就已知道果蠅可以透過 *per* 基因的指令辨別時間。這使研究人員懷疑，造成 *per* mRNA 週期性循環的原因會不會就是某個晝夜節律基因的指令，另外，PER 蛋白可能也經由一個反饋迴路而與復原反應的指令共同作用。一切的關鍵就在於，位於果蠅細胞 X 染色體上的 *per* 基因攜帶有給予mRNA（半衰期相對較短）的訊息，該訊息能指引核糖體製造與 *per* 基因相關的蛋白質，稱為PER 蛋白或 PER 分子（為了避免與「*per* 基因」混淆，蛋白質分子以大寫 PER 表示）。PER 分子會回到細胞核中去關掉 *per* 基因的活動。接著，當早晨來臨時，光線會破壞 PER 分子使之降解。隨著 PER 分子消失，*per* 基因就又會重新恢復轉錄 mRNA 的過程，如此便完成了一個二十四小時的反饋循環。其實，這就是一個封裝在各個細胞中的果蠅分子鐘指針；除此之外，研究人員後來也發現大多數哺乳動物的生物鐘也是以相同的反饋迴路機制運作，不同之處在於哺乳動物中需要一整組的 *per* 基因才能完成整個流程。這個黑腹果蠅的 *per* 基因模型有可能就是為適應地球的晝夜環境變化因有機演化出的成果，為

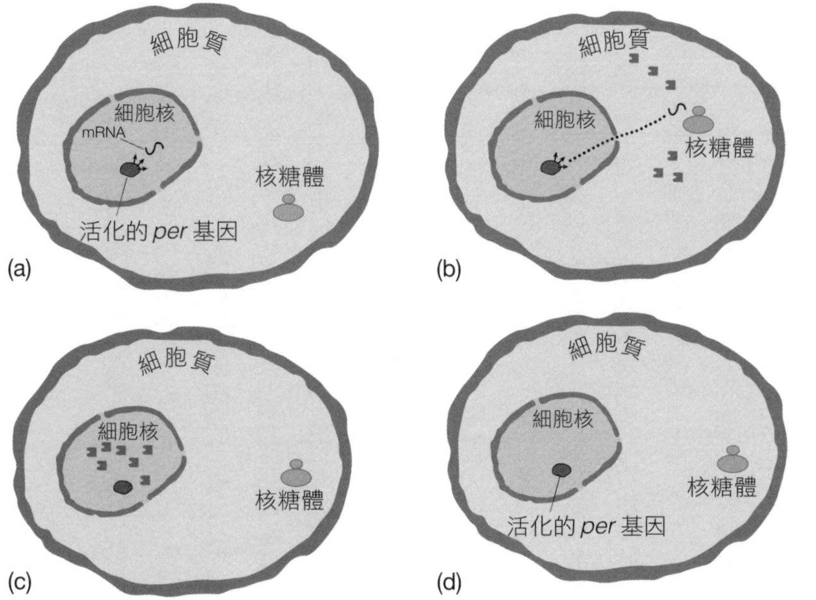


【圖 17】果蠅晝夜節律中時鐘基因和蛋白質的分子指令：（a）深夜、（b）夜間、（c）早晨、（d）白天

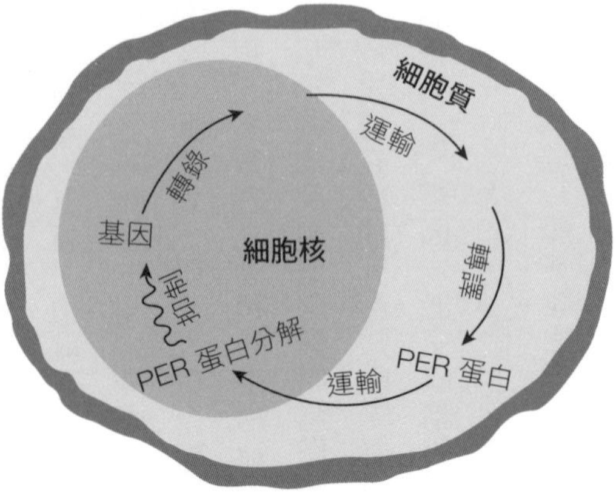


【圖18】果蠅細胞 PER 蛋白節律振盪的二十四小時反饋過程

的是在這顆生命存續受亮暗交替所支配的星球上最大化生存的機會與福祉。

以下便是黑腹果蠅晝夜節律振盪器的運作原理。細胞核中的 *per* 基因先轉錄 mRNA 分子，mRNA 分子接著遷移到細胞質，給予核糖體（蛋白質工廠）訊息和可以開始工作的綠燈，核糖體便開始建構包括穩定和不穩定的蛋白質分子，其中穩定的蛋白質分子會在細胞質中逐漸累積。蛋白質濃度在夜間隨時間持續累積，約莫在半夜達到閾值，這時蛋白質就會進入細胞核，開始抑制 *per* 基因指令的轉錄，很快地蛋白質的合成就會完全停止。早晨當太陽升起後，蛋白質開始降解，並在幾個小時內消失。當細胞核中的所有蛋白質都消失後，*per* 基因又會啟動，重新開始轉錄，由此這個大約二十四小時一循環的迴路再次重新起跑。無限期地一直循環下去。

節律振盪的頻率全由以下三項因素控制：蛋白質在細胞質中累積的速率、整個閾值組的蛋白質移動到細胞核的速率，以及蛋白質一旦進入細胞核後的分解速率。即使沒有外在線索，這整套速率剛好就能組成一個二十四小時循環的完整迴路。或許這就是為何果蠅在黎明時分孵化數量最高的原因。[14]或許也可以用來解釋人類的睡眠型態為何通常會遵循規律的睡眠時間，以及為何原有的睡眠秩序若受任何干擾，都會擾亂隨後的睡眠週期。[15]

從雪跳蟲到含羞草，許多生物都演化出體內時鐘的機制，能夠讓生物的行為、新陳代謝和生理機能都與晝夜節律同步。人類也跟其他生物一樣，有特定的細胞作為人體的時鐘機制，根據晝夜節律進行調整，不過人類的節律振盪器遠比雪跳蟲或含羞草要複雜得多。[16]以下是我們目前已知的科學發現。首先是現在認為果蠅模型在人類身上有平行的分子機制，而且因為人類大部分的致病基因在果蠅身上都能找到功能性的同源物，因此果蠅模型對於研究人類疾病以及藥物研發具極大的效用。它能告訴我們細胞是如何受睡眠、褪黑激素和內分泌活動的晝夜循環、心血管變化、體溫、血壓、免疫差異以及腎功能等因素所影響。

人類的原始設定是晝出夜息的動物，白天活躍，晚上不活躍（或較不活躍）。這是一個二十四小時循環的行為與生理韻律，能夠預期隨地球繞轉而變化的環境條件。當然這世界上還是有早起的鳥兒和夜貓子，我們畢竟是人不是機器，每個人都有點不一樣，不會都像同一個模子造出來的。一九九四年，約瑟夫・高橋（Joseph Takahashi）與他在西北大學（Northwestern University）和威斯康辛大學（University of Wisconsin）的實驗團隊使用果蠅模型試圖在哺乳動物身上尋找時間基因，他們成功在小鼠身上找到並且辨識出目標基因，[17]將之命名為 CLOCK。[18]

隨後的研究工作確立了果蠅和哺乳動物的 clock 細胞機制兩者間大致同源的平行關係。哺乳動物有三個對應於 *per* 基因的同源基因序列，其中兩個會生成 CLOCK 蛋白。若再繼續談下去可能就會變得太複雜，超過此書的範疇了。[19]不過，關於哺乳動物，我們還是可以聊一些相對容易理解的知識，幫助我們更能了解全貌。

一九七二年，芝加哥大學的神經學家羅伯特・摩爾（Robert Moore）和尼可拉斯・連恩（Nicholas Lenn）使用胺基酸追蹤劑辨識出從視網膜到視交叉上核的這條光訊息路徑，並認為影響晝夜節律的光線索便是來自於該路徑。[20]同一年加州大學柏克萊分校的費德里希・史蒂芬（Friedrich Stephan）和歐文・祖克（Irving Zucker）向我們展示了大鼠視交叉上核的損傷會擾亂它們的晝夜節律活動和飲水習慣。[21]七年後，東京三菱化成生命科學研究所的井上慎一（Shin-Ichi T. Inouye）以及 Hiroshi Kawamura 進行的大鼠研究無庸置疑證實了嚙齒類動物視交叉上核中的電活動會遵循晝夜節律，也確定了視交叉上核是一個自主的晝夜節律調節器，是節律變化的主角。[22]另一項證據則在一九九〇年出爐，當時麥可・梅納克（Michael Menaker）和他在維吉尼亞大學（University of Virginia）的實驗團隊將一隻突變後晝夜節律顯著縮短（變成二十小時十二分鐘）的金倉鼠（golden hamster）的視交叉上核移植到非突變但視交叉上核缺失的倉鼠身上。他們發現後者在接收了視交叉上核後表現出二十小時十二分鐘的晝夜節律，這項研究清楚向我們展示了視交叉上核含有哺乳動物的節律調節器。新的節律只可能是源自於移植進入的視交叉上核。事實上，受贈者的新節律似乎總是維持著捐贈者的原週期。[23] 自此，眼球中的感光接受器以及源自光訊號傳遞至視交叉上核而同步的內源性節律兩者所扮演的角色變得無庸置疑。

我們現在知道所有細胞（包括埋藏在身體中心深處的細胞）都能保持自主的節律振盪頻率。每個細胞都擁有自己的時鐘，而指引視交叉上核中的節律調節時鐘的那個反饋迴路同樣也驅動著每一個細胞中的時鐘。在無脊椎哺乳動物身上，節律調節器能夠間接偵測到來自眼睛、攜帶亮暗訊息的神經訊號，透過睡眠－清醒週期，在調節身體的節律活動上扮演核心角色。[24] 所以完整的生物時鐘系統包含了腦中的視交叉上核以及嵌入在身體內幾乎每個細胞之中數以兆計的周邊時鐘。我們其實就是一堆經由時間訊號（在第十八章中會詳細介紹）而與環境同步的時鐘，在這之中亮暗變化只是眾多時間訊號的其中一個。

哺乳動物除了眼睛裡有感光受器可直接感知光線以外，身上的其它細胞都沒有直接感光的功能，因此也只有視交叉上核能夠透過來自視網膜的神經束訊號間接地感知到光，所以我們通常是在光訊號告訴我們該清醒時才會醒來。當睡眠－清醒的時間表正常且有規律時，合乎晝夜節律的進食週期有助於使激素的活動與節律一致以及同步肝臟和腸道細胞裡的時鐘。當進食的週期並不按照晝夜節律或是受到特殊限制時，肝臟細胞裡的時鐘就會照著進食的週期運作，忽略視交叉上核發出的校正訊號。

我們可能以為我們可以掌控時間對於意志和行為的控制，以為對於那些容易被意志力壓抑的身體功能，時間只有一點點的微弱影響，以為身心與外界晝夜變化的循環兩者間的生物連結太過脆弱因而不需認真看待。事實上不盡然。生化與遺傳機制似乎比我們想的更強大。這些生理結構藉由內源性控制下細胞對細胞的轉錄／轉譯反饋迴路與細胞外的地球物理循環同步，因而能夠決定時間，能夠使整個生物的行為發生變化。令人驚訝的是，這個迴路又會經由一個反饋循環，從行為又走回分子時鐘身上，繼續循環下去。[25]

健康的人體有許多反饋迴路機制能夠發出功能性訊號，從何時該停止進食到何時該休息，皆受反饋機制的控制。我們如果吃了太多東西，就會產生瘦素（一種可調節能量的激素）引發飽脹感。細胞需要吸收營養，而且會照著晝夜節律進行，白天吸收營養，晚上停止吸收。生命的過程中，細胞會死亡並被取代。皮膚疤痕上就出現這樣的過程。組織的小裂口被再生的細胞所取代。身體和器官內部的細胞也會出現同樣的過程，其中分解和取代的週期會和睡眠－清醒時間的韻律一致，這是很能理解的。

目前醫藥領域對於這個分解和取代的週期已有愈來愈多的了解，新的研究發現某些藥物若在一天二十四小時的某特定時段施用會有最佳的效果，反之在其他時段施用則有災難性的影響。我們的身體就像火車，有一個時間表，按之運行。了解個別細胞功能的節律特性對於藥物管理和癌症放射治療都可能有直接的幫助。[26]在某些特定時機施予藥物可能會對療效產生增強、減弱或是消除的作用，反而在另一些情況下則可能對患者造成嚴重的危險，甚至有死亡的風險。[27]這個問題的嚴重程度已催生出一個新的藥理學領域：**時間藥理學**（chronopharmacology）。

這一切都有其緣由，因為肝臟中分解藥物的酶是依照飲食時間的習慣大量製造。

## 楔子：長途卡車司機

我在麻薩諸塞州九十一號州際公路的一個卡車停靠站認識了羅德里戈．李加羅（Rodrigo Rigarro），他是一名長途卡車司機，服務於J．B．杭特運輸公司（J. B. Hunt）。李加羅剛從亞特蘭出發前往加拿大蒙特婁，他駕駛的是一臺八十英尺的彼得比爾特五三九卡車（Peterbilt 539）。李加羅身材魁梧，一頭黑白相間的鬈髮紮成馬尾。我在餐廳的吧檯與他比鄰而坐，希望可以問問他，當他在路上時，時間是怎麼過的。

「我真的不太想這種事情，」在話匣子打開前他這麼說。「這真的跟你走的是哪條路很有關係。有些路無聊的要死。你會迫不及待想要離開那條單調、筆直、平坦、兩邊除了玉米田其他什麼都沒有的路。如果出現一條橋可以過還會好一點。」

李加羅說他一年開超過三十萬英里的路程。對他來說，除了四十號州際公路出諾克斯維爾（Knoxville）以後的大部分路段以外，每條路都無聊。他會聽廣播——流行音樂、鄉村音樂和新聞——還有花些時間想一想退休計畫、下一餐吃什麼，想一想洗澡的安排。在拿起他幾乎還沒碰的起司漢堡幾分鐘後，李加羅開始對我寫的東西起了興趣。我那時正在記下筆記，同時正慢慢吃著我那塊乾乾的漢堡。起初他並不希望自己的名字出現在任何印刷品上。他擔心他說的話可能會令運輸公司不高興。但等到他知道我有興趣的是時間，而不是無聊之後，他開始話匣子大開。

「我有想過時間，」他這麼說著，否定了剛說過的話。「開卡車的時候我會看時鐘、看手表、看手機，會看很多次。我的GPS會告訴我從那許維爾（Nashville）開到華盛頓特區要花多少時間，我很訝異都差不多會在那個小傢伙說的時間抵達。」

「你覺得時間是什麼？」

「噢，是記憶。」

「記憶？可以解釋一下嗎。」

「每當我想到時間，我就會想到某件已經發生或是即將發生的事情。我在某段時間以前去了某個地方，我現在要去某個地方，某段時間以後會到某個地方。這就是時間，記得你做過什麼事情，或是期待你未來要做什麼事情。」

他的想法跟朱利安．巴恩斯在小說《回憶的餘燼》中的論點不謀而合，即時間只是我們與記憶的關係，而記憶是「支撐與形塑我們之所以為我們的東西」。[1]長途卡車司機會不會都是思想家？在邊聽音樂邊思考的同時還能一心多用注意路況？他們會是像巴比倫尼亞的牧羊人一樣，在一面看顧著羊群的同時，一面思索著頂上的繁星嗎？長途卡車司機們生活中確實有無數的時間與自己的想法獨處，他們行遍美國，將所見所聞的浩瀚萬象內化為豐富觀察。

李加羅離開後，我點了一個派和一杯咖啡，待在店裡繼續跟另一位貨車司機比爾．摩斯（Bill Moss）聊天，他是一位來自喬治亞州老經驗的司機，每回出門他會在路上待上十個禮拜，從洛杉磯一路開到紐約和波士頓。回家之後跟家人相處休息十天，接著又再度回到路上，再次開啟另一趟耗時十週全長三千一百英里橫跨全美的路程。比爾從一九八五年便開始開卡車，他跟我說他不曾覺得無聊，當然除了那條穿越沙漠、天殺的無趣路段以外。他開的是一輛十八輪的大怪獸貨車，受雇於部落快遞公司（Tribe Express Corp.），他睡在自己的貨車裡，在指定的卡車休息站像是FL羅伯茲餐廳（FL Roberts Diner）停留休息。

「我壓根沒在想時間，」他這麼告訴我。「我很享受我在大路上的每一分每一秒，聽音樂、聽福斯新聞（Fox News），還有用電話聊天。當我坐在那上面的時候，時間就跟公路流逝得一樣快。我不會想著英里程數，也不會想著時間。我知道要在哪裡停下來休息，在哪裡吃飯、睡覺、洗澡。」

接著我認識了菲爾．梅哲（Phil Major），我爬進他的車子裡想看看坐在上面的視野如何。

「哇！你坐在這裡什麼都看得到，」我這麼說著。

「對呀，」他也承認，「看到那些光溜溜的腿就會有點飄飄然。這是卡車司機坐得這麼高的的一點福利。」

「看漂亮的東西並沒有什麼錯。」我說。

我偶爾會在午餐時間回到FL羅伯茲餐廳，這個時段比較容易遇到其他的卡車司機願意跟我聊天。在我開始研究時間以前，我並不認識任何的長途卡車司機，以前我一直以為司機們會用老式的民用無線電對講機頻道彼此認識，不過那現在好像已經絕跡了。我向坐在吧檯正在吃沙拉的一位男子自我介紹後，向他問了跟其他人同樣的問題。

「從來就沒有無聊的路，」他這麼說著，眼睛並沒有看我。

「那四十號州際公路出諾克斯維爾以後的那一段呢？」

「四十號州際公路？胡說八道，你在開玩笑吧。比起同一條公路在內華達州南部穿過莫哈韋沙漠（Mojave Desert）的那段，諾克斯維爾那段路可是很精采的。不過我的老天，甚至是那段沙漠路也很有趣。」

「有趣？」

「對啊，有各式各樣的植物。你有看過約書亞樹（Joshua tree）嗎？你在全美都找不到像那樣的東西，只在莫哈韋看得到。你有看過美洲獅嗎？我有。莫哈韋的景色真是難以置信的美麗，一點也不無聊。有沿著路邊綻放的野花，有多岩崎嶇的地形，有紅土，還有一切的一切，而且還沒車。你可以去問問走莫哈韋沙漠穿越科羅拉多河進入亞利桑那州，那段一百二十英里路的司機，你就會聽到很不一樣的答案。四十號州際公路從加州到北卡羅萊納州共兩千五百五十五英里。沒有。美國沒有一條路是無聊的。」

暢銷書《遙遙長途》（*The Long Haul*）的作者芬恩．墨菲（Finn Murphy）有一個聽起來很違反直覺的想法。他告訴我，開上一段無趣的路是天底下最棒的事了。他在路上的時候通常都會讓他的心非常忙碌，進入他所謂的「活躍的內在生活」。他每天按表操課：清晨四點前起床，五點上路，下午四點以前抵達當晚休息的卡車休息站並停妥卡車。在路上的時間剛好十一個小時，這是聯邦法律允許的單日最長駕車時數，只要超過這個最大值，卡車司機的電子打卡裝置就會出現「即將強制關閉」的訊號。他熟知身體的徵兆，也很清楚離下一個休息站還有多遠。在適切的時機，他會把引擎關掉，在路邊小睡個十五分鐘，接著又能恢復精神，繼續回到遙遙長途的大路上。

第17章

# 一百五十萬年（晝夜節律的同步）

我們是與日月共同生活數百萬年的產物。所以你如果發現人為調整日光會影響我們的神經平衡、情緒、分子時鐘的運轉和遺傳健康，應該沒什麼好大驚小怪。流行病學家約強尼・韓森（Johnni Hansen）任職於哥本哈根的丹麥癌症協會（Danish Cancer Society），他針對日班和夜班勞動者進行研究，發現婦女若從事日夜顛倒的工作、睡眠時數少了兩個小時且持續工作超過十五年，她們罹患乳癌的風險對比正常白天工作的其他人出現顯著的增高。韓森認為，夜班勞動者由於在夜間並沒有生成褪黑激素，因而晝夜節律受到干擾，使得細胞和身體器官之間的溝通出現混亂的情形，從而損害她們的免疫系統。[1]他蒐集了一千一百五十七名診斷患有乳癌的丹麥女性的資訊以及她們的工作型態和風險因子的數據。幾年後他核對丹麥全國死因紀錄庫（Danish National Cause of Death Register），發現這些婦女的死亡率為百分之十一。韓森根據這些數據推論出，與日班勞動者相比，夜班勞動者的乳癌存活率有顯著降低的傾向。

韓森也研究了工作場所的人造光源對人體的生理與行為的影響。半個多世紀以來，人們都知道光線不足會對情緒造成負面的影響，也有大量證據顯示白天時處在黑暗的環境下容易導致臨床憂鬱症。自然的亮暗韻律若被破壞，似乎會瓦解晝夜節律和荷爾蒙節律之間的同步，因而損害生理機制與代謝機制，並削弱人們保持規律性睡眠與清醒的能力。我們都知道良好的睡眠因有助免疫系統正常運作而有益身體健康。夜班工作場所的人為燈光會使得人體在白天時抑制血清素（serotonin，一種神經傳導物質）的產生，在夜晚則會抑制褪黑激素的產生與合成，也會削弱生物物理機轉和分子遺傳機制，因而對勞動者的健康造成長期的影響。[2]

*per*基因的發現告訴我們許多有關身體機能如何調整為與地球旋轉一致的訊息，但若要就此相信*per*基因在體內的運轉機制能夠確切地解釋人類是如何感知時間的，恐怕有點牽強。我們的大腦確實正在經驗和處理晝夜節律，但那並不能直接轉化為時間知覺。如果我們向任何一位五十歲以上的人詢問歲月流逝的速度為何。答案很肯定是：隨著年齡增長，歲月流逝得愈來愈快。已有許多很好的論點試圖解釋這一現象。在第十三章中我們已看到其中一個論點，即珍涅特關於人類時間流逝印象與年齡成正比的心理計時模型。詹姆斯是該模型的擁護者，當我還年輕時，那時我相信知名學者傳授的都是絕對的真理，因此我也曾經是一名擁護者。但若考慮我現在對視交叉上核和*per*基因的了解，就會認為心理計時模型儘管方便又令人滿意，但太過簡化。以下為原因。

首先容我引用一段德國醫師克里斯多夫・威廉・胡佛蘭（Christoph Wilhelm Hufeland）的

話，他是普魯士國王的首位醫師，早在十八世紀後期就已看到探討健康老化與早期研究受節律調控的實用生理學兩者之間關聯的重要性：「地球規律的繞轉形成了這個二十四小時的週期，世居於此的所有住民皆受該週期影響，這一點在人類的生理活動上尤為明顯。這一規律的週期在所有疾病中皆顯而易見；還有其他所有的小週期也是如此，在我們的活動歷史當中，一切都如此完好地由那二十四小時的地球週期所決定。可以說，這就是我們的自然時序在此時（過往亦同）的統一。」[3]

我們現在知道，身體的晝夜節律系統跟體內的視交叉上核和 *CLOCK* 基因有關，且會隨年齡漸長而衰弱。健康年長者的睡眠時間只有年輕人的一半。[4] 費雪品系大鼠（Fischer rats）的死後研究顯示視交叉上核有一些神經元退化，而我們知道視交叉上核對晝夜節律調節具有直接的控制作用。實驗中的大鼠有幾週的時間可以自由活動，他們身上植入了感應器，可以遙測大鼠體溫節律變化的振幅縮減和頻率調整情形。這些測量的結果與老化過程中觀察到的數據類似。[5]

我們目前已經知道，視交叉上核和 *CLOCK* 基因會受老化過程影響，這個影響的方式與晝夜節律系統受某些疾病影響的方式一樣，不過現在對於健康老化與晝夜節律中睡眠－清醒週期的退化在皮質下結構的機轉仍不清楚。[6] 人類身上對整個生物的行為具強大直接影響力的循環迴路中有三個 *per* 基因。年長者通常會經歷睡眠時間和品質的下降。老化會擾亂晝夜節律調節器（即視交叉上核）中的 *CLOCK* 基因，進而影響神經活動的韻律。隨著年齡增長，人類因睡眠長度縮短而會經歷晝夜節律的紊亂。

所有會老化的東西，自活細胞至磚造房，在他們抵抗熵力的過程中都需要長期的維護。活細胞要能夠接收和維持生命所需之物質與服務的運送，當它們不再能擔負這些任務之時，大限之日就不遠了。它們的衰老速率可能受所處環境影響，但也可能是由本身的基因編碼折舊所形塑。活細胞會逐漸失去對自己原有功能的控制。在一個必須不斷維持所需的有機能量以使其所服務的更大生物保持穩定的活系統中，老化的速率稱為**生理時間**（physiological time），這是根據活細胞在宇宙中的棲息位置和特定時間透過某種已知或未知的機制驅動活細胞改變的一種時間。

細胞間會彼此溝通，也會與外在環境溝通。它們能感知溫度的變化，並透過化學信使快速地向其他細胞發送訊號，且常會改變自己原本的功能。如果一團細胞意外被燒毀，鄰近細胞會偵測到鄰居已經損壞並需要修復。這種協調和反應的機制使它們能團隊合作，達成單靠己力無法完成的任務，像是激素的釋放、肌肉的收縮和細胞的遷移皆須細胞間的通力合作。這些細胞透過光線強弱程度以及蛋白質累積或衰變程度等方式度量時間。但是細胞的反應和溝通機制會隨年齡增長而開始衰退。

顯然現代人類在過去二十萬年的演化過程中，整個基因組在生化層次上一直在適應這個恆常且相當固定的地球軌道與繞轉環境。視交叉上核似乎經由一個連接到數個代謝網絡的複雜回饋系統將訊號傳遞到其他光敏感的周邊時鐘，這些代謝網絡統合了數個與光線無關的系統，舉凡位於肝臟、胰臟、骨骼肌和腸道組織中的時鐘皆涵蓋其中。[7]於是我們現在有了一個中央節律器，即視交叉上核，它包含一個非細胞層級的晝夜節律振盪器，會同步其他的腦區、細胞、組織甚至是器官，讓身體各部位以複雜的方式調整至與每日的行為韻律一致。[8]這個節律調節器若是喪失或受損，會使細胞層級的日夜生理時鐘失去同步性。*clock* 基因和 CLOCK 蛋白質表達的晝夜節律出現在全身的組織當中，能夠針對不斷變化的環境訊號做出調整；這樣的晝夜節律振盪現象甚至在培養皿中仍然觀察得到，顯示其他細胞的節律行為在某種程度上可以不依賴視交叉上核細胞而獨立存在。[9]時鐘就在我們體內，只是偽裝成了生物組織。

每個細胞都以複雜的晝夜節律生產及分泌某些物質，而晝夜節律則由成千上萬個基因的開啟與關閉所調控，所有這一切都共同合作，彼此溝通，以維持基本功能的健全。各個器官知道什麼時候該吃飯睡覺，並且根據它們自己的時鐘要求器官生產和分泌褪黑激素、胰島素、肝糖等物質，使所有相互依賴的身體功能得以協調一致。我們的體內塞滿了時鐘。不只是每個細胞都有一個時鐘，肝臟、胃、胰臟、心臟、腎臟，每個器官都有一個個別的時鐘，而且必須或多或少與其他時鐘保持同步。我們透過從事的活動以及回應環境的方式調整自己的時鐘；我們在白天時比較活躍，配合從眼睛發送到視交叉上核的信號，它鼓勵、強化且相符於編碼在細胞中的晝夜節律。因此肢體活動可以改善睡眠週期；研究顯示，年長者定期運動可以改善睡眠品質，而無須使用助眠藥物。[10]

那麼，隨年紀而增的歲月流逝加速感，會不會就是肇因於一個複雜的回饋系統，從我們身上的細胞到潛意識中的某樣東西皆為這系統的一部分呢？由於細胞不時受到經生物物理感測器偵測到的外在世界數據的轟炸，因此可以合理假設，真的有一個隱喻性的大鐘就懸掛在下視丘的一個想像的鉤子上，指引著潛意識。是的，時鐘就在我們體內，還有一個來自於外界的心智，兩者天衣無縫地合作協調數百萬個為保護整個身體必須一同工作的獨立之物。細胞內的過程會受到細胞膜外的影響。同理，腦的功能也受到頭顱邊界之外的外在世界刺激所影響。這些外在刺激挾帶有用的環境訊號（像是聽音樂或是去看棒球比賽），無時無刻敲著顱骨的大門。每一個想法和情緒的外在世界經驗都會促使大腦改變，哲學家安迪．克拉克（Andy Clark）和大衛．查默斯（David Chalmers）稱之為「與環境的可靠偶合」。「我們一旦認知到環境在限制認知演化和發展上所扮演的關鍵角色，就會看到擴展認知（extended cognition）是一個核心的認知過程，而非額外附加的東西。」[11]

日夜生理時鐘也控制著神經生物學家所謂的氧化壓力（oxidative stress），氧化壓力是產生生化能量的細胞其原本正常代謝的氧合活動出現了不平衡，或是在常規的解毒過程中，廢物的釋放出現了不平衡的情形。這個不平衡會與環境壓力一同作用，通常會導致高活性化學物質的產生，從而損害正常細胞。已有研究顯示氧化壓力可能會導致細胞組織的慢性發炎與系統性發炎，誘發癌細胞、失智和異常老化背後的生物活性。

幾乎身體裡的每一個細胞其運作上都與晝夜節律協調一致，包括那些與數個神經精神疾病（neuropsychiatric diseases，例如帕金森氏症〔Parkinson's disease〕、阿茲海默症〔Alzheimer's disease〕、亨丁頓舞蹈症〔Huntington's disease〕、多發性硬化症〔multiple sclerosis〕和肌肉萎縮性脊髓側索硬化症〔amyotrophic lateral sclerosis，俗稱漸凍人〕）相關的腦區中的細胞。即便腦中細胞出現節律失常並無法解釋，也不能證明這些疾病的原因，但還是有學者懷疑，維持一個調和同步的節律可以強化對這些疾病的抵抗力。沙克研究所（Salk Institute）調節生物學實驗室（Regulatory Biology Laboratory）的教授沙欽・潘達（Satchin Panda）在他的新書《晝夜節律守則》（*The Circadian Code*）中告訴我們，健康的身體會使身體內所有的各別時鐘保持同步。當這個一致性被社會或個人的環境所打亂時，身體健康就會惡化。[12]

身體透過它的感覺機器接收進一大堆嘈雜喧鬧的訊號（像是顏色、氣味、形狀、紋理等印象），以代碼的形式將之傳送到大腦，大腦不知怎的就是有辦法理解全部的喧鬧，它將這整團亂糟糟的訊號吞下，製造出一些可理解的東西，這些可理解的事物又進而奇妙地改變了大腦。

但是大腦也有它自己的心思。它知道該對外在世界抱持怎樣的期待，因此它會調整自己攝入的東西，使之與過往的經歷與理解相符。它會為了符合它認為有意義的東西，調整自己的知覺。我自己的親身經驗來自於十二歲那年左眼失明的意外。那時我正從學校騎腳踏車回家，有人從街的對面扔了一塊石頭。我聽說我會失去深度視覺和周邊視覺。頭三天，我每次經過門都會一直撞到牆，伸手拿東西時發現物品的距離其實比我想的還要遠。一位受人敬重的物理學家告訴我深度知覺來自於視差，但是視差需要兩隻眼睛才會存在。另一位物理學家堅持相信一條荒謬的信念，認為需要兩隻眼睛才能看到三維空間。我的經驗告訴我的，卻是一個截然不同的故事。不消幾天的時間，我的大腦就能根據外在訊息加上合理性判斷，進行自我調整。事故發生後短短兩週內，我已經可以穿針引線，可以接住球速一小時八十英里的棒球，我甚至用掃把轟出了一支全壘打（這是我少之又少擊出全壘打經驗中的其中一次）。我可以在一堵六英寸寬的牆上騎腳踏車，可以用BB槍從一百英尺外開槍擊中靶心。而我的周邊視覺範圍在那時（現在仍是）大約一百二十度，也就是跟其他人都一樣寬。這是因為眼睛的工作是看，但是大腦知道什麼是真實。

大腦從它與世界接觸的經驗之中發展出對現實的預期，也用這些預期來判斷什麼該信、什麼不該信。大腦會學習新事物，也會以驚人的速度適應身體的損傷和環境的變化。從經驗、習慣，到在不斷變化的環境中數十萬年來的演化，大腦因此確實對時間有很多的了解，並且將它的了解與體內數兆個細胞分享。所以，我們確實擁有時間感。而影響我們時間感的主要因素肯定是晝夜節律；但還有個重要的刺激來自於我們對時間的共同理解，也來自我們的日常習慣和常規，還有來自一個使用頻率最高的名詞對我們的語言轟炸。最終，它就只是引出奧古斯丁知名提問的一個名詞：「那麼，時間是什麼？」

## 楔子：天上的時間

機長理查．史維特（Richard Sweet）任職於夏威夷航空公司（Hawaiian Airlines）。他告訴我，飛行員開飛機時確實會想睡覺，尤其如果航班出發時間正好在他們的生理時鐘的背面。「飛往美國西岸的五個小時航班還不差，」他說，「但若是從夏威夷飛往日本、南韓、澳洲的長途航班，大約要飛十到十一個小時，就會比較累人了。至於下午出發往東飛到紐約的航班上黑夜會來得快，早晨會來得早。」向西飛往南韓則是一趟追逐太陽的旅程，他在夏威夷當地時間大約中午十二點出發。抵達目的地時史維特已經累了，正好可以睡上一覺。他大部分時候都會感受到時差的作用。最痛苦的是向東飛到紐約，原因是兩地的時間差。史維特在抵達後會先睡上大約六到八個小時，然後吃飯、運動，接著試著在當地時間晚上十點以前再次入睡，以便補足睡眠為隔天早上七點的回程航班做準備。他有共二十四小時的休息時間。按他調整後的睡眠模式，早上六點在紐約起床的時候身體一定感覺像是夏威夷時間中午十二點。

向西飛的航程跟夏威夷只有四、五個小時的時差。所以抵達目的地後他都睡得不錯，醒來的時間也是在早上。往西邊飛比較沒有時差疲勞的問題。因此為了他的生理時鐘著想，他比較喜歡向西飛。飛行員的口號是「西邊最好」（West is best）。他最長的一段飛行經驗是為夏威夷航空公司運送一架新的空中巴士（Airbus），這個經歷挺有趣的。從法國飛到洛杉磯要花十六個小時的時間。他們有三位飛行員輪流駕駛，一次休息可以有四個小時。航程的頭八個鐘頭時間過得很快，後八鐘頭就過得比較慢。

美國聯邦航空管理局（Federal Aviation Administration）對於藥物使用有嚴格的規定。飛行員只能服用阿斯匹林（aspirin）或泰諾（Tylenol，成分同普拿疼），其他藥品都不允許。因此史維特在到達目的地後只能使用一些標準的時差療法，例如多喝水、運動和洗澡。這些方法可以幫助身體將生理時鐘調整為當地時間。

如果一切都運作正常，長途飛行可能會很無聊。會有一股迫不及到想到達目的地的渴望。有些航班就沒有那麼順利。偶爾會出現機械問題或是乘客有醫療需求。那時他就會很忙碌，時間會過得很快。比起白天的飛行，夜間飛行感覺移動得比較慢。如果是晚上，史維特覺得他必須睡覺但卻不能睡的時候，時間就走得更慢了。他會試著讓自己保持忙碌，忙著記錄諸如油耗、對地速度、風向、迴避風暴的飛行偏移、積冰高度、查看目的地的天氣預報，或是做任何跟飛行有關的事情。

「在超過八個小時的長途航班上，時間好像移動得很慢。有的時候航行平穩舒適，一切都很順利，時間感覺好像定在那不動。」這時他會比較常看時鐘，期待他的休息時間來到。大多數的飛行員會找到應對的方法，可能是閱讀、交談或是解字謎之類的。有些人喜歡長距離飛行，有些人不喜歡。無論航程是長是短，回家似乎總是比較快。

第18章

# 扭曲的感覺與錯覺（時間的溫度）

大腦有一個儲存了各種時鐘的倉庫，它會記錄下各項事務的時間編目，舉凡記憶、未來規畫，還有呼吸、血壓、褪黑激素分泌、反射反應，甚至是眨眼等各項身體功能皆涵蓋其中。時間篩分對於身體的生存不可或缺。手碰到燙熱的鍋子會迅速縮回。如果沒有把急速訊號傳送至腦，手放在鍋子上的時間可能就會長到讓自己燒成一團燒焦發臭的肉塊。大腦守護著它所駐紮的身體。那是大腦的工作。

這些大腦的時間功能合理地鎖在一個協調一致的韻律當中，而這個韻律與維持生命和健康的生化必需物質的起落變化相吻合。然而還有其他的有機因子會影響人類的時間感，時間感因此受最近經驗的影響而出現錯覺。舉例來說，當我們處於險境或是受危險威脅時，時間好像會變慢。敬畏感也會對時間知覺有同樣的效果。[1] 根據跳傘和高空彈跳的研究顯示，人們在從事一項自我選擇的危險事物時，時間在事件開始之前和期間都會顯著減慢。

也許那樣的錯覺是舊功能的殘餘，源於人類為適應蠻荒的環境，在掠食者進入個人空間時，經演化而發展出的能力。這可能是覺知高度集中的結果，這時大腦出於防衛而專注於單一事件，設想各種情景並推演著如何做出相應的反應：**如果我跑的話，它就會跟著我。嗯……我有可能跑得比它快。有可能不會。如果我亂吼一聲，它可能會以為我比它更強壯。如果我露出牙齒……**每一個「如果」都將時鐘調回到每個心理場景的起始點。這些「如果」必須連續快速出現，使得時間意識需要被改變。這整件事始自意識到威脅之時，終了於做出決定的那一刻，在這期間，時間都變得非常緩慢，給人一種只過了一秒鐘的印象，但實際上可能已經過了十秒。恐懼會助長時間錯覺，而這種時間錯覺對生存有益。在動物身上，恐懼會讓神經系統下令製造激素，當獵物處在兩難困境中，考慮是戰是逃的時候，會使時間加速。腎上腺素暴衝，引發各種生理反應，例如瞳孔會放大，血液循環會加快，使身體做好戰鬥和逃跑的準備。在那極短的時間內，身體的正常生理時鐘會被加快，使得心肺活動加速、消化減緩，並釋放所有代謝能源，將之全用於肌肉活動上。而在這期間，時間膨脹不只符合面對威脅時的生理反應（即面對諸如恐懼、疼痛、飢餓和憤怒等威脅時的典型身體變化），該生理反應事實上也支持時間膨脹的發生。[2]有大量科學文獻顯示，臉部或身體呈現出的憤怒和恐懼的線索比快樂的線索得到更多的關注。[3]

住院病人的時間感是扭曲的。時間在醫師的候診室裡會變慢，可是在加護病房裡卻出奇飛快。加護病房的燈二十四小時都亮著，睡眠模式變得時睡時醒，容易使現實產生混淆。時間感的一個問題是周邊的影響。人類的時間判斷取決於刺激所造成的各種無關乎時間的影響，例如在時間判斷的那一刻之前剛發生的事情，或是預期接下來可能會發生的事情。時間判斷還取決於脈絡、熟練度、經驗和偏見效應。當患者躺在醫院病床上，等待從手術中恢復時，無論是仍受麻醉藥物的影響或是極度虛弱，都會嚴重的扭曲和縮短時間判斷。

一九三〇年代，神經內分泌學家哈德森．霍格蘭（Hudson Hoagland）進行了一項體溫實驗，他發現體溫與時間知覺之間存在相關性。他的方法是研究從皮膚傳送到大腦的感覺訊息電脈衝。由於所有化學反應在加熱後都會加速，霍格蘭因此認為體溫升高可能會在短時間內影響時間知覺。當他的太太安娜生病發高燒（很可能是因為流感）時，他離開了一段很短的時間。回來後，安娜說他剛才離開了很久。霍格蘭懷疑發燒加快了她的生物時鐘。[4]他因此認為體溫會影響時間判斷，正如體溫也會影響空間判斷一樣，此外，他認為生物時鐘具有電化學「記憶」，以儲存訊息的方式記下任一間距內通過的毫秒數，而訊息儲存的速率則取決於生物時鐘內化學物質變化的速率。[5]

然而霍格蘭的結論並沒有考慮到其他外在因素，例如體溫升高導致的出汗和顫抖的反應可能會對時間感產生抵消作用。舉例來說，我們現在知道大麻會降低體溫但加快人的時間感。我們也知道在時間規畫的功能當中扮演關鍵角色的前額葉皮質，其運轉上對腦溫很敏感。也有學者推測，調節我們生理時鐘的神經傳導路徑對於體內溫度很敏感。體溫是否在注意力和記憶的認知過程中扮演關鍵角色，目前仍未知，而注意力和記憶是影響我們時間流逝印象的兩個官能。

依據霍格蘭的理論，當體溫升高時，所有時間長度的感覺都會縮短。有些記載詳盡的研究支持霍格蘭的理論；有些則與之牴觸。支持的是法國洞穴學家（即洞穴探險家及科學家）米歇爾・西佛（Michel Siffre）的故事，他於一九六二年獨自一人在法國南部阿爾卑斯山的地下冰川中待了兩個月。他後續進行了超過十二次的地下研究考察，並於一九七二年在德州德里奧（Del Rio）附近的一個洞窟與一小群探險家一同在裡面待了六個月。每次進行研究時，西佛和其他人都過著完全與世隔絕的生活，身邊沒有任何工具告訴他們時間流逝的速度。他們在覺得需要時睡覺，覺得需要時吃飯，讓生命的自然韻律決定他們對時間流逝的印象。回到一九六二年，他最初的計畫是要研究冰川的地質，但隨即「決定像動物一樣生活，沒有手表，處在黑暗之中，不知道時間」。[6]在進行一九六二年的實驗時，有一組團隊留在冰川洞穴的入口。那時他的腳總是濕漉漉的，體溫接近三十四度，但他能在洞穴裡閱讀、寫作，以及進行洞穴研究。每次西佛醒來、吃飯或睡覺時，他會向團隊發出訊號。且每次發出訊號時，都會以他認為一個數字一秒的速率從一數到一百二十。紀錄顯示，他每次數到一百二十都要花上五分鐘，也就是說，他印象裡的兩分鐘實際上是五分鐘。

西佛的洞穴裡有一盞燈泡供照明。穴裡非常暗，完全感覺不到白天轉換為黑夜或黑夜轉換為白天。兩天後他的記憶就失去了任何合理的時間感。他那時經歷的一「天」彷彿有兩個。「我睡得好極了！」西佛寫道：「我的身體會自行選擇什麼時候睡覺、什麼時候吃飯。」他推測他的睡眠和清醒週期與他在地球表面有日夜相伴的經歷不一樣。他的生物時鐘正在調整適應不同的時間表。在接下來的實驗中，其他受試者自然地進入了比較像是三十六小時活動、十二到十四小時睡眠的新睡眠－清醒週期。西佛會睡兩個小時，有時後睡十八個小時，但完全無法分辨兩者之間的差別。這些深處的洞穴提供了完全不受外界時間線索污染的獨立環境，隔絕於二十四小時週期的正常晝夜節律之外。它們就像是幾近完美的實驗室，可以操控所有無關乎晝夜節律的條件，滿足實驗控制的需求。

從我和太空人的大量談話當中，我發現他們的故事和西佛的非常不一樣，太空人待在國際太空站上的時間遠遠長過西佛待在洞穴裡的時間。也許長時間生活在極度黑暗的環境中會對時間感和晝夜節律產生顯著的影響。生活在有光的環境是不一樣的。沒有任何一位太空人的晝夜節律出現長期的變化。儘管國際太空站每九十分鐘就會交替經過地球的晝夜轉換，但是太空站上的燈一直是亮著的。不過話說回來，西佛的洞穴探險是研究時間感的實驗，反觀國際太空站上的太空人則沒有進行任何時間感的測試。太空站上的所有運作皆以格林威治標準時間為基準進行安排。

霍格蘭和西佛的實驗使人們開始思考不同的環境會如何改變人類對時間的看法。接著在一九七〇年代初期，馬克斯普朗克行為生理學研究所的德國時間生物學家尤根．阿紹夫（Jürgen Aschoff）進行了一項實驗，他讓四百五十名受試者隔離在地下碉堡中共三到四個星期，沒有給他們任何時鐘，因此受試者無法分辨時間，也無法分辨黑夜白天。阿紹夫允許受試者做任何他們想做的事，同時記錄下他們的生理功能。受試者住在含淋浴和小廚房的舒適房間裡，自己準備食物，累了就上床睡覺，自行安排每日日程。記錄下的數據包括體溫、活動的模式、在床上移動的型態、尿液樣本和時間估算的結果。受試者若需與外界交流必須透過一位通訊員，他們可以和這位通訊員收送信件，通訊員也會不定時從外面穿過雙開門送物資給受試者。

阿紹夫從這次的實驗中發現了一個清楚的睡眠－清醒週期，該週期由體溫和尿液排泄有規律地控制著，平均一個週期大約二十五小時，但這個週期並不總是與活動週期同相位。他本人參與了前十天的研究，並在他自己的報告裡這麼寫道：

> 在地堡生活的頭兩天，我對「真正」的時間有強烈的好奇心，不過兩天後就完全失去了興趣，反而覺得活在沒有時間的「永恆」之中非常自在。根據我從先前的動物實驗研究得到的知識，我相信我在地堡的週期會比二十四小時來得短；因此當我在第十天出關的時後，聽到自己上一次起床時間竟然是下午三點，我非常的驚訝。「早晨」起床時我很難判斷自己是不是睡得夠久。我在第八天只睡了三個小時就起床了。早餐

過後不久我在日記裡寫下：「一定有什麼問題。我怎麼感覺好像是下午五六點左右。」我又回去睡了三個小時，再重新開始新的一天。[7]

因此我們對於人類代謝系統和時間意識之間的聯繫感到好奇。代謝生理時間有沒有可能跟宇宙物理時間有關係呢？住在洞穴裡、住在國際太空站上，或是單獨監禁或許可以給我們答案。

除了合成維生素D的需求以外，陽光直射對人類而言並非絕對必要；我們其實可以長時間生活在黑暗之中。以北極圈以北的巴芬島（Baffin Island）上的居民為例，這裡的人一年當中有某個時段就是生活在長時間的黑暗之中。每年的九月下旬，當太陽從視野中消失後，曙暮光*降臨。到了十一月中，巴芬島已幾乎進入完全的黑暗之中，月亮偶爾會提供些許的自然光。一月下旬時曙暮光再現，幾週後太陽再次露臉，並能持續一段較長的時間。生活在北極的人們會經歷約十一週的永夜，在這段期間，月亮在它能力所及的範圍內會供應些微的自然光。

我們在演化上並不具備能夠快速跨越時區的能力，我們的晝夜節律並無法瞬間適應時區的急遽變化。當飛越過幾個時區後，無論是往東還是向西，幾乎所有人都確定會經歷程度不等的

* 譯注：日出之前或日落之後天空還未全黑時的光。

**節律異常**（dysrhythmia，即時差疲勞）。節律異常會導致疲勞感和飢餓感。年紀較長的人比年輕人更容易感受到節律異常。你覺得跟當地的時區不同步，而且無論你在機上是否有好好地休息，都無法保證下了飛機的感覺是好是壞。在你體內的生物化學系統——包括尿液、鈉、葡萄糖、胰島素、鐵和鉀等各項濃度——似乎都還維持跟原來的時區同相位。遠離了正常的環境計時，你的生物節律偏離了正常的二十四小時韻律。體溫與器官活動變得不同步，這代表晝夜節律是內源性的。這些節律通常透過光線、習慣、工作、飲食和睡眠時間（特別是睡眠時間）等環境同步器（synchronizer）依循著一天的長度運作。北大西洋公約組織航太研發諮詢小組（North Atlantic Treaty Organization Advisory Group for Aerospace Research and Development）在一份報告中推論出地球的電磁場也是個同步器，這使得生理時鐘在適應外部時間感的急遽變化時更加難以調整。[8]時區混淆的直接後果就是不穩定的同步狀態。

日光每四分鐘跨越一條經線。以一般六十秒變化一次的傳統時鐘來說，向東的班機一天的時間會縮短，向西的班機則會拉長。一年之中日光和夜光的變化當然有點複雜，原因是地球兩極相對於黃道（即地球圍繞太陽的軌道）有一個傾斜角（二十三點四度），這也使得極帶和亞極帶地區的光週期非常不平均；然而，大部分跨經線的航班，無論往東還是往西，都不會直接沿著經線與經線的交叉點。乘坐這些航班的乘客他們的生物系統在下了飛機後幾乎都與環境不同步。

好在我們有外部的時間訊號（zeitgeber）*，時間訊號是內源性生物節律的環境時間線索，可以幫助我們使身體與環境同步。人類跟植物不同，植物有相對簡單的生物節律，只與光線、溫度以及其他與氣候相關的週期同步。人類的節律會受飲食和睡眠習慣影響而複雜化，同時又有工作和社交習慣，讓我們能與太陽時間同步。[9]另一個幸運的地方在於，我們可以幫自己的身體作調整，像是飲用足夠的水或非酒精性飲料，或是在長途航班中脫掉鞋子保持雙腳抬高，都可能有助於調整時差。如果這些都不管用，我們還有使蒂諾斯（Ambien）或艾司佐匹克隆（Lunesta）可以幫助睡眠，也有莫達非尼（Provigil）或阿莫達非尼（Nuvigil）在需要時幫助我們保持清醒。環境的時間訊號有很多種，最顯著的是光照、藥物、溫度、運動和飲食模式。這些環境時間因子向下視丘的一個極小的區域發出信號，告訴它該改變體內化學分子的濃度，才能與外界二十四小時的循環同步。

## 楔子：我奇怪的時間意象

我對一年中的月份有一個很奇怪的意象：我就站在一個像曼陀羅的大圓圈上，月份由十二

*譯注：源自德文，英文直譯為time giver，是德語「定時器」的意思。

塊鋪路的石磚標記。我就站在其中一塊石磚上，看著我正對面標記著當前月份的石磚。為什麼會有這樣的畫面呢？會不會是我童年見過的一些圓形月曆在我老是在標記日期的腦海中留下了一些無法磨滅的印象？為什麼我是站在六個月前的石磚上？我不是應該要站在標有當前月份的石磚上嗎？一想到精神分析師會怎麼解析我，我就不寒而慄。輪到比較小的時間間隔的時後，例如一週當中的天，我腦海中的意象就變得比較典型了。對於大半人生都在結構化的社會中工作的大部分人來說，星期一的感覺跟與星期五或星期日很不一樣。我來自於東正教猶太人的家庭，即便我在十幾歲時就已離開教會，但時至今日對我而言星期六的感覺還是跟一週裡的其他天很不一樣。不過一天之中的各個小時給我的感覺則因年齡而有所變動。我年輕時，甚至到我五十出頭，我的一天通常是在早晨的安靜時刻裡結束的。但在我停止全職的教學工作後，這樣的習慣就全停了。我現在和太陽光一同起床，而且無論太陽光何時出現，日復一日皆如此：十二月是早上七點左右，三月則是六點左右，但在切換到夏令時間那晚的隔天，我又會變回早上七點起床。*夏至那天我早上五點就醒來了。除了醒來的時間，我幾乎不太會注意到當天時間的流逝。我會為了不要遲到而查看時鐘，但是我的谷歌日曆永遠近在咫尺，在我必須去到某個地方之前的一個小時就會閃現訊息、發出嗶嗶聲，並在電腦螢幕上跳出一個視窗，用各種方式提醒我。這是生活在這個新電子時代的結果，我們不再被街道、商家和公共場所的時鐘所包圍，我們對時間的感覺鈍化。到了黃昏時分，我才注意到這一天又這麼匆匆地過去了。

我的時間會縮放。我知道幾乎任何一件工作都小於它各部分的總和，於是我將我的日子切分為可以處理的小片段。即使是看似大到做不完的工作，只要是以短而重複的階段執行，就能迅速完成。讓我們思考一下一個每天必做的工作——使用牙線和牙刷清潔牙齒三次。人的一生當中花在潔牙的時間累積起來相當於一天八小時，持續四分之一年以上！我得承認，為了我的牙齒健康，一生中放棄三個月做這件事絕對值得。

時間掌握在我們的手上。我開車時不超速，因為我享受不抄快車、不增加額外危險的人生，所以我也把車上的時間調快五分鐘——在我不注意的時候我還是常會被騙，於是我就多出了五分鐘的時間。我用小塊的時間做繁瑣的事情。過沒多久，就能感受到自己完成一件大事的成就感，卻不會覺得自己有花太多時間在那上頭。

＊譯注：美國大多數地區為因應夏天日光時間較長、日出較早的夏令時間，在三月時會選定一天將時鐘往前調一個小時，並在十月調回。

# 第19章 系外行星與生物節律（環境的同步器）

地球的二十四小時自轉和季節循環是宇宙物理學的意外，也是從宇宙塵埃創造出太陽系的一連串意外。在我們可觀測的宇宙當中，共有超過……億個星系，近期的研究顯示可能有數千個結構類似地球並圍繞著恆星運轉的系外行星（exoplanet）*，這代表或許有不少行星具備足夠的質量，因而能有類似地球大氣的結構，提供生命存活的可能性。

最近發現的紅矮星中，大約百分之三十有著繞其公轉並且與地球大小相當的溫和行星。[1]比鄰星（Proxima Centauri）即為一例，它有一顆繞著它運轉的行星比鄰星 b（Proxima Centauri b）。比鄰星 b 距離我們只有四點三光年的距離，儘管它和它的太陽已一同存在於宇宙中將近五十億年的時間了，但直到二〇一六年八月才被我們發現。許多類似地球的系外行星非常靠近恆星，因此它們的軌道有潮汐鎖定的現象，導致它們類似月亮一樣，其中一面永遠朝向它們的恆星。對於生活在這類星球上的生物來說，住在面向恆星那側的生物會一直經歷永恆的白晝；住在背對恆星那面的生物則經歷永恆的黑夜。除此之外，這些類地行星的軌道和地球的軌道相比可能也有很不一樣的偏心率（eccentricity）。任選一顆這類的系外行星或是銀河系之外的任何類似地球的河外行星（extragalactic planet）來觀察。你會發現它的黃赤交角（obliquity of ecliptic，即其極軸的傾斜角）和地球的黃赤交角不一樣，地球的大約是二十三點四度（又是一個意外的偶然）。如果該行星有季節變化的話，那麼黃赤交角就是造成季節更迭的原因。當這顆行星圍繞著它的太陽運行時，其極軸相對於背景恆星的傾斜角度會保持不變。因此其中的一極，例如它的北極（先不論「北」是什麼意思）會有半個公轉面向它的太陽，另一半公轉背對太陽。倘若這顆系外行星在公轉的過程中與其恆星的距離有遠近變化，那麼可能還會產生其他的環境生物效應。幾乎所有紅矮星的活動週期也可能對行星產生一定的影響。紅矮星會經由強烈恆星閃焰的方式變亮或是進入紫外線及其他高能輻射的模式，閃焰會影響行星的大氣層，對適居性有害。這一切都顯示，生活在這樣一顆行星上的任何生物都將擁有與我們截然不同的生理時鐘，至少從生物順應太陽或恆星的角度來看會得出這樣的結論。

除此之外，在像這樣的星球上，時間可能與它的日光或夜光無關（如果日夜光存在的話）。地球上的生物是在一天二十四小時、分別為光亮和黑暗週期的環境中演化，因而具備可以辨別亮暗的感光受器，並且懂得善用亮暗之別作為其生存的優勢。我們的視覺中就包含對光

＊譯注：為太陽系外行星（extrasolar planet）的簡稱，即太陽系之外不繞太陽公轉的行星。

線的知覺。

如果比鄰星 b 上有生命（機會不大，但還是有可能），比鄰星人的「視覺」很可能感知到的是人類視覺光譜中最邊緣的某些波段，或甚至是無線電波，抑或某種我們從沒想過的特異知覺。比鄰星人可能會以其他方式感知他們的行星相對於其太陽的位置，也許是透過聲納，或是透過某種我們不但沒有也從未想過的官能。而比鄰星人每日和季節生活韻律也會和我們的韻律非常不同。比鄰星上的一年只有地球的十一點二天。[2] 那裡可能沒有季節變化，若真如此，比鄰星人便不需因為食物或生長的需要而依賴季節的更迭。比鄰星上的生命週期可能比地球上更快，日曆將只是時間流動的標記，好讓比鄰星人能記錄歷史，能對未來有憧憬，能在時間的競技場上對於孰先孰後有個順序。

請容我進入科幻的幻想世界之中，好讓我們再稍微深入思考一下。那些紅矮星的行星系統中是完全有可能存在著智慧生物的。我們一直在恆星質量小於太陽的系統當中尋找宜居的行星，這麼做純粹是因為，比起太陽質量與我們相當的恆星系統，在這些恆星質量較小的系統當中尋找類地行星更為容易。然而最近的研究顯示，我們可能一直找錯了方向。根據東京工業大學的天文學家井田茂（Shigeru Ida）與馮天（Feng Tian）的說法，我們的標的應該是一顆不太熱也不太冷、水和陸地的比例跟地球相類似的地方。[3] 北加州有四十二個無線電望遠鏡正密切注意，希望能探測到來自銀河系中超過一百億個恆星系統裡任何一個智慧生命發出的無線電信號。[4] 在規畫階段，研究人員已相中其他五萬個恆星系統，而美國太空總署的凌日系外行星巡天衛星（Transiting Exoplanet Survey Satellite）正在進行數據蒐集。如果這些類地系外行星上的智慧生物能夠以某種方式理解貝多芬C小調第五號交響曲《命運》作品67號前五個小節的樂譜，它們的節奏感會和我們一樣嗎？

它們會感知到這個「短－短－短－長」的四音符主題出現了兩次。但是它們會發現拍號是2/4拍，當中有一個休止符和三個八分音符，接著是一個二分音符，再來是第二小節和第三小節之間的八分休止符嗎？它們所感受到的將與根據該星球的恆星時間校準的內在時鐘無關。況且它們的恆星時間當然也和我們的迥然不同。

如果我們給這些系外行星生物一把中提琴，或者其他適合它們身體功能形態的樂器。我們再以某種超智慧的方式教它們樂譜，請它們演奏貝多芬第五號交響曲的前五個小節。我們會覺得它們的節拍很古怪或是很陌生嗎？我們是否還能辨認出頭四個音是登－登－登－鄧（八分休止符）－登－登－登－鄧，再者，比鄰星b上的拍子會跟在地球上一樣完美嗎？

我們若對於比鄰星人在處理訊息時如何與它們的日夜生物節律一致沒有更多的了解，便無法回答這些問題。這兩個問題的答案很有可能都是否定的。我們可能會感覺到音高的速度像是一個連音連奏，在中間某處有察覺不出的一拍休止符。即使樂譜已指出時間的數學節奏，然而解碼後的結果也可能非我們所預期。此外，儘管開頭小節中的音樂時間可以拆解為節拍、速度、節奏和時值，但比鄰星人的感知方式很難跟貝多芬當初譜曲或想像的一樣。事實上，即便是地球人對這些節拍的感知也不一定相同。他們聽到的也會是兩種方式的其中一種，而且不會是跟貝多芬當初譜寫的那種一樣。不過，假如我們給比鄰星人一份簡單的樂譜，上頭有節奏規律的重複音符，也許中間混入幾個休止符。那麼它們感知到的節奏感會如我們所預期的嗎？我相信答案是肯定的，除了時間縮放的比例不同。[5]

對於比鄰星b上的生物來說，日光時間可能並不是驅動他們生物節律的關鍵。也許比鄰星b沒有大氣。大氣並非生命所必需，不過我們的大氣因為能讓太陽光在地球表面反射散射，我們因而有日光時間。如果沒有大氣，你就會處於永恆的黑夜，或至少是永恆的曙暮光。

對於一個生活在比鄰星b上會思考並且使用意識語言交流的生物而言，它在計時的時候所認知的時間長度感很可能跟人類的不一樣；不過我們或許可以用一些簡單的線性變換，就能在它的時間概念跟我們的時間概念之間轉換。假設比鄰星b很小，自轉一天的時間是二十個地球小時。假設那些比鄰星人出於偶然採用了巴比倫的時間劃分法，即一分鐘等於一小時的六十等分。那麼比鄰星b上的一分鐘會相當於地球上一分鐘的六分之五（即五十秒）。這樣我們就可以計算比鄰星b時間該如何轉換為地球上的格林威治標準時間，反之亦然。很顯然比鄰星人的生物節律與我們迴然互異。它的生物節律不會跟我們同步，因此它對樂譜的節奏概念可能也跟我們不同，甚至可能無法以簡單的比例換算。畢竟它的時間概念（例如對白天長度的感覺，或兩次生日之間橫跨多久時間的感覺）肯定與我們不同步。身體的時鐘則似乎堅持某特定的細胞節律必須被遵守，而時間再根據身體的時鐘調整自己的步伐。因此地球人未來若前往比鄰星b拜訪，必定難以適應系外行星的自然睡眠週期。身體知道時間，源自其身處的宇宙場域。它根據其誕生之地的行星系統決定脈搏和律動的節拍。身體是最基本的時鐘，是時間真正的量尺。儘管我們有林林總總的時間概念，有的客觀有的主觀，有的科學有的個人，一如某一詞彙所指，但真正給了我們那把時間量尺的，是受我們偉大的太陽系控制的內在生物節律和環境時間訊號。這只是一個既不能告訴我們時間究竟是什麼、也沒有告訴我們時間的意義是什麼的度量，因為時間本身可能只存在於我們的腦海中。

時間是想像的，是我們活在這個世界上，過著我們現在的生活，作為我們存在的一位計畫者。時間被包裹在無限性當中，這個無限性總是伴隨著任何無邊界的事物。時間是一個詐術，幫助我們應對心中那個永不厭倦、總是想解釋和組織這個世界的慾望。我們或許會把時間想像作一條無限長的線，上頭的瞬間一直往兩個方向流走，流至蒸發於虛無之中，又或者是一個沒有出口的無限迷宮或圓形迷陣，抑或像一條上頭塞滿密密麻麻小點的線，這些點緊密到你總是能在兩點之間找到第三點。腦海中很難表現出這個畫面的最終樣貌，但確出現了一些奇妙的現象。當我們愈常使用某種視覺表述（例如時鐘的數字或鐘盤）思考時間的影響時，大腦就愈能掌握這些表述實際代表的內容。時間的直覺一開始只是模糊的印象，但腦海裡的表述性圖像最後發展成了更深層的感知理解。我細細思索**我必須趕上明天早上九點〇三分的那班火車**的這一想法。這個沉思在我有序的生命道路上放上了一個代表性的數字，而這個生命道路是讓我能過我想要的生活，在這社會上有生產力，持續進步的路徑。這給人一種時間真真切切確實存在的印象，就像重量或溫度一樣有其根據。時鐘的表象說，現在是上午九點〇三分，並與火車抵達時間的預期相連結，無論火車準時與否。但這只是時間的表象，而不是時間本身。正如法國哲學家西蒙・薇依（Simone Weil）在她其中一本筆記中所寫：「表象擁有真實的全部，但只作為表象。因為表象以外的任何事物都是錯誤。」[6]時間唯一的表象是記憶和期待的幽靈，是幻影。如果不存在測量它的時鐘，沒有時鐘調整到與我們這顆藍色小行星的運動同步，時間其實在維持我們生命的生化必需性以及對記憶和命運的影響之外，並不存在。

# 後記

時間的探尋似乎永無止境。每次以為已經挖掘完所有的故事了，就又會找到一些先前從沒聽過的東西。我們可能永遠都找不到明確的答案。然而在我們對這問題進行了所有的思考以後，我們可能終於離答案更近了；至少我們或許已經找出如何思考這一問題的可能方法，能夠區別圍繞在一個意義多重的詞彙旁的脈絡。時間本身（如果這東西真的曾經存在的話）可能只是自然秩序控制因子的產物，只是人類浸濡於具相關重複性及一致性的恆常結構中，為實用目的而發展而出的東西，只是物理學中的數學普遍性，只是人類文明疊積的集體紀錄。

我們覺得時間只是在具韻律與規律性的環境當中負責執行生命週期工作的一群集合所衍生的東西而已。僅只如此！時間可以是許多不同的東西，一切取決於你探索的方法。我們應該給這些時間取不同的名字，但我們最常談論的那個時間（那個個人的時間），就只是一個你與你所做所為的一部分的那個時鐘。這就能夠解釋我們為什麼沒有精確的時間感，除了一些我們以為我們可以感覺到的時間長度以外，像是被通知可以吃晚餐的那五分鐘。時鐘以人類議定的時間單位滴答走著，幾個協調一致的時鐘就能用來組織社會，使之井然有序，除此之外，時間在任何其他意義上可能都不是真實的。可是什麼是人類議定呢？我們才剛了解到，我們的細胞時鐘（因此也是決定我們一半存在的內在時間週期）某種程度上是被地球繞太陽的公轉和自轉所鎖定與同步的。我們聰明的發明——時鐘——告訴我們該到哪去和該做什麼，但真正決定我們生命的，其實是這顆星球的軌道與細胞層次上一再演化的有機時間精神（zeitgeist）兩者間永無止境的調和。這或許就是我們一直對時間究竟是什麼感到困惑的原因。

物理學對時間的思考很不一樣。物理相信數學，從而產生一種錯覺，認為時間只是一種數學精確計算的副產品，除此之外並無任何其他的定義方式，而且可以毫無罣礙地將時間應用於本質不明確、由人類集體行為組成的世界之中。由於運動與空間兩者有直接的連結，假設物理定律在宇宙的任何地方都有效，那麼所有位置的變化都與移動、變化或重力的時間有關。於是創造了一個數學模型將時間鎖定為一個可操縱的變量。在數學方程中代表時間的t將會是直接源自於生活在公轉與自轉的地球上為權宜應變而生、代表時間的t。然而，物理學家大膽地將這個時間的代表符號擴大為能夠命令世界依照必須遵守的物理定律預測物理現象的抽象概念和方程式。

當我們試著理解物理學家所說的t與我們所經驗的時間之間有何區別之時，我們發現自己站在物理學家的觀點那一邊，也就是時間可能真的是一個錯覺。這個結論很合邏輯，因為物理學總把時間加到數學方程式和普遍性之中，作為連結空間和運動的橋梁，並解釋為空間運動的一維參數。時間藉由提供序列的方式讓世上發生的一切有了先後順序。

時間生物學家則自有機生命身上讀取時間，並認定該時間的長度與生活在地球上以及這個星球的二十四小時晝夜循環有關。這代表生物雖然各自有非常不同的內在時間，但它們之間是有相似性的，相似之處在於仍然有一些普遍的根本度量，也就是有個根源時間，它推動著所有我們測量到的時間。那是一個刻畫出地球上集體生活的**時間**，一個與我們不斷變動的環境一同變動的**時間**，一個為我們身為一個物種的共同存在帶來意義的**時間**，一個告訴我們在生與死之間我們現在在哪裡的時間。

哲學家思考著時間**可能**會是什麼的問題，如果時間真的存在的話。但是我們身為一個人類，生活與交流皆依照約定而行，因此必定感受到我們的生命每日每時都在流逝。正如《傳道書》列出的一長串天底下的時間一樣，有「真實」的**時間**，就是當我們盡了義務承諾並在社會的舞臺上扮演好自己的角色的時間。這些時間我們並不完全理解，比起單純地測量天、小時、分鐘和秒，它們更為普遍。這些時間是恆星時間和太陽時間的副產物，而恆星時間和太陽時間僅是某種抽象到我們無法處理之物的表述性應用。若想透徹了解那些時間，似乎一定要把它們視為只是代表，也就是一位來自我們可能永遠不可知的世界、被派駐到現實世界的大使。

我們有形形色色的時間：康德的時間、心理的時間、物質的時間、數學的時間、相對的時間和它的謬論與膨脹、宇宙的時間和它的好奇心、時鐘的時間和它的同時性，以及人類的時間和人類時間急於完成各種事物的匆忙。甚至連虛構的人物也幫我們提供了幾種不同的時間。巴恩斯的小說《回憶的餘燼》中，東尼．韋伯斯特（Tony Webster）是述說著自己過去故事的敘述者，他懂得這點，他說：「我很清楚：既有客觀的時間，也有主觀的時間，後者就是那個戴在手腕內側、在你脈搏旁的那種時間。而這個主觀的個人時間（也就是真正的時間），是以你和記憶的關係來度量的。」[1] 注意力和腦有關，而這份注意力與現在如何變成過去的記憶有絕對的關係。

試圖回答時間大哉問的這些嘗試古怪地彼此強化、複雜化也互相對立。這當中沒有一個嘗試能給出真正具說服力的答案；然而所有嘗試的總和卻提供了一個無明確解的辯證。這個大哉問彷若把我們帶到了一個沒有盡頭但卻相當豐富的大迷宮裡，迷宮的構成是一系列充滿著相似性與差異性的答案，與過去和未來相關的**現在**也加入其中。

所有這些林林總總的時間都相互關聯，都帶有無法確定的模糊痕跡和影子，要將它們統整為一是不可能的。它們彼此對抗，也相互鞏固。它們使彼此複雜化，因為它們都源於那有著多重意義的單一字詞，卻都一起摻雜攪和在討論之中。它們是一疊互異的說法，似乎欠缺任何統整的詮釋與解答，也沒有統一的理論。其實應該要有不只一個字詞用來表達這些各色各樣的時間。然而，我們真正關心的時間純粹是與人類感官有關的時間；對於這些時間，我們確實有一個建立在注意力、記憶，也許還有細胞時間精神的統一理論。我們知道那一種時間，我們知道它是什麼。

幾千年來我們一直問錯問題，一直在尋找某個我們可以構思或想像的名詞，像是**重量**或是**力**。然而正如我們在第八章中提到過的，要了解某樣東西究竟是什麼，通常是根據它的行為來定義。所以也許我們找尋的對象該是動詞而非名詞。鋸子基本上是一個扁平的回火鋼刀片，刀片的一個長邊是三角形的鋸齒線，刀的一端安有手柄。這就是一個物件。但是，如果沒有說明它的用途，那麼物件本身並無意義。或許我們應該把時間想作是那個推動著我們的東西，那個讓我們繼續往前進的東西，那個讓我們感到活著的東西，那個記錄下生命的東西。而時鐘則是前述時間的度量，不過在腦海中，那口時鐘只是我們為了追尋成就感而追逐的幻影，彷彿它是真實的。也許這就是為何時間好似隨年齡加速的原因。可能我們只是想在一切都太遲了之前，趕上那道幻影。

似乎我們每次想到時間，都會先在當下立上一塊里程牌。就像所有的動物一樣，我們活在無盡的當下。讓我們想想德國心理學家沃夫岡．科勒（Wolfgang Kohler）對黑猩猩進行的實驗，這個一九五〇年代的研究宣稱黑猩猩確實有一些未來的概念，但是只從現在進行測量。我們現在對時間的印象是立基於文明如何用時鐘宣告它的統治，好似時鐘的每分每秒是某種為了生存務必密切注意的東西。把自己安住於當下，你會發現自己幾乎沒有時間的意識。如果某種過去或對未來想望的關聯不存在，就不會有時間持續的感覺。喚起過去需要記憶。希望和願望的憧憬帶來了未來。當你住於當下，意識到時間時；時間會變慢。直接把注意力放在時間上，以時間為所緣冥想；時間甚至會變得更慢。時間逗弄任何注視著它的人。它自負虛榮，不會輕易放你走。引起你的注意讓它很開心。它抓住了儲存在腦海中的所有時間片段，這些片段可能只是錯覺，由不存在的某樣東西所建構，或是由可能存在但永遠不可能被發現的幻影所構成，就像宇宙存在的原因一樣。

現實中，時間可能只不過是不斷更新的現在，或是對過去的記憶，以及對未來的預期。那個未來似乎總在往前進，就像電影一格格的畫面，在被貶入過去的捲軸之前，進入了現在的片窗。時間的流動樣態存在於我們的語言之中，因此也存在於我們對時間的思維之中。

也許我們可以用我的孫女莉娜教我的方式來思考時間。有好幾個星期四的下午，在她放學過後，我都會在當地一家咖啡店和她碰面聊天。其中的一個星期四，那時她十一歲，小學六年級，學校正在教有關細胞的課程，我問她知不知道基因和蛋白質。

「當然知道啊，」她這麼說。「它們（蛋白質）是在白天製造的……還是晚上？……我忘了，但是**它們**知道現在幾點。」

「什麼意思？」我問。「一個細胞要怎麼知道一天當中的時間？」

「你全身上下都知道，」她非常肯定地說。「每一個細胞都知道時間。就好像它們只要看一下大腦牆上的時鐘。……我們就是這樣知道什麼時候要吃東西。就像……我現在會餓。我可以再吃一個巧克力可頌嗎？」

我們知道時鐘就在我們體內，就在每個生物體內。我們知道，幾乎所有生物的細胞時鐘都是以晝夜節律為校正標準，並不在乎相對論。這個韻律並不是一個錯覺。它是實實在在的，而且並不似奧古斯丁對自己提問的回答那樣，我們知道它是什麼，最重要的是那恆定的晝夜節律，它讓我們的韻律保持和諧，保持活著。我說，讓物理學家和哲學家對於時間是什麼有他們一致的想法吧，這樣他們就可以探索次原子粒子的神祕動力學，探索我們難以想像的宇宙範圍，思考更深層次的存在問題，以了解我們從哪裡來，又會往何處去。不過對我們來說，答案要簡單得多。就是隨著我們細胞韻律而更迭的內在感覺。我們只要放鬆地帶著足夠應付正常生活的敏銳度，用直覺稍微感受一下，就能感覺到了。偶爾需要更敏銳的時間感時，再看一下時鐘。

莉娜可能是對的。我們不需再苦苦探尋那著名提問的答案。不用再一直找了。時間就是我們。我們就是時鐘。

# 致謝

我太太珍妮佛・馬祖爾（Jennifer Mazur）一直是我的靈感來源，也是我最堅定的支持者，她總是給我最坦誠、最具建設性的批評。她在仔細閱讀過早期的手稿之後，明智地提出了編輯上的修改，讓所有的關鍵概念得到澄清。謝謝妳，珍妮佛。

特別感謝艾蜜莉・格羅索茲（Emily Grosholz）和羅賓・阿里安羅德（Robyn Arianrhod），他們也讀了原稿的幾份草稿，提供了不可或缺的更正意見和出色的編輯建議。

在時間這個問題上，一部分充滿說服力的提問和潛在的解答來自於古代文獻的沉思。大部分則來自於朋友、同事和對時間敏感的專家們見多識廣的觀點。還有其他一些非常重要的資訊，則是來於和各行各業的專家們對談與採訪的豐富結果，包括有長途卡車司機、跨洲飛行員、國際太空站的太空人、經歷過單獨監禁的受刑人、奧運選手、鐘表師傅和對沖基金交易員。這部分要感謝麥可・羅培茲－阿萊格里亞（Michael López-Alegría，美國太空總署第十四次至國際太空站遠征的指揮官）、薩曼塔・克里斯托福雷蒂（Samantha Cristoforetti，歐洲太空總署第三十三次至國際太空站的遠征）、麥克・馬夏多（Mike Machado，國際地球科學星座任務營運經理），芬恩・墨菲（Finn Murphy）、蘇妮塔・威廉斯（Sunita Williams）、傑森・赫南德茲（Jason Hernandez）、妮可・史塔特（Nicole Stott）、坎迪托・歐提茲（Candito Ortiz）、羅德里戈・李加羅（Rodrigo Rigarro）、比爾・摩斯（Bill Moss）、菲爾・梅哲（Phil Major）、理查・史維特（Richard Sweet）、基夫・樂斯溫（Kif Leswing）、克林特・巴納姆（Clint Barnum）、曾德建、戴蒙・賴恩（Damon Rein）、歐文・祖克（Irving Zucker）、傑・C・鄧勒普（Jay C. Dunlap）、倫敦瑪麗王后學院的威廉・安拉達・艾斯庫德（Anglada Escudé）、理查・貝茲（Richard Bates，英國鐘表師）、詹姆斯・李文森（James Levinson）、克雷格・哈蒙（Craig Hammond）、瑪格麗・瑞林克（Margery Reurink，佛蒙特州矯正部）、布瑞南司法中心（Brennan Center for Justice）、清白專案（Innocence Project），以及打開心門計畫（Crack Open The Door Project）。他們是我最近認識的新朋友，這段期間慷慨貢獻了許多寶貴的時間，講述他們與時間的個人經歷。

我非常感謝伯里亞斯科基金會（Bogliasco Foundation）提供的獎學金和駐院訪問職位，讓我得以於二〇一六年在美麗的皮尼別墅（Villa dei Pini，位於義大利伯里亞斯科的高爾夫帕拉迪索小海灣〔Golfo Paradiso〕）完成此書。這個基金會給予我極大的支持，提供了我充足的時間、舒適的環境和慷慨的服務，讓我的工作效率達到顛峰，同時還有一群給予我許多靈感的同事相伴，阿爾夫·洛爾（Alf Löhr）、萊斯利·特諾里奧（Lysley Tenorio）、蘭辛·麥克羅斯基（Lansing McLoskey）、布魯斯·史奈德（Bruce Snider）和珊卓·瑞伯（Sandra Rebok），他們都直接間接為本書的最終草稿出了一份心力。

我要謝謝真正的學者們、哲學家們和科學家們，他們在時間問題上的努力讓關於時間的對話得以延續如此多個世紀。他們對我的研究非常有幫助。我也要感謝梵蒂岡宗座圖書館（Paolo Vian of the Biblioteca Apostolica Vaticana）的保羅·維安（Paolo Vian）、芝加哥大學數位保存館藏（University of Chicago Digital Preservation Collection）、歐洲線上文化遺產（The European Cultural Heritage Online，簡稱 ECHO）、紐約公共圖書館數位畫廊（New York Public Library Digital Gallery）、自由基金會（Liberty Fund）、PhilSci 檔案館（PhilSci Archive）、梵蒂岡宗座圖書館、佛羅倫斯的國家檔案館（Archivio di Stato de Firenze）、佛羅倫斯馬路其蓮娜圖書館（Biblioteca Marucelliana Firenze）、佛羅倫斯國立中央圖書館（Biblioteca Nazionale Centrale Firenze）、帕維亞大學（Università degli Studi di Pavia）、Gallica（法國國家圖書館的線上珍本圖書館）、Scribd.com、Ancientlibrary.com、英仙座數位圖書館（Perseus Digital Library）、安紐德喬治數學研究中心（Centro di Ricerca Matematica Ennio De Giorgi），以及高等師範學校圖書館（Biblioteca della Scuola Normale Superiore）允許我可以坐在我的家中進行研究，這在十年前可是要花上數年的時間流連於世界各地圖書館的珍本閱覽室才做得到，並感謝強納森·班那（Jonathan Bennett），

他維護管理一個數學家與哲學家之間通訊信函的翻譯網站，網址為：www.earlymoderntexts.com。也要感謝傑拉德・詹姆斯・惠特羅（Gerald James Whitrow），他是不再與我們同在的眾多學者之一，他為努力解決時間的大哉問，發掘出了過去曾被遺忘已久的智慧結晶。

感謝卡羅・安・羅伯・強生（Carol Ann Lobo Johnson）允許讓我使用布拉格鐘的照片。感謝格羅索茲和艾伯繆思出版社（Able Muse Press）允許讓我使用《愛的影子》這首詩作為章首的引言。還要感謝塔斯寧・柴拉・胡笙（Tasneem Zehra Husain）允許我使用她即將出版的新書《重繪天空》（*Repaint the Sky*）當中的一段話。

特別感謝我的編輯約瑟夫・卡拉米亞（Joseph Calamia），他精闢的意見、仔細的編輯和出色的結構建議大幅改進了我的原始草稿。必須和卡拉米亞一同感謝的，還有我耶魯大學出版社的手稿與校樣編輯夢幻團隊：蘿拉・瓊斯・杜利（Laura Jones Dooley），感謝她的編輯專業，她在讓粗糙的段落變得通順上面扮演了關鍵角色，澄清了本書中較深的訊息；資深手稿編輯丹・希頓（Dan Heaton）與我共同切磋以及協調最後一刻的更正；校對員佛雷德・卡美尼（Fred Kameny）辛勤閱讀最終的校樣並找出了幾個錯誤。以及感謝我的經紀人安德魯・史都華（Andrew Stewart），從最一開始的簡短企畫便一直推動著這個計畫，感謝有他的堅定支持。

致馬迺爾・傑佛瑞（Mazur Jefferies）家族：凱薩琳（Catherine）、湯姆（Tom）、蘇菲（Sophie）、葉蓮娜（Yelena）和奈德（Ned）。致馬紹爾（Marshall）家族：塔米娜（Tamina）、

史考特（Scott）、莉娜（Lena）和雅典娜（Athena）。致我的兄弟巴瑞・馬述爾（Barry Mazur）和馬丁・西爾伯伯格（Martin Silberberg），以及其他與我同輩的親人們：葛雷琴・馬述爾（Gretchen Mazur）、卡羅爾・喬菲（Carole Joffe）、露絲・梅爾尼克（Ruth Melnick）、佛雷德・布洛克（Fred Block）；他們一如既往不斷地給我鼓勵。感謝那些聽過我許多故事、一直支持著我的朋友和同事；他們是不斷激勵著我持續做好工作的力量：伊恩・史都華（Ian Stewart）、秋葉忠利、吉姆・托伯（Jim Tober）、路易斯・史普拉特蘭（Lewis Spratlan）、丹尼爾・艾波斯坦（Daniel Epstein）、朱利安・費爾霍特（Julian Ferholt）、黛博拉・費爾霍特（Deborah Ferholt）、瑪喬麗・塞內卡爾（Marjorie Senechal）以及威廉・卡勒恩・鮑恩（William Cullerne Bown）。

# 腳註

## 前言

1 Lewis Mumford, *Technics and Civilization* (London: Routledge and Kegan Paul, 1934), 17.

## 第一章 水滴、移影

引言：Titus Maccius Plautus, *Comedies of Plautus, Translated into Familiar Blank Verse, by the Gentleman Who Translated The Captives,* [translated by Bonnell Thornton] (London: T. Becket and P. A. de Hondt, 1774; facsimile ed., Neuilly-surSeine, France: Ulan Press, 2012), 368.

1 George Costard, *The History of Astronomy, with Its Application to Geography, History and Chronology; Occasionally Exemplified by the Globes* (London: James Lister, 1767), 101.

2 Herodotus, *The Histories,* translated by George Rawlinson, vol. 2 (New York: Everyman's Library, 1997), 109.

3 Plautus, *Comedies,* 368–69. Also found in Aulus Gellius, *Attic Nights, Volume* 1: *Books* 1–5, translated by J. C. Rolfe, Loeb Classical Library 195 (Cambridge, Mass.: Harvard University Press, 1927), 187. There is some speculation that the author might be the second-century BC Roman grammarian Aulus Gellius.

4 Plautus, *Comedies,* 369.

5 Harry Thurston Peck, *Harper's Dictionary of Classical Antiquities* (New York: Harper and Brothers, 1898).

6 Willis Isbister Milham, *Time and Timekeepers, including the History, Construction, Care, and Accuracy of Clocks and*

*Watches* (New York: Macmillan, 1945), 38.

7 See Otto Neugebaur, *A History of Ancient Mathematical Astronomy* (New York: Springer), 609; and Otto Neugebaur, *The Exact Sciences in Antiquity* (New York: Dover, 1969), 81–82.

8 Abd el-Mohsen Bakir, *The Cairo Calendar No. 86637*, Mathaf al-Misrī Manuscript, Papyrus no. 86637, Antiquities Department of Egypt (Cairo: General Organisation for Govt. Printing Offices, 1966).

9 Marshall Clagett, *Ancient Egyptian Science: A Source Book,* vol. 3 (Philadelphia: American Philosophical Society, 1999), 8.

10 Owen Ruffhead, *The Statutes at Large: From the First Year of King Edward the Fourth to the End of the Reign of Queen Elizabeth,* vol. 2 (London: Robert Basket, Henry Woodfall and William Strahan, 1763), 676.

11 Larisa N. Vodolazhskaya, "Reconstruction of Ancient Egyptian Sundials," *Archaeoastronomy and Ancient Technologies* 2, no. 2 (2014): 1–18.

12 關於的亞歷山大港漏壺的唯一正面訊息記載於十八世紀英國政治人物查爾斯·漢米爾頓（Charles Hamilton）的文章當中，漢彌爾頓記下了漏壺的詳細敘述，但是並無提供出處供查閱。詳見 Hon. Charles Hamilton, Esq., "A Description of a Clepsydra or Water Clock," *Transactions of the Royal Society of London* 479 (1753): 171.

13 See Vitruvius, *The Ten Books on Architecture,* translated by Morris Hicky Morgan (Cambridge, Mass.: Harvard University Press, 1914), 276.

14 Abraham Rees, *The Cyclopædia: or, Universal Dictionary of Arts, Sciences, and Literature* (London: Longman, Hurst, Rees, Orme and Brown, 1819), 359.

15 Robert Temple, *The Genius of China:* 3000 *Years of Science, Discovery and Invention* (New York: Simon and Schuster, 2007), 108–9.

16 Ibid.; Joseph Needham, *Science and Civilization in China* (Cambridge: Cambridge University Press, 1965), 446.

17 Derek J. De Solla Price, *On the Origin of Clockwork Perpetual Motion Devices and the Compass* (Australia: Emereo Classics, 2012). 這篇一九五九年的文章由古騰堡計畫（Project Gutenberg）重新出版，可在以下連結中閱讀此

文：https://www.gutenberg.org/ebooks/30001.

18 Joseph Mazur, *Zeno's Paradox: Unraveling the Mystery behind the Science of Space and Time* (New York: Plume, 2007), 102.

19 Joshua B. Freeman, *Behemoth: A History of the Factory and the Making of the Modern World* (New York: W. W. Norton, 2018), 1.

20 Ibid., 3.

21 Willis Isbistor Milham, *Time and Timekeepers, including the History, Construction and Accuracy of Clocks and Watches* (New York: Macmillan, 1945).

## 以百分之一秒的差距贏得金牌的奧運選手

1. NASCAR計分時數不會測量至小於千分之一秒，因此官方的勝利差距是零點零零零秒。

## 第二章　搖鈴、擊鼓

引言："The 10,000 Year Clock," The Long Now Foundation, www.longnow .org/clock/.

1 Thomas Reid, "Reid's Treatise on Watch and Clock Making," *Watchmaker and Jeweler* 1, no. 1 (1869): 2.

2 "History of the Clock," *Stryker's American Register and Magazine* 4 (July 1850): 351. Note: the present clock has been restored.

3 Henry Sully, *Règle artificielle du temps: Traité de la division naturelle et artificielle du temps* . . . (1737) (facsimile ed., Whitefish, Mont.: Kessinger, 2010), 272–78.

4 Paul Lacroix, *The Arts in the Middle Ages, and at the Period of the Renaissance* (London: Chapman and Hall, 1875), 175.

5 "Pražský orloj—The Prague Astronomical Clock," http://www.orloj.eu/cs/orloj _historie.htm.

6 Ibid.

7 Philippe de Mézières, *Le Songe du Vieil Pèlerin* (1389), edited by G. W. Coopland, 2 vols. (New York: Cambridge University Press, 1969).

8 Lacroix, *Arts in the Middle Ages*, 174.

9 Dante Alighieri, *The Divine Comedy*, translated by Henry Wadsworth Longfellow (Boston: Ticknor and Fields, 1867), canto 24.

10 我試圖從李約瑟的中國科學綜合性著作當中尋找一些佐證，但沒找到半個，因此感覺一行禪師擒縱裝置的證據非常薄弱。Joseph Needham, *Science and Civilization in China* (Cambridge: Cambridge University Press, 1965). 所以雖然我提到了一行禪師的擒縱裝置，但也同時提供這則資訊。

11 Lynn Thorndike, *The "Sphere" of Sacrobosco and Its Commentators* (Chicago: University of Chicago Press, 1949), 1, 230.

12 Needham, *Science and Civilization in China*, 436, 445.

13 "Time's Backward Flight," *New York Times*, November 18, 1883.

14 R. S. Fisher, ed., *Dinsmore's American Railroad and Steam Navigation Guide and Route-Book*, nos. 1–16 (September 1856–December 1857).

15 *Protocols of the Proceedings of the International Conference Held at Washington for the Purpose of Fixing a Prime Meridian and a Universal Day (Washington, D.C.: Gibson Brothers, 1884), available at http://www.gutenberg.org/files/17759/17759-h/17759-h.htm.*

16 Robert Poole, *Time's Alteration: Calendar Reform in Early Modern England* (London: Taylor and Francis, 1998), 1.

17 Calendar Act of 1750, http://www.legislation.gov.uk/apgb/Geo2/24/23.

18 Francis Richard Stephenson and L. V. Morrison, "Long-Term Changes in the Rotation of the Earth: 700 B.C. to A.D. 1980," *Philosophical Transactions of the Royal Society of London A* 313 (1984): 47–70.

19 F. Richard Stephenson, *Historical Eclipses and Earth's Rotation* (Cambridge: Cambridge University Press, 1997), 26.

## 第三章　一週的第八天

1 Alberto Castelli, "On Western and Chinese Conception of Time: A Comparative Study," *Philosophical Papers and Reviews* 6, no. 4 (2015): 23–30.

2 感謝好友胡海燕（Haiyan Hu）指出這點。

3 Castelli, "On Western and Chinese Conception of Time."

4 Henri Frankfort, *Kingship and the Gods: A Study of Ancient Near Eastern Religion as the Integration of Society and Nature* (Chicago: University of Chicago Press, 1978), 344.

5 G. J. Whitrow, *What Is Time? The Classic Account of the Nature of Time* (Oxford: *Oxford University Press, 1972), 5–6.*

6 *Samuel George Frederick Brandon, History, Time, and Deity: A Historical and Comparative Study of the Conception of Time in Religious Thought and Practice* (Manchester: Manchester University Press, 1965), 93.

7 Plato, *Collected Dialogues,* edited by Edith Hamilton and Huntington Cairns (Princeton, N.J.: Princeton University Press), 37d, 1168.

8 Alfred R. Wallace, *Man's Place in the Universe* (London: Chapman and Hall, 1904), 310.

9 Mark Twain, *Letters from the Earth: Uncensored Writings,* edited by Bernard DeVoto (New York: Harper Perennial Modern Classics, 2004), 226.

## 第二部分　理論家、思想家與觀點

引言：Moses Maimonides, *The Guide for the Perplexed,* translated by M. Friedlander (London: George Routledge, 1910), 121.

## 第四章　芝諾的箭袋

1 Shadworth Hollway Hodgson, *Philosophy of Reflection,* vol. 1 (London: Longmans, Green, 1878), 248–54. Available as a

2015 classic reprint from Forgotten Books in London.

2 Joseph Mazur, *Zeno's Paradox: Unraveling the Ancient Mystery behind the Science of Space and Time* (New York: Plume, 2007), 6.

3 Iambichus, *The Life of Pythagoras,* translated by Thomas Taylor (Los Angeles: Theosophical Publishing House, 1918), 63.

4 Plutarch, "On the Sign of Socrates," *Moralia, Volume 7,* translated by Phillip H. De Lacy and Benedict Einarson, Loeb Classical Library 405 (Cambridge, Mass.: Harvard University Press, 1959), 398–99.

5 See Theon of Smyrna, *Mathematics Useful for Understanding Plato,* translated by Robert and Deborah Lawlor (San Diego, Calif.: Wizards Bookshelf, 1979), 1.

6 Aristotle, *The Physics,* translated by Philip H. Wicksteed and Francis M. Cornford, 2 vols. (Cambridge, Mass.: Harvard University Press, 1927, 1934), VIII.7, 2: 369–401.

7 Ibid., II.4, 1: 181.

8 Ibid., IV.11, 1: 383, 385.

9 Lee Smolin, *Time Reborn* (Wilmington, Mass.: Mariner Books, 2014), 83.

10 Lee Smolin, *Three Roads to Quantum Gravity* (New York: Basic Books, 2002), 103.

**無期徒刑終身監禁，不得假釋**

1 Louis Andriessen, *De Tijd* (1981). 以下連結可聆聽整部作品 https://vimeo .com/77903789.

2 Saint Augustine, *Confessions,* translated by R. S. Pine-Coffin (New York: Penguin, 1961), 262.

3 若想更進一步了解單獨監禁不得假釋是什麼滋味，可以跟阿爾伯特・伍德福克斯（Albert Woodfox）談談，他在獄中服了四十五年的刑期，幾乎全部時間都待在路易斯安那州監獄裡五十平方英尺（約四點六平方公尺）的單獨監禁室。參見坎培爾・羅伯森（Campbell Robertson）二〇一六年二月二〇日發表在紐約時報的文章：“For 45 Years in Prison, Louisiana Man Kept Calm and Held Fast to Hope,” *New York Times,* February 20,

2016. 也可以讀讀赫曼・華萊士（Herman Wallace）的故事，他在一個六乘九英尺的單獨監禁室中待了將近四十一年。華萊士是「安哥拉三人組」（Angola Three）的其中一人，他們三人每天都被單獨監禁二十三個小時。國際特赦組織在二〇一一年的一份報告中稱，華萊士的禁閉是「對他的人權的根本漠視」。有關華萊士的更多資訊，請參閱約翰・史瓦茲（John Schwartz）二〇一三年十月四日在紐約時報所發表的文章"Herman Wallace, Freed after 41 Years in Solitary, Dies at 71"。

## 第五章　物質的宇宙

引言：Saint Augustine, *Confessions,* translated by R. S. Pine-Coffin (New York: Penguin, 1961), 263.

1 Plato, *The Collected Dialogues of Plato,* translated by Benjamin Jowitt and edited by Edith Hamilton and Huntington Cairns (Princeton, N.J.: Princeton University Press, 1969), 1167.

2 Ibid.

3 William Whewell, "Lyell's Geology Vol. 2," *Quarterly Review* 47 (1832): 126.

4 Charles Lyell, *Principles of Geology,* vol. 1: *An Inquiry How Far the Former Changes* of the Earth's Surface Are Referable to Causes Now in Operation (London: John Murray, 1835), 217.

5 Reijer Hooykaas, *Natural Law and Divine Miracle: The Principle of Uniformity in Geology, Biology, and Theology* (Leiden: E. J. Brill, 1963).

6 John Playfair, *Illustrations of the Huttonian Theory of the Earth* (Edinburgh: Cadell and Davies, 1802), 374.

7 Florian Cajori, "The Age of the Sun and the Earth," *Scientific American,* September 12, 1908.

8 Stephen Jay Gould, *Time's Arrow, Time's Cycle: Myth and Metaphor in the Discovery of Geological Time* (Cambridge, Mass.: Harvard University Press, 1987), 87.

9 John McPhee, *Basin and Range* (New York: Farrar, Straus and Giroux, 1982), 108, 104.

10 Stephen D. Snobelen, "Isaac Newton, Heretic: The Strategies of a Nicodemite," *British Journal for the History of Science* 32, no. 4 (1999): 381–419.

11 Isaac Newton to Robert Bentley, December 10, 1692, 189.R.4.47, ff. 4A–5, Trinity College Library, Cambridge.

12 Sir Isaac Newton, *Newton's System of the World,* translated by Andrew Motte and edited by N. W. Chittenden (New York: Geo. P. Putnam, 1850), 486.

13 Gottfried Wilhelm Leibniz, *Philosophical Essays,* edited and translated by Roger Ariew and Daniel Garber (Indianapolis, Ind.: Hackett, 1989), 329.

14 Augustine, *Confessions,* 263.

15 U.N. Intergovernmental Panel on Climate Change, http://ipcc.ch/report/sr15/.

16 Peter U. Clark et al., "Consequences of Twenty-First-Century Policy for Multi-Millennial Climate and Sea-Level Change," *Nature Climate Change* 6 (2016): 360–69.

17 Shu-zhong Shen et al., "Calibrating the End-Permian Mass Extinction," *Science* 334 (2011): 1367–72.

18 Pallab Ghosh, "Hawking Urges Moon Landing to 'Elevate Humanity,' " *BBC News,* June 20, 2017, https://www.bbc.com/news/science-environment-40345048.

## 第六章　谷騰堡的活字印刷

1 Edward Gibbon, *The Decline and Fall of the Roman Empire,* vol. 2 (New York: Modern Library, 2003), 530–31.

2 Joseph Mazur, *Zeno's Paradox: Unraveling the Mystery behind the Science of Space and Time* (New York: Plume, 2007), 46.

3 烏爾班二世的演說有多個版本，各版本呈現出之烏爾班的意圖皆為一致，但都是在演說發表後的數年才以文字記下，所以我們並無法查證教皇實際上到底說了什麼。多娜．蒙羅（Dona C. Munro）比較了各個演說版本，請見："The Speech of Pope Urban II at Clermont, 1095," *American Historical Review* 2 (1906): 231–42.

4 Sister Maria Celeste, *The Private Life of Galileo Compiled Principally from His Correspondence and That of His Eldest Daughter,* edited by Eugo Albéri and Carlo Aruini (Boston: Nichols and Noyes, 1870), 17.

5 Ibid.

6 Robyn Arianrhod, *Einstein's Heroes: Imagining the World through the Language of Mathematics* (New York: Oxford University Press, 2005), 40–41.

7 Sister Maria Celeste, *Private Life of Galileo,* 17.

8 Joseph Mazur, *Zeno's Paradox,* 57–58.

9 Galileo Galilei, *On Motion and on Mechanics,* translated by I. E. Drabkin and Stillman Drake (Madison: University of Wisconsin Press, 1960), 50.

10 Galileo Galilei, *Dialogues concerning Two New Sciences,* translated by Henry Crew and Alfonso De Salvo (New York: Macmillan, 1914), 155. 11. Ibid., 153.

## 第七章　牛頓登場

1 Sir Isaac Newton, *Newton's Principia: The Mathematical Principles of Natural Philosophy,* translated by Andrew Motte (New York: Daniel Adee, 1846), 78.

2 Katherine Branding, "Time for Empiricist Metaphysics," in *Metaphysics and the Philosophy of Science: New Essays,* edited by Matthew H. Slater and Zanja Yudell (New York: Oxford University Press, 2017), 13–20.

3 Newton, Principia 77.

4. Ibid., 81.

5. Ibid.

6 Ernst Mach, *The Science of Mechanics: Account of Its Development,* translated by *T. J. McCormack (La Salle, Ill.: Open Court, 1989), 284.*

7 Ibid., 32.

8 Henri Poincaré, *The Foundations of Science,* translated by George Bruce Halsted (New York: Science Press, 1913), 227–28.

9 Claude Audoin and Bernard Guinot, *The Measurement of Time: Time, Frequency and the Atomic Clock* (Cambridge:

Cambridge University Press, 2001), 11.

## 第三部分　物理學

引言：Henri Poincaré, *Science and Hypothesis* (New York: Dover, 1952), 90.

## 第八章　什麼是時鐘

1 Albert Einstein, "Zur Elektrodynamik bewegter Körper," *Annalen der Physik* 17 (1905): 891.

2 H. A. Lorentz, A. Einstein, H. Minkowski, and H. Weyl, *The Principle of Relativity,* translated by W. Perrett and G. B. Jeffery (London: Methuen, 1923; reprint ed., New York: Dover, 1952), 35–65. Originally published as *Das Relativitätsprinzip,* 4th ed. (Leipzig: Teubner, 1922).

3 關於長程太空飛行對人體的危害，近期研究已對之進行了評估，請參閱 Francine E. Garrett-Bakelman et al., "The NASA Twins Study: A Multidimensional Analysis of a Year-Long Human Spaceflight," *Science* 364 (2019), doi: 10.1126/science.aau8650.

4 請見 Gerald James Whitrow, *The Natural Philosophy of Time* (Oxford: Clarendon Press, 1980), 265.

5 本書所謂的參考座標，指的是一座標系中含有數個參考點，能將系統中的所有點定位，也能測量點與點之間的距離

6 確實如此，根據這張幾何圖示，用畢氏定理就能簡單地計算出靜止時的時間間隔 $\Delta t$ 和移動時的時間間隔 $\Delta t'$ 的關係為：$\Delta t'=\Delta t/\sqrt{1-v^2/c^2}$，其中 v 是鏡子向右移動的速率。以下為演算過程：將距離寫為時間間隔的函數，得到 $h=c\Delta t$, $d=v\Delta t'$ 以及 $D=c\Delta t'$。將畢氏定理應用到圖中的直角三角形，就會得到 $h=\sqrt{D^2-d^2}$。

因此 $\Delta tc=\sqrt{(c\Delta t')^2-(v\Delta t')^2}$。

解 t' 的代數方程式，會得到 $\Delta t'=\Delta t/\sqrt{1-v^2/c^2}$。也就是說。$\Delta t'>\Delta t$。

7 Lorentz, Einstein, Minkowski, and Weyl, *Principle of Relativity,* 39.

### 國際太空站上的時間

1 國際太空站繞地球轉的週期，更精確一點地說是九十二點六八分鐘。

### 第九章　同步的時鐘

1 Henri Poincaré, "La mesure du temps," *Revue de Métaphysique et de Morale* 6 (1898): 1–13.

2 Albert Einstein correspondence with Michele Besso, March 6, 1952.

3 Peter Galison, *Einstein's Clocks, Poincaré's Maps: Empires of Time* (New York: W. W. Norton, 2003), 37, 40.

4 Albert Einstein and Hermann Minkowski, *On the Electrodynamics of Moving Bodies,* translated by M. N. Saha and S. N. Bose (Calcutta: University of Calcutta, 1920), 3.

5 Ibid., 5.

6 因為速率是距離除以時間，所以我們知道時間是距離除以速率。

7 Albert Einstein, "On the Electrodynamics of Moving Bodies" (1905), 2, available at https://www.fourmilab.ch/etexts/einstein/specrel/specrel.pdf.

8 Albert Einstein and Michele Besso, *Correspondance avec Michele Besso,* 1903–1955 (Paris: Harmann, 1979), 537–38.

9 當前一些思想家認為，大爆炸時的光速遠比現在更快。請見：Andreas Albrecht and João Magueijo, "Time varying speed of light as a solution to cosmological puzzles," *Physical Review D* 59 (1999): 043516.

10 *The Born-Einstein Letters: Correspondence between Albert Einstein and Max and Hedwig Born from* 1916 *to* 1955 *with Commentaries by Max Born,* translated Irene Born (London: Macmillan, 1971), 159.

### 第十章　合而為一的大一統

1 Albert Einstein and Hermann Minkowski, *The Principle of Relativity,* translated by Meghnad Saha and S. N. Bose (Calcutta: University of Calcutta Press, 1920), 70.

2 Ibid., 71.

3 Ibid., 71–72.

4 運動導致時間對空間的依賴，沿該運動方向的勞侖茲收縮公式由以下比例所規範：$1:\Delta t' = \sqrt{1 - v^2/c^2}$.

5 Eva Brann, *What, Then, Is Time?* (New York: Rowan and Littlefield, 1999), 11.

6 請注意，在此我們忽略了空間的一個維度。如果我們不忽略這個維度的話，光傳播時會以球形的形式擴展開來。本書的這一案例中，為簡化起見，我們選擇忽略一個空間維度，這樣的情況下，光的傳播會以圓形的形式擴展。

7 Collaborative list of authors, "First M87 Event Horizon Telescope Results, I. the Shadow of the Supermassive Black Hole," *Astrophysical Journal Letters,* 875: L1 (April 10, 2019): 1–17.

## 第十一章　另一次午夜巴黎

引言：引言：Ray Bradbury, "A Scent of Sarsaparilla," in *A Medicine for Melancholy and Other Stories* (New York: Bantam, 1960), 61.

1 電影《午夜巴黎》（一九九一年），導演為伍迪艾倫，電影劇本可由以下連結取得：http:// www.pages.drexel.edu/~ina22/splaylib/Screenplay-Midnight_in_Paris.pdf.

2 Ray Bradbury, "A Scent of Sarsaparilla," 61. 感謝我的詩人兼哲學家好友艾蜜莉・羅芙・葛羅修茲（Emily Rolfe Grosholz）介紹這個故事給我

3 S. W. Hawking, "Chronology Protection Conjecture," *Physical Review D* 46, no. 2 (1992): 603–11.

4 Lewis Carroll, *Through the Looking-Glass, and What Alice Found There* (London: Macmillan, 1871), chapter 5.

5 谷歌地圖確實有顯示高度的地形圖選項，但除非你在騎自行車，否則不太需要注意到高度。

6 George Gamow, *One Two Three . . . Infinity: Facts and Speculations of Science* (New York: Viking, 1961), 72.

7 Hawking, "Chronology Protection Conjecture," *Physical Review D* 46, no. 2 (1992): 603–11. 註：基普・索恩和金宋

文（Sung-Won Kim）對此有不同的見解：請參見“Do Vacuum Fluctuations Prevent the Creation of Closed Timelike Curves?,” *Physical Review D* 43, no. 12 (1991): 3929–47.

8 Michael S. Morris, Kip S. Thorne, and Ulvi Yurtsever, “Wormholes, Time Machines, and the Weak Energy Condition,” *Physical Review Letters* 61, no. 13 (1988): 1446–49.

9 H. G. Wells, *The Time Machine* (1895; reprint, New York: Dover, 1995), 16.

10 J. Richard Gott, *Time Travel in Einstein's Universe: The Physical Possibilities of Travel through Time* (New York: Houghton Mifflin, 2001).

## 第四部分　認知的感官

引言：William James, *Principles of Psychology,* vol. 1 (New York: Macmillan, 1890), 619.

## 第十二章　大哉問

1 Saint Augustine, *Confessions,* translated by R. S. Pine-Coffin (New York: Penguin, 1961), 14.

2 Immanuel Kant, *Critique of Pure Reason,* translated by F. Max Müller (New York: Macmillan, 1922), 26, 759–60.

3 Geoffrey K. Pullum, *The Great Eskimo Vocabulary Hoax and Other Irreverent Essays on the Study of Language* (Chicago: University of Chicago Press, 1991), 159.

4 Jorge Luis Borges, “A New Refutation of Time” (1946), in *Labyrinths: Selected Stories and Other Writings,* edited by Donald A. Yates and James E. Irby (New York: New Directions, 1962), 205.

5 George Berkeley, *A Treatise concerning the Principles of Human Knowledge* (Mineola, N.Y.: Dover, 2003), 30.

6 William James, *The Principles of Psychology,* vol. 1 (New York: Macmillan, 1890), 244.

7 Ibid., 622.

8 Shadworth Hollway Hodgson, *Philosophy of Reflection,* vol. 1 (London: Longmans, Green, 1878), 248–54.

9 James, *Principles of Psychology,* 605, 606, 607.

10 Ibid., 609.

11 Ibid., 608.

12 Wilhelm Wundt quoted ibid., 626.

13 W. S., "Time," *Kidd's Own Journal; for Inter-Communications on Natural History, Popular Science, and Things in General* 2 (1852): 239.

## 第十三章　它跑哪去了？

引言：Henri Bergson, *Creative Evolution* (New York: Henry Holt, 1911), 16.

1 P. Lecomte du Noüy, *Biological Time* (New York: Macmillan, 1937), 155.

2 William James, *Principles of Psychology,* vol. 1 (New York: Macmillan, 1890), 625.

3 Jean-Claude Dreher et al., "Age-Related Changes in Midbrain Dopaminergic Regulation of the Human Reward System," Proceedings of the National Academy of Sciences 105, no. 39 (2008): 15106–11.

4 Warren H. Meck, "Neuropharmacology of Timing and Time Perception," *Cognitive Brain Research* 3, nos. 3–4 (1996): 227–42.

5 P. A. Mangan et al., "Altered Time Perception in Elderly Humans Results from the Slowing of an Internal Clock," *Society for Neuroscience Abstracts* 22, nos. 1–3 (1996): 183.

6 J. E. Roeckelein, "History of Conceptions and Accounts of Time and Early Time Perception Research," in *Psychology of Time,* edited by S. Grondin (Bingley, UK: Emerald Press, 2008), 1–50.

7 Marc Wittmann, *Felt Time: The Psychology of How We Perceive Time,* translated by Erik Butler (Cambridge, Mass.: MIT Press, 2106), 132–34.

8 Du Noüy, *Biological Time,* 164.

## 第十四章　感覺

引言：Marcel Proust, *Swann's Way,* translated by C. L. Scott Moncrieff (New York: Henry Holt, 1922), 6.

1 See Dale Guthrie, *The Nature of Paleolithic Art* (Chicago: University of Chicago Press, 2006), vii–x.

2 C. Sinha et al., "When Time Is Not Space: The Social and Linguistic Construction of Time Intervals and Temporal Event Relations in an Amazonian Culture," *Language and Cognition* 3, no. 1 (2011): 137–69.

3 Benjamin Lee Whorf, "An American Indian Model of the Universe," *International Journal of American Linguistics* 16, no. 2 (1950): 67–72.

4 可惜沃爾夫的研究並非主要根據實地的田野調查，而是根據一位住在紐約的霍皮族人。

5 謹記，唯一的一本專業認可霍皮語詞典是在二十世紀末編纂的，而此時霍皮語已受到與英語接觸的影響。See Kenneth C. Hill et al., *Hopi Dictionary/Hopìikwa Lavàytutuveni* (Tucson: University of Arizona Press, 1998).

6 Abraham H. Maslow, *Toward a Psychology of Being* (Floyd, Va.: Sublime Books, 2014), 158.

7 Daniel Dennett, *Consciousness Explained* (New York: Little, Brown, 1991), 144.

8 有趣的是，霍皮語中並沒有過去式或未來式：霍皮人所有過去或未來的事件都是以現在式的變體來陳述。

9 S. G. F. Brandon, "The Deification of Time," in *The Study of Time,* edited by J. T. Fraser, F. C. Haber, and G. H. Müller (Berlin: Springer, 1972), 370–82.

10 R. Núñez and K. Cooperrider, "How We Make Sense of Time," *Scientific American Mind,* 27, no. 6 (2016): 38–43.

11 J. J. Gibson, "Events Are Perceivable but Time Is Not," in *The Study of Time II,* edited by J. T. Fraser and N. Lawrence (New York: Springer, 1975), 295–301.

12 Uma R. Karmarkar and Dean V. Buonomano, "Timing in the Absence of Clocks: Encoding Time in Neural Network States," *Neuron* 53, no. 3 (2007): 427–38.

13 William J. Matthews and Warren H. Meck, "Time Perception: The Bad News and the Good," *WIREs Cognitive Science* 5 (2014): 429–46.

14 Sofia Soares, Bassam V. Atallah, and Joseph J. Paton, "Midbrain Dopamine Neurons Control Judgment of Time," *Science* 354, no. 6317 (2016): 1273–77.

15 Ernst Pöppel, "Lost in Time: A Historical Frame, Elementary Processing Units and the 3-Second Window," *Acta Neurobiologiae Experimentalis* 64 (2004): 295–301.

16 William James, *Principles of Psychology,* vol. 1 (New York: Henry Holt, 2015), 608.

17 Holly Andersen and Rick Grush, "A Brief History of Time Consciousness: Historical Precursors to James and Husserl," *Journal of the History of Philosophy* 47, no. 2 (2009): 277–307; Edmond R. Clay (pseud. Robert Kelly), *The Alternative: A Study in Psychology* (London: Macmillan, 1882), 167–68.

## 在中國的 iPhone 組裝廠臥底

1 Kif Leswing, "Undercover in an iPhone Factory," *Business Insider,* April 11, 2017, https://www.businessinsider.com/qa-with-an-iphone-factory-worker-at-pegatron-changshuo-in-shanghai-2017-4.

# 第五部分　生命的韻律

引言：Veronique Greenwood, "The Clocks within Our Walls," *Scientific American,* July 2018, 50–57.

## 第十五章　主節律器

引言：Emily Grosholz, "Love's Shadow," from *The Stars of Earth* © Emily Grosholz, 2017, used by permission of Able Muse Press.

1 M. Mila Macchi and Jeffery N. Bruce, "Human Pineal Physiology and Functional Significance of Melatonin," *Frontiers in Neuroendocrinology* 25, nos. 3–4 (2004): 177–95.

2 M. R. Ralph et al., "Transplanted Suprachiasmatic Nucleus Determines Circadian Period," *Science* 247 (1990): 975–78.

3 D. K. Welsh et al., "Individual Neurons Dissociated from Rat Suprachiasmatic Nucleus Express Independently Phased

Circadian Firing Rhythms," *Neuron* 14, no. 4 (1995): 697–706.

4 Jonathan Fahey, "How Your Brain Tells Time," *Forbes,* October 15, 2009, https:// www.forbes.com/2009/10/14/circadian-rhythm-math-technology-breakthroughs -brain.html#53ea56b23fa7.

5 Mary C. Lobban, "The Entrainment of Circadian Rhythms in Man," *Cold Spring Harbor Symposia on Quantitative Biology* 25 (1960): 325–32.

6 C. A. Czeosler and J. J. Gooley, "Sleep and Circadian Rhythms in Humans," *Cold Spring Harbor Symposia on Quantitative Biology* 72 (2007): 579–97.

## 股票交易所大廳的時間

1 "The World's Billionaires," *Forbes,* March 5, 2019, https://www.forbes.com /billionaires/#163d2060251c.

## 第十六章　內在的節拍

引言：蘭辛・麥克羅斯基的六十秒鋼琴作品《盜竊》（一九九九）的相關歌詞。聆賞連結：http://www.lansingmcloskey.com/theft.html.

1 Jane A. Brett, "The Breeding Seasons of Slugs in Gardens," *Journal of Zoology* 135, no. 4 (1960): 559–68.

2 Karl von Frisch, *The Dance Language and Orientation of Bees,* translated by Leigh E. Chadwick (Cambridge, Mass.: Harvard University Press, 1967), 253.

3 Martin Lindauer, "Time-Compensated Sun Orientation in Bees," *Cold Spring Harber Symposium of Quantitative Biology* 25 (1960): 371–77.

4 Gerald James Whitrow, *The Natural Philosophy of Time* (Oxford: Clarendon Press, 1980), 135.

5 Theophrastus, *Enquiry into Plants and Minor Works on Odours and Weather Signs,* translated by Sir Arthur Hort (New York: G. P. Putnam's Sons, 1916), 345.

6 William J. Schwartz and Serge Daan, "Origins: A Brief Account of the Ancestry of Circadian Biology," in *Biological*

*Timekeeping: Clocks, Rhythms and Behaviour,* edited by Vinod Kumar (New Delhi: Springer India, 2017), 5.

7 Jean-Jacques de Mairan, “Observation botanique,” in *Histoire de l’Académie Royale des Sciences avec les Mémoires de Mathématique et de Physique Tirés des Registres de Cette Académie* (1729), 35.

8 Whitrow, *Natural Philosophy of Time,* 141.

9 Martin C. Moore-Ede, Frank M. Sulzman, and Charles Albert Fuller, *The Clocks That Time Us: Physiology of the Circadian Timing System* (Cambridge, Mass.: Harvard University Press, 1982), 8.

10 Charles Darwin and Francis Darwin, *The Power of Movement in Plants* (New York: D. Appleton, 1881), 402–13.

11 Ronald J. Konopka and Seymour Benzer, “Clock Mutants of *Drosophila melanogaster,*” *Proceedings of the National Academy of Science* 68, no. 9 (1971): 2112–16.

12 Michael Rosbash, “Ronald J. Konopka (1947–2015),” *Cell* 161, no. 2 (2015): 187–88.

13 Paul E. Hardin, Jeffrey C. Hall, and Michael Rosbash, “Circadian Oscillations in Period Gene mRNA Levels Are Transcriptionally Regulated,” *Proceedings of the National Academy of Sciences* 89, no. 24 (1992): 11711–15.

14 Collin S. Pittendrigh, *The Harvey Lectures* (New York: Academic Press, 1961), 95–126.

15 C. B. Saper, G. Cano, and T. E. Scammell, “Homeostatic, Circadian, and Emotional Regulation of Sleep,” *Journal of Comparative Neurology* 493, no. 1 (2005): 92–98.

16 Jay C. Dunlap et al., “Light-Induced Resetting of Mammalian Circadian Clock Is Associated with Rapid Induction of the *mPer*1 Transcript,” *Cell* 91 (1997): 1043–53.

17 M. H. Vitaterna et al., “Mutagenesis and Mapping of a Mouse Gene, Clock, Essential for Circadian Behavior,” *Science* 264, no. 5159 (1994): 719–25.

18 *CLOCK* 是「晝夜節律運動輸出週期」（Circadian Locomotor Output Cycles Kaput）的縮寫。

19 若欲更深入的討論，請見 William Bechtel and Adele Abrahamsen, “Decomposing, Recomposing, and Situating Circadian Mechanisms: Three Tasks in Developing Mechanistic Explanations,” in *Reduction: Between the Mind and the*

*Brain,* edited by H. Leitgeb and A. Hieke (Frankfurt: Ontos, 2009), 12–177.

20 R. Y. Moore, "Retinohypothalamic Projection in Mammals: A Comparative Study," *Brain Research* 49 (1973): 403–9.

21 F. K. Stephan and I. Zucker, "Circadian Rhythms in Drinking Behavior and Locomotor Activity of Rats Are Eliminated by Hypothalamic Lesions," *Proceedings of the National Academy of Sciences* 69 (1972): 1583–86.

22 S.-I. T. Inouye and H. Kawamura, "Persistence of Circadian Rhythmicity in a Mammalian Hypothalamic 'Island' Containing the Suprachiasmatic Nucleus," *Proceedings of the National Academy of Sciences* 76 (1979): 5962–66.

23 M. R. Ralph et al., "Transplanted Suprachiasmatic Nucleus Determines Circadian Period," *Science* 247, no. 4945 (1990): 975–78.

24 Caroline H. Ko and Joseph S. Takahashi, "Molecular Components of the Mammalian Circadian Clock," *Human Molecular Genetics* 15, suppl. 2 (2006): R271–R277. 25. S. G. Reebs and N. Mrosovsky, "Effects of Wheel Running on the Circadian

25 Rhythms of Syrian Hamsters; Entrainment and Phase Response Curve," *Journal of Biological Rhythms* 4 (1989): 39–48.

26 我想要小心不被誤解，我們並不是在談那個名為生物節律理論（biorhythm theory）實則胡說亂道的偽科學概念，該理論認為每個人的生日會決定你的循環週期，而這個週期會控制你的身體、情緒和心理狀態。

27 Franz Halberg et al., "Transdisciplinary Unifying Implications of Circadian Findings in the 1950s," *Journal of Circadian Rhythms* 1 (2003): 1–61.

## 長途卡車司機

1 Julian Barnes, *The Sense of an Ending* (New York: Alfred A. Knopf, 2011), 3.

## 第十七章　一百五十萬年

1 Johnni Hansen, "Night Shiftwork and Breast Cancer Survival in Danish Women," *Occupational and Environmental Medicine* 71 (2014): A26.

2 Richard G. Stevens et al., "Meeting Report: The Role of Environmental Lighting and Circadian Disruption in Cancer and Other Diseases," *Environmental Health Perspectives* 115, no. 9 (2007): 1357–62.

3 Christopher William Hufeland, *Art of Prolonging Human Life,* edited by Erasmus Wilson (London: Simpkin and Marshall, 1829), 256.

4 Christina Schmidt, Philippe Peigneux, and Christian Cajochen, "Age-Related Changes in Sleep and Circadian Rhythms: Impact on Cognitive Performance and Underlying Neuroanatomical Networks," *Frontiers in Neurology* 3 (2012), doi: 10.3389 /fneur.2012.00118.

5 Germaine Cornelissen and Kuniaki Otsuka, "Chronobiology of Aging: A Mini Review," *Gerontology* 63 (2017): 18–128.

6 Ibid.

7 Jennifer A. Mohawk, Carla B. Green, and Joseph S. Takahashi, "Central and Peripheral Circadian Clocks in Mammals," *Annual Review of Neuroscience* 35 (2012): 445–62.

8 David K. Welsh, Joseph S. Takahashi, and Steve A. Kay, "Suprachiasmatic Nucleus: Cell Autonomy and Network Properties," *Annual Review of Physiology* 72 (2010): 551–77.

9 Mohawk, Green, and Takahashi, "Central and Peripheral Circadian Clocks in Mammals."

10 K. J. Reid et al., "Aerobic Exercise Improves Self-Reported Sleep and Quality of Life in Older Adults with Insomnia," *Sleep Medicine* 11, no. 9 (2010): 934–40.

11 Andy Clark and David Chalmers, "The Extended Mind," *Analysis* 58, no. 1 (1998): 7–19.

12 Satchin Panda, *The Circadian Code: Lose Weight, Supercharge Your Energy, and Transform Your Health from Morning to Midnight* (New York: Rodale Books, 2018), 32.

## 第十八章　扭曲的感覺與錯覺

1 Melanie Rudd, Kathleen D. Vohs, and Jennifer Aaker, "Awe Expands People's Perception of Time, Alters Decision

Making, and Enhances Well-Being," *Psychological Science* 23, no. 10 (2012): 1130–36.

2 Walter B. Cannon, *Bodily Changes in Pain, Hunger, Fear and Rage: An Account of Recent Researches into the Functions of Emotional Excitement* (Eastford, Conn.: Martino, 2016), 42.

3 Mariska E. Kret et al., "Perception of Face and Body Expressions Using Electromyography, Pupillometry and Gaze Measures," *Frontiers in Psychology* 4 (2013), doi: 10.3389/fpsyg.2013.00028.

4 Hudson Hoagland, *Pacemakers in Relation to Aspects of Behavior* (New York: Macmillan, 1935), 108.

5 Hudson Hoagland, "The Physiological Control of Judgments of Duration: Evidence for a Chemical Clock," *Journal of General Psychology* 9 (1933): 267–87.

6 Joshua Foer and Michel Siffre, "Caveman: An Interview with Michel Siffre," *Cabinet* 30 (Summer 2008), http://www.cabinetmagazine.org/issues/30/foer.php.

7 Jürgen Aschoff, "Circadian Rhythms in Man: A Self-Sustained Oscillator with an Inherent Frequency Underlies Human 24-Hour Periodicity," *Science* 148 (1965): 1427–32.

8 Karl E. Klein and Hans M. Wegmann, "Significance of Circadian Rhythms in Aerospace Operations," North Atlantic Treaty Organization Advisory Group for Aerospace Research and Development, Publication AGARD-AG-247 (AGARD, 1980), 7.

9 Yvan Touitou and Erhard Haus, *Biologic Rhythms in Clinical and Laboratory Medicine* (New York: Springer, 1992), 243.

## 第十九章　系外行星與生物節律

1 I. Ribas, "A Candidate Super-Earth Planet Orbiting Near the Snow Line of Barnard's Star," *Nature* 563 (2018): 365–68.

2 Rodrigo F. Diaz, "A Key Piece in the Exoplanet Puzzle," *Nature* 563 (2018): 329–30.

3 Feng Tian and Shigeru Ida, "Water Contents of Earth-Mass Planets around M Dwarfs," *Nature Geoscience* 8 (2015): 177–80.

4 Andrew Siemion et al., "Results from the Fly's Eye Fast Radio Transient Search at the Allen Telescope Array," *Bulletin of the American Astronomical Society* 43 (2011): 240.06.

5 感謝我在伯里亞斯科講座（Bogliasco Fellowship）的訪問期間與作曲家蘭辛．麥克洛斯基（Lansing McLoskey）的數次對話，我收回了原來的想法。我先前以為系外行星的生物在理解長拍與短拍時會和我們的節奏感差不多，不同之處僅在於縮放的比例。麥克洛斯基也讓我了解到，沒有任何一人聽到的貝多芬第五號交響曲的開場小節是跟貝多芬當初創作時一模一樣，甚至對於同一首樂曲，每個人感知到的節奏其實也都不一樣。

6 Simone Weil, *Notebooks,* translated by Arthur Wills (London: Routledge and Kegan Paul, 1956), 424.

## 後記

1 Julian Barnes, *The Sense of an Ending* (New York: Alfred A. Knopf, 2011), 133.

# 中英對照表

| | |
|---|---|
| accretion | 吸積 |
| Alzheimer's disease | 阿茲海默症 |
| amplitude | 振幅 |
| amyotrophic lateral sclerosis | 肌肉萎縮性脊髓側索硬化症 |
| autumnal equinox | 秋分點 |
| awe | 敬畏感 |
| basal ganglia | 基底核 |
| Cartesian coordinates | 直角座標 |
| catastrophism | 災變論 |
| celestial equator | 天球赤道 |
| cerebral cortex | 大腦皮質 |
| chromosome | 染色體 |
| chronobiology | 時間生物學；生物鐘學 |
| chronology protection conjecture | 時序保護猜想 |
| chronon | 時元 |
| chronopharmacology | 時間藥理學 |
| cicatrization | 結疤 |
| circadian clock | 日夜生理時鐘 |
| circadian oscillator | 晝夜節律振盪器 |
| circadian rhythm | 晝夜節律 |
| clepsydra | 漏壺 |
| closed timelike curve | 封閉類時間曲線 |

| | |
|---|---|
| cocaine | 古柯鹼 |
| cone | 錐細胞 |
| continuum | 連續體 |
| cosmography | 宇宙結構學 |
| crescent | 弦月 |
| cytoplasm | 細胞質 |
| divisor | 除數；因數 |
| dopamine | 多巴胺 |
| *Drosophila melanogaster* | 黑腹果蠅 |
| dualism | 二元論 |
| duration | 持續時間 |
| duration | 時值 |
| durée réelle | 綿延 |
| dysrhythmia | 節律異常 |
| eccentricity | 偏心率 |
| ecliptic | 黃道 |
| endogenous | 內源的 |
| entropy | 熵 |
| escapement | 擒縱器 |
| ether | 以太 |
| exoplanet | 系外行星 |
| extended cognition | 擴展認知 |
| extragalactic planet | 河外行星 |
| factor | 因數 |
| feedback loop | 反饋迴路 |
| fingering | 指法 |
| Fischer rat | 費雪品系大鼠 |
| flare | 閃焰 |

| | |
|---|---|
| fMRI | 功能性磁振造影 |
| furlong | 浪 |
| ganglion cell | 神經節細胞 |
| gibbous | 凸月 |
| glycogen | 肝醣 |
| gradation | 漸變 |
| Greenwich Mean Time | 格林威治標準時間 |
| Greenwich meridian | 格林威治子午線 |
| Gregorian calendar | 格里曆；公曆 |
| hamster | 倉鼠 |
| *Homo sapien* | 智人 |
| Hooke's law | 虎克定律 |
| Horologist | 鐘表家 |
| Huntington's disease | 亨丁頓舞蹈症 |
| hypersurface | 超曲面 |
| hypothalamus | 下視丘 |
| illusion | 錯覺 |
| indrawn gaze | 內向凝視 |
| insulin | 胰島素 |
| internal clock | 體內時鐘；生理時鐘 |
| internal perception | 內在知覺 |
| International Date Line | 國際換日線 |
| intraocular fluid | 眼球內液 |
| Inuit | 因紐特語 |
| iris | 虹膜 |
| Julian calendar | 儒略曆 |
| light-sensitive cell | 感光細胞 |
| light-sensitive proteins | 感光蛋白 |

| | |
|---|---|
| locomotion | 移動 |
| Loop quantum gravity | 迴圈量子重力論 |
| lunar rover | 月球車 |
| manifold | 流形 |
| materialism | 唯物主義 |
| Maxwell's equation | 馬克士威方程式 |
| measure | 小節 |
| melatonin | 褪黑激素 |
| meridian plane | 子午面 |
| meridian | 子午線；經線 |
| meter | 節拍 |
| Michelson-Morley experiment | 邁克生－莫立實驗 |
| mindfulness | 正念；覺知 |
| molecular configuration | 分子組態 |
| mRNA | 信使核糖核酸 |
| multiple sclerosis | 多發性硬化症 |
| natural chronology | 自然時序 |
| neural pathway | 神經傳導路徑 |
| neurochip | 神經晶片 |
| neuropsychiatric disease | 神經精神疾病 |
| north celestial pole | 天球北極 |
| nucleus | 細胞核 |
| obliquity of ecliptic | 黃赤交角 |
| ocular nerve | 眼神經 |
| pacemaker | 節律器 |
| Parkinson's disease | 帕金森氏症 |
| partial derivative | 偏微分 |
| PET | 正子斷層造影掃描 |

| | |
|---|---|
| photon | 光子 |
| photopigment | 感光色素 |
| photoreceptor | 感光接受器 |
| photosensitivity | 光敏感性 |
| phrasing | 分節 |
| physiological time | 生理時間 |
| picoseconds | 皮秒 |
| pineal gland | 松果體 |
| Planck length | 普朗克長度 |
| Planck time | 普朗克時間 |
| potential infinity | 潛無窮 |
| pragmatics | 語用學 |
| Prime Meridian | 本初子午線 |
| Proxima Centauri | 比鄰星 |
| psychochronometry model | 心理計時模型 |
| quantum entanglement | 量子糾纏 |
| rational number | 有理數 |
| real number | 實數 |
| red dwarf star | 紅矮星 |
| relative time | 相對時間 |
| rotor | 轉子 |
| running time | 運轉時間 |
| seven factors of enlightenment | 七覺支 |
| sidereal time | 恆星時（間） |
| signature measure | 拍號 |
| silence | 休止符 |
| silkscreen | 絹印 |
| simultaneity | 同時性 |

| | |
|---|---|
| singlet state | 單態 |
| sleep-wake cycle | 睡眠－清醒週期 |
| slur | 連音連奏 |
| smooth muscle | 平滑肌 |
| solar time | 太陽時（間） |
| south celestial pole | 天球南極 |
| speleologist | 洞穴學家 |
| spin | 自旋 |
| standard time | 標準時間 |
| Stoic | 斯多噶學派 |
| string theory | 弦論 |
| summer solstice | 夏至 |
| suprachiasmatic nucleus | 視交叉上核 |
| synchronizer | 同步器 |
| tidal lock | 潮汐鎖定 |
| time dilation | 時間膨脹 |
| time perception | 時間知覺 |
| transcribe | 轉錄 |
| translation | 轉譯 |
| twin paradox | 孿生子悖論 |
| uniformitarianism | 均變論 |
| universal mapping hypothesis | 普遍映射假設 |
| wormhole | 蟲洞 |
| zeitgeber | （外在的／環境中的）時間訊號 |
| zoetrope | 旋轉畫筒 |